21世纪
小学教师
教育系列教材

小学教师专业发展

●魏戈　刘慧　主编

中国人民大学出版社
·北京·

前言

百年大计，教育为本。教育大计，教师为本。习近平总书记一直非常重视教育发展和教师工作，多次强调要使教师成为“最受社会尊重的职业”。在 2018 年全国教育大会上，习近平总书记指出，教师是人类灵魂的工程师，是人类文明的传承者，承载着传播知识、传播思想、传播真理，塑造灵魂、塑造生命、塑造新人的时代重任。小学作为全日制学习年限最长的学段，是每个人成长筑基的关键时期，这也对小学教师的专业素质提出了更高的要求。小学教师仅仅具有学科知识很难培养出德智体美劳全面发展的社会主义接班人，还需要从道德、知识、能力、情感等方面丰富自己的专业素养。同时，还需要了解自己未来走上工作岗位的主要工作职责，并提前规划好自己的职业生涯。正是带着这样的诉求与理想，我们编写了《小学教师专业发展》教材，回应新时代教育改革与发展对小学教师提出的新要求，通过理论与实践相结合的学习，帮助师范生深入认识教师专业的特点，了解教育过程的复杂性，加深教师专业认同感与社会责任感。

《小学教师专业发展》是中国人民大学出版社策划的“21 世纪小学教师教育系列教材”中的一本。在我国新时代振兴教师教育系列行动计划的引领下，该书的编写体现了“两个立足点、三个服务面向”的总体特点。

首先，本书立足于教育部颁布的《小学教师专业标准（试行）》，落实师德为先、学生为本、能力为重、终身学习的基本要求。基于课程与教学理论中的“逆向设计原则”，以终为始，以师范生未来需要达成的专业标准作为本书编写的出发点，全面覆盖小学教师的专业理念与师德、专业知识、专业能力等三个专业标准领域。

其次，本书立足于教育部颁发的《普通高等学校师范类专业认证实施办法（暂行）》，紧扣小学教育专业认证的指标体系，落实学生中心、产出导向、持续改进的课程建设理念，将教材内容与学生的发展需求、专业建设的需求和小学用人单位的需求紧密对接。

此外，本书的编写恰逢其时，既服务于师范院校（特别是地方本科师范院校）应对升格转型的现实挑战，兼顾了教材知识的基础性与学术性；又服务于小学教师个体的专业发展从技术应用型向反思研究型转变；同时，还服务于小学教育专业在国际视野与本土经验方面的建设愿景，吸纳了最新的国际教师教育改革动态，旨在打造一本具有中国特色的小学教育专业教材。

教材质量的高下之分，最终还是需要通过授课教师和听课学生的使用效果来评判。本教材的编写，建立在编者多年承担小学教育专业必修课“小学教师专业发展”的教学经验的基础上。据编者观察，一方面，学生希望通过这门课程了解自己未来走上的工作岗位主要的工作职责，并提前规划好自己的职业生涯；另一方面，教师希望通过这门课帮助学生深入认识教师专业的特点，并进一步加深师范生的专业认同感。在实践的诉求与理念的诉求之间，我们实现了一种平衡——既通过教师专业发展的若干领域帮助师范生感知教师专业工作的全景，同时借助真实的案例和活动引导师范生体验教师专业的复杂性。

而决定本书编写体例的另一重原因在于，我们对国内同人编写的相关教材与著作进行了比较分析。目前国内有关小学教师专业发展领域的教材大都采用两种编写体例。一种是基于教师专业发展的阶段，帮助师范生步步推进，了解自身专业成长的阶段性过程（如：李玉华．小学教师专业发展概论．北京：人民教育出版社，2015）；另一种是基于教师专业发展的专题，从影响因素、发展模式、主要路径等方面构建全面而广博的知识体系（如：庞国彬．小学教师专业发展．北京：高等教育出版社，2013）。上述两种编写体例各有优势，也存在进一步创新的空间。

本书的编写在国内同人工作的基础上，进一步将“教师专业发展的内容”作为架构的依据，采用当前国际流行的“大概念（big ideas）统领下的课程设计”思路。诸如专业道德、专业知识、专业能力、专业情感等，都是教师专业发展领域的“大概念”。从学习科学的角度来讲，这些“大概念”对学习者有认知统领的作用。更重要的是，“大概念”能够更好地实现知识的迁移，能够帮助学习者建立理论知识与现实世界的联系。

美国哈佛大学“零点项目”的创始人戴维·珀金斯（D. Perkins）在《为未知而教，为未来而学》一书中指出，基于“大概念”的课程与教学设计，将成为未来教学改革的趋势；基于“大概念”的知识学习对未来生活具有潜在价值，是最值得采用的。因此，如果说“小学教师专业发展”课程的开设目的是帮助师范生为未来的教育教学工作做好准备，那么从教师专业发展的“大概念”出发，则能够真正培养师范生的专业胜任力，帮助师范生实现知识与能力的迁移，推动素养导向的大学课程教学改革。

为此，我们基于教育部颁布的《小学教师专业标准（试行）》和《普通高等学校师范类专业认证实施办法（暂行）》的政策要求，结合国内外教师教育研究的前沿成果，提炼出了与小学教师专业发展相关的七个“大概念”。这既平衡了小学教师个体专业发展（专业道德、专业知识、专业能力、专业情感、专业认同）与集体专业发展（专业文化、专业组织）的关系，也兼顾了小学教师发展的理性之维（专业知识、专业能力、专业组织）与感性之维（专业道德、专业情感、专业认同、专业文化）。此外，全书的首尾两章为小学教师专业发展的历史回顾与未来展望，让小学教师专业发展的七个主要内容扎根于绵延的时间脉络中，更好地帮助师范生认识到小学教师专业的“前世今生”，进一步增强师范生的职业认同感与社会责任感。小学教师专业发展是教师专业发展研究中的重要组成部分，它既保留了教师专业发展一般性的规律，也体现了小学教师的学段特色。在本书中，当我们提到教师专业发展的概念时，主要从一般性的角度解读教师的专业性；当我们提到小学教师专业发展的概念时，则更多地聚焦于小学教师的学段特性。

愿本书能开启师范生的专业生涯，为培养更多有理想信念、有道德情操、有扎实学识、有仁爱之心的新时代好老师贡献我们的绵薄之力。

目录

第一章　导论 …… 1
　第一节　教师专业的历史演进 …… 1
　第二节　教师专业发展的阶段论 …… 10
　第三节　教师专业发展的路径 …… 13
　第四节　教师专业发展的内容 …… 15
　第五节　小学教师发展的特点 …… 17
第二章　小学教师专业道德的发展 …… 24
　第一节　教师专业道德概述 …… 25
　第二节　小学教师专业道德的结构与特点 …… 29
　第三节　小学教师专业道德的发展路径 …… 38
　第四节　小学教师专业道德发展的条件保障 …… 43
第三章　小学教师专业知识的发展 …… 46
　第一节　教师专业知识概述 …… 46
　第二节　小学教师专业知识的结构与特点 …… 52
　第三节　小学教师专业知识的发展路径 …… 58
　第四节　小学教师专业知识发展的条件保障 …… 63
第四章　小学教师专业能力的发展 …… 68
　第一节　教师专业能力概述 …… 69
　第二节　小学教师专业能力的结构与特点 …… 74
　第三节　小学教师专业能力的发展路径 …… 80
　第四节　小学教师专业能力发展的条件保障 …… 93
第五章　小学教师专业情感的发展 …… 97
　第一节　教师专业情感概述 …… 97
　第二节　小学教师专业情感的结构与特点 …… 103
　第三节　小学教师专业情感的发展路径 …… 107
　第四节　小学教师专业情感发展的条件保障 …… 112

第六章 小学教师专业认同的发展 …… 118
第一节 教师专业认同概述 …… 119
第二节 小学教师专业认同的结构与特点 …… 128
第三节 小学教师专业认同的发展路径 …… 131
第四节 小学教师专业认同发展的条件保障 …… 134
第七章 小学教师专业文化的发展 …… 143
第一节 教师专业文化概述 …… 143
第二节 小学教师专业文化的类型和特点 …… 146
第三节 小学教师专业文化的发展路径 …… 153
第四节 小学教师专业文化发展的条件保障 …… 155
第八章 小学教师专业组织的发展 …… 163
第一节 教师专业组织概述 …… 163
第二节 小学教师专业组织的类型和特点 …… 167
第三节 小学教师专业组织的发展路径 …… 176
第四节 小学教师专业组织发展的条件保障 …… 180
第九章 新时代的小学教师专业发展 …… 190
第一节 小学教师专业发展的时代挑战 …… 191
第二节 小学教师教育的全球变革 …… 200
第三节 小学教师专业发展的未来展望 …… 213

后 记 …… 219

第一章

导论

本章导读

亲爱的准教师们，欢迎你们修读“小学教师专业发展”课程！作为小学教育专业的必修课，“小学教师专业发展”是你们打开专业成长大门的重要一步。通过本章的学习，将勾勒出教师专业发展的整体历史图景，同时结合小学教育的独特性，探究小学教师专业发展的需求。作为全书的导论，本章将帮助你建立起这门课程的知识结构，了解本书的编写逻辑，并形成自己的学习计划。

学习目标

- 通过回顾中西方教师成为一门专业的演变历史，理解教师专业化的发展及其面临的挑战。
- 通过国内外代表性研究的对比学习，识记教师专业发展的阶段及各自的特点。
- 基于教师专业发展的需求，理解教师专业发展的主要路径及各自的优势与局限。
- 立足小学教育的特点，理解小学教师的专业特质与专业职责，进而明确小学教师专业发展的特殊性。

第一节　教师专业的历史演进

著名的捷克教育学家夸美纽斯曾经说过：“教师是太阳底下最光辉的职业。”教师作为一门职业（career）的产生，是社会分工与生产力进步的必然产物；但教师作为一门专业（profession），却经历了艰辛的过程。可以说，在人类历史的每一个时期，受社会政治体制、经济发展、文化氛围等多重因素的影响，教师所处的社会地位、扮演的角色及其专业化程度是不同的。

纵观中西方教育史，教师职业都经历了古代时期的非专业化阶段、近代时期的初期专业化阶段、现代时期的专业化发展阶段。毫不夸张地说，教师专业化的历史就是一整部教育史。

回顾教师作为一门专业的历史演变过程，能够帮助我们更加清晰地了解“教师”的“前世今生”，更准确地判断当前教师专业发展领域面对的挑战。

一、我国教师专业的历史

从原始社会到奴隶社会，从封建社会到社会主义社会，我国教师专业随着生产力的发展、生产关系的不断解放，在整个社会职业体系中不断得到认可。

（一）非专业化发展阶段

在原始社会，生产力水平极其低下，生产关系特别简单。人们共同劳动，共同生产，没有等级观念，没有阶级。这个时期，父母、兄长、部落首领等长者，有着丰富的生产实践经验和社会生活技能。他们通过口耳相传的方式，把自己的经验和技能传授给年轻的部落成员。年轻的成员接受年长一代传授的经验和技能，并将其延续下去。在这个阶段，“教育”并没有从劳动生产当中分离出来，没有专门的教育机构，也没有专业的教育人员，更没有教师这个职业。① 所谓传授知识和技能的人，通常都是部落的长者。

到了奴隶社会时期，随着社会的进步与发展，生产力水平不断提高，劳动产品出现了剩余，并有了私人占有的现象。随之，出现了阶级和等级的观念。与此同时，农业技术进一步发展，文字应运而生（如甲骨文）。在甲骨文中，“教”字表现了儿童在成人的执鞭监督下习文之义，故《说文解字》解释：“教，上所施，下所效也。”②《尚书·舜典》曰：“扑作教刑”；唐朝孔颖达对此注疏：“扑，榎楚也。不勤道业，则挞之”，“五刑之外，更有鞭作治官事之刑，有扑作师儒教训之刑”。可见，当时的老师是有权力对他人进行惩罚（甚至是处以刑罚）的，是当时的“官吏”。③ 从这一点就可以看出，当时以吏为师、学在官府、官师合一，也就是说教师并没有从统治阶级的官僚体系中分离出来。而真正有资格接受教育的，都是奴隶主和贵族，普通民众依然目不识丁。

到了封建社会，随着小农经济的不断发展，奴隶主和贵族垄断教育的局面被打破，“官学”教育因为不能适应新的时代要求而衰落。以往为贵族阶层服务的“官师”流落到了社会的底层，他们为了生存，开始向普罗大众宣讲，进而成为私学教师。由此，私学教师打破了“学在官府”的局面，私学逐渐兴起。我国教育家孔子就是兴办私学的代表人物。孔子作为中国的“至圣先师”，主张有教无类，一定程度上提升了教师在封建社会的

---

① 孙培青. 中国教育史. 3版. 上海：华东师范大学出版社，2009：35.

② 许慎. 说文解字注. 上海：上海古籍出版社，1981：127.

③ 刘峻杉，张学涛. “教”字的形义演变及其教育史意义. 教育学报，2017（4）：113.

地位。

在私学产生之后，涌现了一批私学大师。到了唐代大兴科举，私学教师成为帮助年轻人加官晋爵的指导者，他们纷纷聚徒讲学。到了宋元、明清，书院成了有组织、有计划进行教学活动的场所，这对后世几百年中国文化教育的发展起到了巨大的推动作用。但是，中国古代的教师始终没有成为一个独立的职业，长期处于非专业化的阶段。

（二）初期专业化发展阶段

在西方国家进行第一次工业革命时，我国处于闭关锁国的状态。由于长期受到封建思想压制，出现了“实学”教育思潮，中国教育思想的发展进入一个新的阶段。学校从官僚系统中分离出来，教师从官吏中逐渐分离出来，由以前的贵族教育转变为大众教育，教育开始普及。与此同时，这个时期我国正在进行“废科举，兴学校”的运动，不但主张普及教育，而且兴办了一些师范学校。教师受到专业的培训，并掌握一定的学科知识和学科的教学方法——成为一名合格教师的基本条件。当我们有了专门的教师培养机构，教师这个职业在社会上的认可度也就得到了提高。

鸦片战争之后，一些有识之士开始觉醒，他们吸取国外的教育经验，改革原来的教育体制。新兴资产阶级反对封建教育，积极学习西方教育。他们认为，在学习西方的同时要去粗取精，发扬我国原有的教育思想，做到“中学为体、西学为用”，不少西方的教育思想成为改造封建教育的工具。

关于教育立国、教师树人的建议，曾国藩、梁启超等主张社会改良的人士均有相关论述。其中以时任北京大学校长、教育学家蔡元培先生为代表。蔡元培反对封建主义教育，认为这会束缚学生思想，主张学生的思想应该得到充分的自由发展。他认为，教师应当作为学生学习的引导者。教师教育学生要懂得学生的身心发展规律，用适当的方法去教育，不能所有的学生都采用相同的教育方法，要根据学生不同的特点采用不同的方法。在学习中，教师应当引导学生学习，不应该把所有的知识都灌输给学生，要让学生在教师的引导下自己理解知识，这样学生学习的知识才会掌握得更牢固。① 从这时起，教师作为一门专业逐渐变成现实。

（三）专业化发展阶段

新中国成立后，我国相继建立起了职前教育的三级师范学校（中等师范学校、师范学院和师范大学）与职后教育的三级培训机构（县教师进修学校、地区教师进修学校和省级教育学院），这使师范教育独立体制进一步得到加强，让教师的专业化向前迈出了一大步。

20 世纪 80 年代以后，随着我国对教师质量要求的进一步提升，逐步形成了从三级师范向二级师范过渡、师范院校与综合大学同时举办师范教育的职前教育体系，以及从地方教师进修学校到省级教育学院的职后教育体系。而且，随着我国教师资格制度的健全与完善、师范教育认证工作的推行、教师教育一体化工作的推进，教师职前职后教育体系不断完善，同时也在全球化进程中不断走向开放。

改革开放以来，我国教师教育改革与发展取得了显著的成就，为基础教育培养、培训

---

①　蔡元培. 蔡元培全集. 杭州：浙江教育出版社，1989：343-345.

了成千上万的优秀教师。在这一过程中，党中央、国务院颁布实施的一系列教师教育政策，不但勾画了教师教育改革与发展的蓝图，而且重构了教师教育的体系与制度，为基础教育教师培养与培训提供了有力的支撑。同时，我们不断探索如何在数量与质量上培养出适应基础教育改革与发展需要的教师并为教师专业发展提供持续的支持，如何建立与经济、社会、教育体制改革相适应的教师教育体系与制度。

在社会主义建设的新时代，教师队伍建设成为党中央、国务院的工作重心。教师队伍建设从满足师资数量规模需求为主的外延式发展转向了致力于提升教师培养质量的内涵式发展阶段，而从专门化和开放化两个路径推进教师教育与教师职业的专业化提升教师教育的质量，成为贯穿始终的内在逻辑与轨迹。教师作为一门专业在社会主义新时代得到了新的发展机遇。①

二、西方教师专业的历史

和我国教师专业的历史进程类似，西方国家的教师也经历了从非专业化到初期专业化，再到专业化发展的三个主要阶段，但由于社会制度、文化环境的不同，西方教师在追求专业化道路上也呈现出不同的特点。

（一）非专业化发展阶段

原始社会生产力低下，在劳动生产中用的工具是石头、木头等。没有书本和文字，更没有学校，教育的主要方式是以成人为榜样、由有能力人的讲述，能者为师成为当时社会中主要的教育现象。虽然教师这个职业在当时并没有出现，但是教师的雏形在这个时期已经显现出来。因为教师作为知识传播者的角色在这个时期已经很明显，在当时的社会，只要是一个榜样或是有能力的人，都可以担当“教师”的角色。

与我国的情况不同，西方社会里宗教思想占据极其重要的地位。奴隶社会时期的西方国家，基督教和天主教会掌握了西方国家大部分的土地，这使得当时的学校教育工作都是由神职人员来承担，“僧师一体”“以僧为师”在西方国家是非常普遍的。这些教师所教授的内容主要是道德教化和政治伦理，他们主要以《圣经》之类的宗教文本作为主要的教材。他们负责从学前识字一直到高等教育的一些相关工作，这些教师岗位具有鲜明的宗教性和政治性。②

由于以僧侣为师，在西方国家，当时教师的社会地位很高，并且受到了人们普遍的尊重，人们认为教师这个职业是上帝赋予的“天职”，承担着拯救人类灵魂的神圣职责。从中我们不难看出，在古代的西方社会中，教师虽然作为一种职业产生了，但是并没有成为一种专职的工作。这些教师没有专门的师资机构来培养，主要是靠宗教力量驱动形成。

封建社会初期，西方国家的人们热衷于政治事务，在日常生活中，辩论术显得格外重

① 王定华. 新时代我国教师队伍建设的形势与任务. 教育研究，2018（3）：4.

② 吴式颖. 外国教育史教程. 北京：人民教育出版社，1999：107.

要。一些懂得辩论术的人，会在公众场合进行演说，向人们传授辩论术的知识。后来，人们愈发认识到辩论术的价值所在，所以人们就迫切需要学习更多的知识、受到更高的教育。当时被称作智者的人就开始为人们讲授辩论术等一些知识，并收取相应的费用，“智者”在这个时期就成了专职的教师。

“智者”这个词来源于古希腊，例如毕达哥拉斯、普罗塔哥拉等都是“智者派”。“智者”是对教授学生知识、收取报酬的一类职业教师的统称。封建社会初期的教育，不仅存在着明显的阶级性，还有明显的等级性。教育由统治阶级所控制，并为统治阶级服务。所以，这个时期的教师还没有真正地从一般劳动中分离出来，教师的社会地位仍然低下。

虽然文艺复兴运动是一场思想解放运动，使西方社会走出了中世纪的黑暗统治，但是当时，依然只有贵族家庭的孩子才能接受教育，教育的主要形式是家庭教育和宫廷教育。这个时期教师的社会地位得到提高，因为他们的教育是为统治者服务，并受到统治者的保护。

（二）初期专业化发展阶段

18 世纪下半叶，西方国家正在进行第一次工业革命，由于生产力的提高和社会的进步，人们迫切需要接受教育以积累人力资本。为此，西方国家兴办了一些群众性学校，同时对教师提出了更高的要求，以前的兼职教师不能满足现在的需要，培养专业教师的活动开始出现。

在专业教师出现的早期，人们在劳动者中间挑选一些知识经验相对丰富的人当教师。随着生产力的提高和资本主义的发展，这些教师不能满足社会的需求。要想成为合格的教师不但要掌握本学科的知识，还要懂得教育的方式与方法。因此，专门的培训教师的机构就出现了，于是产生了师范学校。因此，教师的整体素质得到了提高，教师的社会地位也随之提高。

19 世纪的西方国家，由于受到工业革命的影响，技术上和经济上的进步，使生产力大幅度提高，有了更多的剩余产品。诸如英国、德国、法国等最先步入工业化的国家，在生产力的推动下，它们越来越重视教育，对教师的要求也越来越高。例如：德国魏玛政府颁布了师范教育法规，教师必须经过考核，考核合格后颁布证书，这样的人才有机会进入学校成为一名教师。同时，获得教师资格的标准越来越严格。西方国家逐步建立了一批师范学校，对教师的学历要求也在不断提高，并对师范教育进行拨款资助。①

对这个时期的教师职业角色的阐述，最有代表性的就是马克思主义学说。马克思在《资本论》中指出：“它不仅是提高社会生产的一种方法，而且是造就全面发展的人的惟一方法。”② 马克思主义认为，教育与生产劳动相结合，人人都要通过劳动生产进行学习。这样不仅使儿童学到知识，而且还能使人们在社会上参加工作，从而增加了物质产品的生产，同时促进人们的全面发展。在劳动中，有知识经验的人，把经验传授给儿童，使得儿

① 张斌贤．外国教育史．北京：教育科学出版社，2008：424-450.

② 马克思，恩格斯．马克思恩格斯全集：第 44 卷．2 版．北京：人民出版社，2001：557.

童掌握知识和道德。

到了19世纪末，西方国家基本完成了工业化，社会结构发生重大变化，物质财富大幅度增长。但是，工业化也给西方国家带来了经济、文化等方面一系列的问题。正如美国教育家杜威指出的，教师不仅是知识的传授者，还在社会改造、民主制度建设等方面扮演重要的角色。① 一方面，社会对教师的专业职责提出了更高的期待；另一方面，教师的专业化程度在这个过程中得到了提升。

（三）专业化发展阶段

随着西方国家工业化的完成，社会和企业需要具有一定文化程度的劳动者，那么就不得不普及教育。由于社会分工的需要，对劳动者进行有目的的分类培养，成为当时急迫的事情。与之相伴随的是教师作为专业工作者的培养活动，也越来越规范化。

另一方面，由于教育规模的扩大，对教师的需求量也大幅度增加，教师也不能和以前一样兼职，而是要求一批人固定担任教师。而教育权仍然归国家所有，国家对教育形式、教育内容、教师资格等方面做出要求。教师成了政府的雇员，为政府办事，他们不能自由地选择教学内容，必须严格按照政府的要求来做，完成政府赋予的使命。

二战之后百废待兴，世界各国都忙于重建自己的国家，世界进入了一个相对和平的时期。一些发达国家在经济、科技等领域展开了新一轮的竞争，同时也进行着教育改革。特别是在美苏争霸时期，各国政府都认识到教育是立国之根本。例如，美国颁布了《国防教育法》进行教育改革，这一法案一是为了培养科技人才，二是为了提高美国的教育质量，促进经济发展。为了提高教育质量，各个国家对于教师的要求、教师的社会地位等方面也同时在提高。

1966年，国际劳工组织与联合国教科文组织通过了《关于教师地位的建议书》，其中指出："教育工作应被视为专门职业。"这种专门的职业，要求教师必须经过严格的训练，受过专门的师范教育，不仅要掌握专业知识和专业技能，而且要对学生负责任。

教师专业化发展的标志是社会对教师的专业角色提出了更加明确的要求。最具代表性的是苏霍姆林斯基对教师的看法，他认为教师应当是学生的榜样，在生活中以身作则，将道德潜移默化地传递给学生。在学习上，教师不能一味地灌输知识，应当重视学生的智力和创造力的发展，要引导学生进行思考。苏霍姆林斯基说："如果把知识和理论一股脑地灌输到学生的脑子里，不让学生自己去思考，那么这就捆住了学生的幻想、创造力和想象的翅膀。"② 学生是积极、活跃的，不要让学生成为专门背诵的机器。在教师的心目中要做到有"两套大纲"，一是国家规定的教学大纲，二是教师所有的丰富知识，以国家大纲为指导，把教材研究透彻，并把自己的知识融入大纲当中，这才能吸引学生。一位优秀的教师掌握的知识，要远比大纲规定的内容多许多倍才可以。

进入21世纪，联合国教科文组织、经济合作与发展组织、世界银行等国际组织都将教师专业发展作为其政策制定中的工作重点。国际范围内开展的关于"教与学的国际调

① 杜威. 民主主义与教育. 2版. 王承绪，译. 北京：人民教育出版社，2001：325-327.

② 苏霍姆林斯基. 给教师的建议：全1册. 修订本. 杜殿坤，译. 北京：教育科学出版社，1984：384-386.

查”（TALIS）为教师专业发展提供更多的数据以驱动决策。教师职业开始朝着专业化、系统化、规范化的道路迈进。

三、教师专业化的挑战

通过对历史的回顾，我们不难发现，教育有着悠久的历史，但教师作为职业却只有短暂的过去，使教师成为一门成熟的专业的理想依然在路上。

从专业社会学的理论视角来看，一个职业能够被称作“专业”，需要符合如下六条标准：(1) 它是一个正式的全日制的职业；(2) 具有专业组织和伦理法规；(3) 具有深奥和实用的知识技能体系，并且需要通过教育和培训获得；(4) 具有社会服务和公共利益的价值；(5) 能够得到所在社会的支持、认可甚至保护；(6) 不受外行的评判和控制，具有高度的自治。① 基于上述对“专业”的衡量标准，教师专业化在当前依然面临诸多挑战，需要从如下四个方面做出努力。

（一）明确的准入退出标准

众所周知，一个人需要持有教师资格证才可以教学。事实上，在许多发展中国家，很多老师并不具备教师资格证。在我国西部偏远农村地区的一位乡村小学校长就曾说过：“如果你会读、会算、会拼写而且道德品质良好，就可以教学。”

对教师专业化的制度保障，首先应该从全面规范教师资格准入的标准与制度入手，让符合教师资格的人进入教育系统。同时，还应该关注到教师的退出标准。近年我国在《教师法》《中小学教师职业道德规范》等政策文本中明确规定了教师职业的底线，但从专业知识、专业能力等方面对教师的职后评核并不系统，相应的职业退出标准亟须建立，让那些混入教师队伍的人合理退出。

世界范围内以优质基础教育蜚声全球的芬兰，其小学教师的准入机制就极其严格，这保证了只有优秀的人才能够进入小学教师队伍，进而保证了基础教育的质量。下面，我们通过一则情境案例对其进行介绍。

拓展阅读　　芬兰的小学教师准入制度简介

从师范生最初进入大学的筛选机制来看，芬兰对未来教师的准入条件设定得相当严格，从教师教育的“门槛”就保证了教师质量。在芬兰，国家教委每年向各大学分配师范生的招生名额，从而限制入选的人数，而具体入学筛选考核则由大学自主实施。

芬兰大学的入学方法采用“申请-审核”制，学生参加高中毕业考试之后，可以同时申请多所大学，并参加由大学独立组织的入学考试（笔试、面试）。一般而言，每年只有不到 1/4 的申请者能够顺利通过考核。而对于教师教育这个专业来说，特别是小学教育专业，是大学申请人数最多的专业之一。每年大量的申请人数中只有10%～15%的申请者最

① 赵康. 专业、专业属性及判断成熟专业的六条标准：一个社会学角度的分析. 社会学研究，2000 (5)：36-37.

终能够通过审核。

小学教育专业师范生的筛选流程，由芬兰国家教委监管、各大学独立实施。主要包括两大环节：(1) 全国统一组织的学业水平考试，用以考查学生的综合知识能力，该考试由全国统一命题，学生可以就近在全国任何一所开办教师教育专业的大学参加考试。如果学生通过了笔试，需要填报志愿，即可进一步选择小学教育或是中学教育方向；(2) 入围的学生需要参加职业倾向测试，该测试采取面试的方法，考官提前20分钟发给考生一份文本材料，学生基于材料内容回答考官的问题。在面试过程中，考官主要考查学生从教的态度、动机、人际沟通能力、逻辑分析与推理能力以及对文本材料的理解能力等。

学生申请入学面对的筛选压力非常大，小学教育专业的准入比率始终不会超过15%。从2007年到2010年，申请小学全科教师专业的学生逐年增加。虽然从2010年以来，受芬兰社会老龄化与生育率降低的影响，政府分配的小学教师指标在逐年降低，但是申请小学教育专业的人数丝毫未受影响。在申请人数逐年增多，而入学指标逐年紧缩的严峻形势下，真正能够进入小学教育专业的师范生一定是具有强烈的内在动机、有一定的从教天赋，而且在多学科领域表现卓越的青年学生。申请人数逐年增多的原因在于，芬兰小学全科教师是炙手可热的职业，而在芬兰的社会文化传统中，教师始终都是备受尊敬的行业，在整个社会行业声誉排行中名列前茅。

资料来源：魏戈．小学全科教师培养模式的芬兰经验．基础教育课程，2020 (4)：66-75.

(二) 专业的知识技能体系

专业成长形成的一个前提条件就是拥有一个界限分明、深奥实用的系统化知识体系和规范化的技能体系，以区分别的职业或者其他专业。让人沮丧的是，过去没有一致的教师或教育专业知识体系，也没有一套（诸如生化、医学、健康关怀这些学科中所有的）程序规则和方法论指导，教育科学也没有形成自己独有的“学术领地”。其结果是，不管是谁，都可以肆意入侵“教育领域”，发表意见。而那些外行人士中的某些观点也更为深刻。例如家长对小学教师教学方法的质疑、社会媒体对教师惩戒权的介入。

因此，我们需要看到，教师与学科专家在知识结构、知识内涵上的独特性，教师在联通儿童发展、家校合作、社区沟通等工作上的专业性，不断推动建立健全教师教育的专业知识与能力体系，突出强调教师工作的不可替代性，从根本上解决教师专业化问题。

(三) 专业领域的自治权力

判断教师专业化的另一个重要指标就是教师是否有专业自治权，教师的专业组织在教师管理中的权力如何。从传统意义上讲，教师管理的权力主要掌握在行政管理部门手中，如教育局、教育厅。直到目前，我国教师管理部门的主体仍然是政府部门，专业团体很少介入，发挥的作用非常有限。这就导致一些政策改革与教师专业工作的特性不符，也难以从根本上解决教师关心的问题。因此，要提高我国教师专业化的水准，就必须大力增强各级各类教师专业团体的专业自主权和决策权。

例如教师资格考试大纲的编写、考试题目的设计、评分标准的制定以及对应试者表现的评价应主要由教育专业组织来承担。这些专业组织还应承担起对报考教师资格证的人的培训工作，为他们提供指导和帮助；对在职教师的终身专业发展和学校的发展，应不断提供理论指导和实际支持。在西方国家，教育专业组织极其活跃，例如美国教师教育者协会（ATE）、荷兰教师教育者协会（VELON）、澳大利亚教学与校务指导协会（AITSL）以及以色列莫非研究院（MOFET）等机构，它们在提高教师专业水平和声望、促进教师专业发展方面做了大量的、富有成效的工作，很多教育方面的改革都是在专业组织的建议下进行的。专业组织应以其较高的专业水准和专业伦理赢得教育管理部门和全社会的尊重。

（四）良好经济待遇与社会声望

专业不是牟利的工具，但拥有高威望和不错的经济条件是社会认可、尊重专业权威的重要体现。随着教师专业化进程的发展，目前教师的经济地位和社会地位有了比较大的提高。在美国全民民意研究中心（NORC）对500多种职业进行的研究中发现，小学教师的经济和社会地位排在第60位，中学教师排在第63位。此外，在最近的几十年中，“在当今社会感到受到尊敬”的教师的占比已经大幅提高。在我国，教师职业也越来越受到追捧，这从近年的教师资格考试的报名人数中就可见一斑。

但是，教师经济待遇仍然偏低的问题也引起了社会各界的关注。希望在《中国教育现代化2035》的目标下，教师能够获得更好的经济待遇和社会声望，让一线教师能够过上体面而有尊严的专业生活，这也是教师专业化的重要一步。

总而言之，教师在专业化的道路上还面临诸多挑战。我国教育学家顾明远先生在其教育思想中多次谈及教师专业化的问题，并不断强调“教师作为一门专业”的意义和必要性。下面，我们对顾明远先生“教师作为一门专业”的思想进行概述，帮助我们整体把握教师专业问题。

拓展阅读　　顾明远先生论“教师的专业性”

“教师是一个专门的职业”是顾明远教授教师教育思想的一个重要观点。他认为，教师是学校的最主要资源，应该是教育专业人员。顾明远先生说，“我们深深感到教师是一个专门的职业，因为人的成长规律是可循的，儿童成长规律是可循的，教育既是一项科学的活动，又是一项艺术的活动，越是年龄小的孩子，越是要有教育的技能和技巧”。教师是一种专门职业，他应该是知识的传播者、智慧的启迪者、情操的陶冶者、心灵的铸造者，他还应该是一个教育的研究者。

问题在于如何才能达到这些教师专业性呢？顾先生认为要通过以下途径：(1) 要使教师掌握较高的专门（所教学科）的知识和技能体系；(2) 经过较长时期的专门职业训练，掌握教育学科的知识和技能，并须经过“临床”实习；(3) 要有较高的职业道德；(4) 教师需要有不断增强自身的能力，即进修的意识和不断学习的能力；(5) 任何职业都要有职业的自主权，教师有权根据教育方针和课程标准自主地处理教育教学工作；（6）要有职业的专门组织，即行业组织，进行行业自律，必须实行教师资格证书制度。

资料来源：朱旭东．教师作为一个专业何以可能?：评顾明远教授的教师教育思想．教师教育研究，2008（5）：7-13.

第二节　教师专业发展的阶段论

“发展”首先是一个时间维度的概念，它体现出一种正向的变化。国际上教师专业发展在变化上的理解通常以“阶段”来表达，诸如三阶段论、四阶段论、五阶段论、七阶段论等，不一而足。① 本节首先回顾了国内外有关教师专业发展阶段的研究观点，通过横向的比较，聚焦小学教师专业发展的不同阶段及其需要注意的问题，为小学教育专业师范生的顺利入职提供更多的指南。

一、教师专业发展阶段论

（一）国外研究概览

美国得克萨斯大学的富勒（Fuller）是最早的教师专业发展阶段的研究者，他以教师关注事物在其成长中的更迭为研究对象，采用问卷调查研究形式，提出了教师专业发展阶段理论。他认为教师的专业发展要经历执教前关注（pre-teaching concerns）、早期关注求生（early concerns about survival）、关注教学情景（teaching situational concerns）和关注学生（concerns about pupils）四个发展阶段。

20 世纪 70 年代，美国学者卡茨（Katz）采用访谈和问卷调查形式，以学前教师为研究对象，提出教师专业发展的四阶段理论。她认为教师的专业发展主要经历了求生存（survival）、巩固（consolidation）、更新（renewal）和成熟（maturity）四个发展时期。

进入 80 年代，美国约翰斯霍普金斯大学的费斯勒（Fessler）从生命的自然老化过程和周期的角度研究教师专业发展的过程，对处在不同生命阶段的教师观察、访谈、调查，结合成人发展和人类生命发展阶段等理论，提出整体、动态的教师生涯循环理论。他认为教师专业发展要经历职前（pre-service）、入职（introduction）、能力形成（competency building）、热心和成长（enthusiastic and growing）、职业/生涯挫折（career frustration）、稳定和停滞（stable and stagnant）、生涯低落（career wind down）、生涯退出（career exit）等八个阶段。

休伯曼（Huberman）在总结前人研究成果的基础上，从教师职业生命的自然老化的视角提出教师职业发展五阶段理论，主要包括求生与发现期、稳定期、尝新与自疑期、平

① 朱旭东．教师专业发展理论研究．北京：北京师范大学出版社，2012：295-317.

和与积守期、游离闲散期等。

斯特菲（Steffy）也采用观察、访谈、调查的方法，在费斯勒等人的研究基础上，提出教师生涯的人本主义发展模式。他把教师的专业发展划分为五个阶段，即预备生涯阶段、专家生涯阶段、退缩生涯阶段、更新生涯阶段、退出生涯阶段，着重探讨了教师进入成熟期以后有可能出现的低落、停滞、重新进入发展阶段的问题。

美国亚利桑那州立大学心理学教授伯利纳（Berliner）根据教师“教学专业知识与技能的学习和掌握情况”，较为细致地把教师专业发展划分为“新手阶段、进步的新手阶段、胜任阶段、熟练阶段和专家阶段”等五个阶段。

本纳（Benner）则提出教学专长发展阶段理论，他认为教师从新手发展成为专家，一般要经过新手（novice）、高级新手（advanced beginner）、胜任者（competent）、精熟者（proficient）和专家（expert）等五个阶段。本纳的划分与伯利纳不谋而合，但两人对处于不同教学专长发展阶段的教师教学行为的描述差异很大。

（二）国内研究概览

我国对教师专业发展阶段的研究肇始于20世纪80—90年代，林崇德、申继亮等人从认知心理学角度的研究成果和叶澜从教育学、伦理学研究视角出发构建的教师专业化理论框架，为我国教师专业发展阶段的研究奠定了重要的理论基础。其中有代表性的观点如下。

白益民以“教师自我专业发展意识”为指标，采用思辨的研究方法，把教师专业发展过程划分为非关注、虚拟关注、生存关注、任务关注、自我更新关注五个阶段，对教师专业发展阶段做出了明确界定。

钟祖荣从教师素质和工作业绩的角度出发，把教师专业发展过程划分为准备期、适应期、发展期和创造期四个阶段，四阶段的终点分别对应新任教师、合格教师、骨干教师和专家教师（学科带头人、特级教师等）。

邵宝祥等人采用问卷调查和个案研究的方法，从教师的教学能力出发，把教师专业发展过程划分为适应阶段、成长阶段、称职阶段、成熟阶段四个阶段。

罗琴和廖诗艳以教师群体专业发展为假设，以职业成熟度为标准，把教师专业发展过程划分为适应期、发展期、成熟期和持续发展期四个阶段。该研究涉及教师专业发展阶段的时间界定、专业发展需要、教学关注和教学行为特征等几个重要方面，其中对各阶段的教师专业发展需求的研究最为细致。该研究还根据各阶段不同的教学需要和特点，论述了教师专业发展各阶段教学反思的内容和策略。

傅树京归纳总结了富勒和伯登对不同发展阶段的教师关注，并在此基础上按照适应期、探索期、建立期、成熟期、平和期五个阶段全面描述不同专业发展阶段的教师能力和教师需要。

教师专业发展阶段在我国台湾地区研究得十分充分，最著名的是王秋绒按照教师专业社会化的过程与内涵提出的三阶段理论。她把教师发展分成三个阶段，每个阶段又分为三个时期，即职前师资培育阶段（探索适应期、稳定成长期和成熟发展期）、实习教师阶段

（蜜月期、危机期和动荡期）和合格教师阶段（新生期、平淡期和厌倦期）。

总体而言，国内外对教师专业发展的阶段划分有很大的雷同性，都关注了教师职业生涯的整体性、时段性，形成了相对一般化的理论概念。但是，聚焦小学教育特殊性的教师专业发展阶段的研究并不多见。

二、小学教师专业发展阶段

教师发展是一个漫长的、动态的、纵贯整个职业生涯的历程，其间既有高潮，也有低谷。作为师范生，应该在了解教师发展阶段的基础上，预先对自己的教师生涯做出规划，并以积极的态度应对其间的变化与需求。作为小学教育专业的师范生，更应该关注小学教师在职业发展阶段上的独特性。诚然，小学教师与幼儿园教师、中学教师等在专业发展阶段上并无本质上的差别，但由于小学教育工作的独特性（详见本章第五节），使小学教师在专业工作中需要更多的情感劳动以及对儿童的关注。

以美国俄亥俄州立大学伯登（Burden）为首的一批学者对处在不同发展阶段的小学教师进行了大样本、严密有序的访谈，提出小学教师生涯循环发展理论。伯登等人结合从与小学教师访谈的记录数据和资料中整理归纳的教师们提出的意见，把小学教师专业发展划分为求生存阶段（survival stage）、调整阶段（adjustment stage）和成熟阶段（mature stage）等三个阶段，这对我们有一定的启示。

（一）求生存阶段

求生存阶段是小学教师的入职初期。在此阶段的小学教师刚踏入一个新环境，再加上没有实际教学经验，而且对于教学活动及环境只有非常有限的知识，所以面对的各种事物都在适应之中。此时小学教师所关心的是班级经营、学科教学、改进教学技巧、教具的使用以及尽快地了解所教的内容，做好课程与单元计划，组织好教学材料，做好教学工作。此外，此阶段的小学教师已开始注意了解学生并与之相处。

但是，此时的教师仍缺乏信心，不愿意尝试新的方法，也无暇顾及多样化的工作要求，主要是完成教学任务。

（二）调整阶段

调整阶段是小学教师在进入教学第二年至第四年之间的时期。教师的知识已经较丰富，心情也较轻松，有精力开始了解孩子们的复杂性，此时会寻求新的教学技巧与解决问题的新方法。此时期的小学教师变得较开放，也较能关心学生，并且感觉到自己比以往更有能力满足学生们的各种不同的需求。

但是，由于日常工作内容繁杂，日平均工作时间较长，容易出现职业倦怠，需要小学教师及时调整，不断优化自身的工作方式。

（三）成熟阶段

成熟阶段是小学教师在进入教学第五年及以上。此时，小学教师们经验更加丰富，对教学活动驾轻就熟，并且对教学环境已有充分的了解与熟悉。因此，这一时期小学教师们感觉比较安心，可以放心地、专心地处理教学过程中所发生的事情。教师能够不断地追求并尝试新的方法，且更能关心学生，更能配合学生的需求，比较关心师生之间的关系与交流。并且在此阶段的教师发现自己已逐渐获得专业见解，并能处理大多数可能发生的新情况。

总之，作为教师，须以一颗平常心面对生涯的转变与岁月飞逝的事实。而作为教育行政机关等管理支援部门，应依据教师的不同发展阶段，对教师的发展提供有的放矢的协助，激发教师的工作热忱与创意，使其走过多姿多彩而又美好完满的教师生涯。

第三节 教师专业发展的路径

教师专业发展需要通过一定路径才能实现。所谓路径，就是运用一定的条件、借助相应工具或手段来实现专业发展目标的活动过程。教师专业发展的路径，就是教师运用经验、反思、证据、实验、概念和理论、合作对话探究等方法，实现教会学生学习、育人和服务等专业目标的活动过程，也是运用教师精神、教师知识、教师能力等专业基础的活动过程。①

基于以色列教师教育学者奥兰德-巴拉克等人（Orland-Barak）的研究成果，我们认为，教师专业发展主要有四种路径：基于经验的反思、基于证据的实验、基于理论的探究、基于合作的对话。② 这四种路径不是相互取代关系，而是相互作用的关系，即在教师专业发展中基于不同的问题情境、不同发展阶段教师专业发展的需求及其现实条件做出的适当选用。

一、基于经验的反思

教师反思是国际流行且公认的教师专业发展的重要方式。它可以追溯到古希腊哲学家苏格拉底关于“反省式生活”的论述，发展于近代美国实用主义教育家杜威（Dewey）所提出的思维五步法，集大成于舍恩（Schön）关于“教师是反思性实践者”的论断。至此，反思的理念开始广泛应用于教师教育领域。

反思的前提是经验的积累，经验是反思的素材，反思是经验提升的方法。新手教师积累了相当的工作经验之后，就能够表现出从零散经验到系统经验、从个体经验到群体经验、从经验迁移到经验反思的路径过程。依据美国哲学家舍恩的概念，基于经验的反思是促进专业工作者突破技术理性、获得实践理性的重要途径。只有经常对日常教育教学经验进行反思，才能从错误中吸取教训，从成功中提炼方法。

但是，基于经验的反思路径主要是教师个体化的行为，反思的结果大部分也只能在个

---

① 朱旭东．教师专业发展的理论模型构建．教育研究，2014（6）：17.

② ORLAND-BARAK L，MASKIT D. Methodologies of mediation in professional learning . New York：Springer，2017：9.

人教育教学活动中反复验证，限制了经验扩展和传播的价值。

二、基于证据的实验

教师的专业工作本质上来说是面对不同的复杂情境，不断做出明智而适宜的教学判断的过程。有研究指出，一节45分钟的课，教师要做出大大小小上百个决策。在教师专业发展过程中，除了自身主观层面的经验反思之外，还可以借助证据的支持，实现数据驱动的教学决策，进而改进教学工作。特别是对新手而言，他们对教育教学缺少直接经验的积累，那么通过专业证据和数据的方式便能够形成理性认识，从而具有对专业的自我解释和自我建构的能力。

这里所谓的“证据”（evidence），是为某个目的收集的资料，是有意图的资料，是一系列支撑论断的资料。“专业证据”是教师通过研究路径而获得的证明专业的有效信息。教师在专业工作中可以收集到各种各样的自然数据，如学生做作业中的错题汇总、与学生谈话的录音、教师公开课的视频、教师的教案等等。基于这些实证数据的支持，教师可以在具体的情境中做出明智的决策。

三、基于理论的探究

教师的专业发展少不了教育理论和教学理论的指引。基于教育理论的探究是另外一条教师专业发展的主要路径。苏霍姆林斯基说过，如果你想让教师的劳动能够给教师带来乐趣，使天天上课不至于变成一种单调无味的义务，那你就应当引导每一位教师走上从事研究这条幸福的道路上来。而教师的研究活动，少不了理论的支撑。

专业理论的意义在于力求解释各种教育现象，帮助教师从纷繁复杂的事实中找出有效的解决方案。基于一定的教育教学理论开展研究，能够改进专业工作，提升教师的专业素养。例如：教师可以借助教学设计的理论提高自己课堂教学的有效性，可以借助人际沟通的理论改善家校合作，也可以借助道德发展理论做好学生的养成教育。在这些理论的支持下，教师开展基于教育现场的研究，在实践中验证理论是否好用，通过对理论的改造，最终形成自己的实践性知识。

四、基于合作的对话

教师的“合作”是一种相互沟通教学经验、共同解决教学问题、彼此获得心理支持的重要途径。弗兰德（Friend）和库克（Cook）曾经对“合作”下了一个比较笼统的定义：“人际间的合作是至少两个相互平等的当事方之间的直接互动方式，他们因为有一个共同的工作目标而自愿地参与共同决策。”他们还进一步提炼出了“合作”的几个特征：合作是出于自愿的，合作是建立在平等基础上的，合作者之间有一个共同的目标，合作者共同参与重大问题的决策，合作者共同为决策后果承担责任，合作者共享资源。

在教师专业发展过程中，教师基于合作的对话是促成教师专业发展的重要方式，例如教研组内部通过听评课的方式提高教师的教学技能。所谓教师合作，就是教师们为了改善教育实践，以自愿、平等的方式，就共同感兴趣的问题，共同探讨解决的办法，从而形成的一种批判性互动关系。教师合作有助于激发与强化教师发展意愿，提高教师个体反思能力，促进学校组织学习。

第四节 教师专业发展的内容

除了教师专业发展的阶段和路径之外，我们还有一个绕不开的问题：教师需要在哪些方面得到发展，即教师专业发展的内容。从教师个体专业发展和集体专业发展两个维度，我们可以梳理出教师专业发展七个方面的内容。本书后续章节也主要围绕这七个专业发展的内容主题来展开，此处仅对这些内容领域做出概要性的介绍。

一、教师个体专业发展

教师专业发展首先指向的是教师个体专业素养的提升，具体包括专业道德、专业知识、专业能力、专业情感、专业认同的发展。

（一）教师专业道德的发展

现代教育中教师的职责使命迫切需要师德教育与教师专业发展有机融合，相互促进。教师专业发展包含师德的提升。师德是教师专业持续发展的根本动力，两者相辅相成，对教师职业生涯有着重大意义。加强师德修养，可以使教师在对学生实施教育教学行为时，发挥自身作为教育资源的最大功能。在高尚师德的引领之下，必定能产生精湛的师能。因此，加强师德教育能促进教师的专业化发展。而提高教师专业能力，提高教师教育教学水平，也是提高师德素养的重要途径。

（二）教师专业知识的发展

教师的知识基础十分重要，只有扎实、广博的知识基础，才可能把教师专业做得出色。教师知识通常界定为教师通识知识、学科知识、专业知识和实践性知识；也被分为理论性知识和实践性知识；还有学者把教师知识分为学生知识、环境知识、学科知识、教学法知识等。教师不仅需要知道“教什么”的知识，还需要知道“如何教”的知识，更需要将两者进行结合。美国学者舒尔曼（Shulman）提出了“学科教学知识”（pedagogical content knowledge），这种独特的知识类型被称作教师专业合法性的知识论根基。教师的专业知识是多样化知识形态的杂糅体，只有进一步明确了教师专业知识的系统性、结构性，才能为教师专业化赋予更多的合法性。

（三）教师专业能力的发展

教师的专业能力基础包括学科能力和专业能力两部分。学科能力是教师基于学科知识的逻辑解决学科问题的能力，专业能力是教师基于学生学习和发展的知识逻辑教会学生学习、育人和服务的能力。在学科能力中，教师的学科思想和方法的掌握与运用能力是教师专业发展的重要能力基础。在专业能力中，“以学促教”的能力是教师专业发展的重要能力基础。学科能力是专业能力发挥作用的基础，特别是对处于分科教学环境下的中国教师而言，我们往往需要通过学科教学活动来反映和发展专业能力。

（四）教师专业情感的发展

美国学者诺丁斯（Noddings）认为，教师专业实则是一种“情感劳动”（emotional labour）。教师不仅是将自己的知识展现给学生，还需要带着对教育、对儿童丰富而深厚的爱走入教育世界。教师的专业情感是教师对教育工作是否满足自己的需要而产生的内心体验和感受，事业感、师爱感、责任感与成就感是教师职业情感的基本内容。它要求教师具有情感的积极性、丰富性、稳定性、深刻性与感染性，只有这样才能促进师生发展，构建和谐关系，提高教育质量。

（五）教师专业认同的发展

专业认同指的是个体对教师专业身份的认识，表现为作为教师群体成员的归属感和效能感。教师的专业认同决定了教师如何回答“我是谁”“我该怎么做”“我如何理解我的工作”等一系列问题。只有拥有对教师专业的认同，才会有选择从事教师专业的意愿，如选择“师范专业”学习，学习后选择“教师专业”工作，我们称为教师的“专业认同”。只有拥有专业认同，教师的专业工作才会有效能感和幸福感。只有认同教师专业的基本价值（如教育爱），才会在从事专业工作中给予学生足够的安全感和信任感。只有教师具备高度的专业认同，才可能有效地从事专业工作，才可能在教书育人的专业工作中渗透专业精神。

二、教师集体专业发展

除了个体教师的专业素养提升，教师作为专业共同体中的一员，还需要通过集体专业化的进步推进个体的持续成长。因此，教师集体的专业发展也至关重要，主要包括了专业文化的发展和专业组织的发展。

（一）教师专业文化的发展

教师文化是教师在一定的教育制度下，基于校内外的教育环境，通过专业活动所形成的专业意识、价值取向和专业行为规范的总和。教师文化是一个历史的动态发展的范畴，其中既有可以物化的制度、政策和具有社会认同性的专业规范，又有在教师群体中可以被广泛认同的具有专业特性的规则、规范及价值取向，是教师群体基于学校、课堂通过特定的专业活动而形成的具有深刻时代印记的专业意识和专业行为规范的总和。教师文化不仅是教师对职业生涯所面对的内外环境的一种能动的“映照”，而且也会在一定程度上促进或延迟教育事业整体发展以及教师个体职业的专业化发展进程，二者之间存在着密切的互动关系。

（二）教师专业组织的发展

教师专业组织是具有共同愿景和共享价值的共同体，它是为了完成某种使命以学习方式而形成的专业组织。教师专业发展需要专业组织的支持，没有一个教师能在离开专业组织后获得发展。中国教师专业发展在长期的实践过程中形成了独具特色的五种专业组织，即教研组、备课组、年级组、科研组、党支部。这是学校文化环境中的教师专业学习社群。同时，教师专业学习社群还体现在组织化的、科层化的结构中，表现在各级自上而下的组织化、科层化的结构中。当然，还有与高校、非政府组织、学区、学校等的合作伙伴建立的合作组织。多元化的教师专业发展组织为教师赋权增能与内部自治提供了话语基础，同时也在不断探索适应时代变化的、多样化的教师专业发展方式。

第五节 小学教师发展的特点

在介绍了教师专业发展的一般性知识之后，我们需要认识小学教育阶段教师专业发展的特殊性。小学教师的专业发展，需要从其专业特质与专业职责内外两方面的要求来理解，进而引导我们反思小学教师的专业发展有什么特殊的需要。

一、小学教师的专业特质①

从心理学的角度来看，特质是对行为的一种概括和抽象的描述，是一组有内在相关或内在联系的行为，它可以表现出一个人特有的相对稳定的行为方式。特质具有抽象性、稳定性、结构层次性和相对性等性质。国内外学者曾对小学教师特质做过一系列描述性的论述，多从小学教师的能力、素质要求或小学教育的特殊性谈及。首都师范大学初等教育学院的王智秋教授结合学院 20 年来培养本科层次小学教师的实践，对小学教师的特质进行了如下归纳。

（一）人格品行上的情感性

小学教师面对的是 6～12 岁的儿童，在这一阶段，儿童的生活发生了重大变化，从以玩耍、游戏为主的家庭（或幼儿园）生活进入了以学习为主的学校生活。在情感发展方面，儿童在家庭环境下由血缘关系产生的依恋感、归属感是生物性的社会情感，学校教育应通过建立亲密的师生关系把这种生物性的社会情感扩展提升为更高级的社会精神性情感，包括理智感、道德感、美感等。

没有情感，就不可能有对真理的追求。小学教师特别需要用目光、笑容、肤触及各种体态语言向儿童传递爱的信息，同小学生建立起依恋、信任关系。儿童的认知活动、道德活动、审美活动等都维系于情感的驱动。小学教师的教育之爱不同于母爱，它是在教育环境、教学实践中形成发展起来的高级社会性情感，体现了人类特有的一种无私、深沉、持

① 王智秋．小学教育专业人才培养模式的研究与探索．教育研究，2007（5）：26-28．

久的理智之情、事业之爱，凝结着教师对教育理想的憧憬、对真善美的追求、对祖国儿童未来的奉献。从更深的层面讲，对儿童的爱是对儿童个性的尊重和对每个儿童发展可能性的价值认同。

（二）知识结构上的综合性

小学教育阶段的儿童正处于人生基础发展关键期。小学教师的思想品质、道德情感、人格魅力、文化修养，无时无刻不在影响着儿童，甚至影响儿童一生的发展。小学教师必须拥有与特定年龄段的儿童交往互动的心理品质和实践能力，多学科的文化知识素养和综合的教学能力，班级和少先队组织的管理知识和能力，以及教育学、心理学等学科知识素养和相应研究能力。除此以外，还应广泛了解当代人文社会科学与自然科学的最新进展，具有不断进行知识更新的能力。

当前，基础教育课程改革特别强调小学课程以综合化为主，学科知识的教学应以儿童的生活经验为基础，现代科学的发展也越来越呈现出综合化的趋势。因此，接受高等教育的小学教师必须具有深厚的文化知识和学科基础，形成具有综合性、全科性特征的专业知识结构。

（三）教学活动中的技艺化

教育教学的技能性和艺术化主要指“教”的方式和方法问题。小学教师在教学过程中，不但要关注知识内容本身，还必须关注知识的呈现形式。教育技能，说到底是教师如何将知识的“学术形态”转化成能使教育对象理解和接受的知识的“教育形态”的能力。这里除了学科知识教学，还包括了对学生群体与个体的全面细致的指导和管理。另外，在当今的信息化社会，计算机及多媒体、人工智能、5G手段逐渐进入小学，这就要求小学教师除传统的教学基本功外，还必须熟悉现代信息技术于课堂教学情境的应用技能。

教育教学的“艺术化”是指小学教师在创造性的教育教学活动中所使用的富有审美价值的认识技艺。从影响因素来看，教育教学艺术至少包括教育教学环境的创设艺术、教育技术的使用艺术和教育教学态度的表现艺术三个方面。它除具备一般艺术的形象性、情感性和娱乐性等共性之外，还具有较强的创造性。在高等教育体系培养的小学教师不仅应具备比中师更强的教学技能，而且还应具有将教育教学过程艺术化的能力。

（四）教育活动中的拟童性

小学教育的本质是养成教育，除了知识的学习，还应该借助教育活动（如班会、少先队活动、升旗仪式等）帮助儿童养成良好的德行。小学儿童处于从具体形象思维向抽象逻辑思维的过渡阶段，习惯形象、动作式的具体的思维方式，而教师则以抽象逻辑思维为主。

小学教师在教育活动中应避免单方面的说教，必须把成人化的思维模式倒转回儿童思维模式，这样才能便于儿童的接受与理解，从而达到最佳的教育教学效果。兼具并交替使用成人思维模式和半儿童式思维模式和表达方式，是小学教师专业特有的，体现了小学教师思维运行的对象化和儿童化。

(五)教育现场的研究反思性

小学教师应具有教育研究与反思能力，这是高等教育体系培养的小学教师区别于中等师范培养的小学教师的重要特征，也是衡量小学教师职业是否达到专业化水准的重要标准。小学教师的研究不同于一般研究，它是基于教育现场的实践性研究，具有以下特点。

首先，小学教师的研究是基于实践教师群体开展的情境性研究，是人与人协作、对话的过程。教师需要用一种超越自身经验的概念术语与外在的学术平台沟通，并吸收接纳多种理念、技术来指导自身的教育行为。其次，小学教师的研究是基于理论与实践对接的研究。理论往往是独立于教师个体的、抽象化的。小学教师在教育研究中需要将抽象的理论具体化，即用自身的经验来解释理论，赋予抽象理论具体内涵。通过理论和实践的不断对接，教师能成长为研究型、反思型的教师。最后，小学教师的研究是过程反思性的研究，一般研究者的研究活动往往只指向研究内容，而小学教师研究的重要内容是对自身研究行为的反思。

拓展阅读　　小学教师专业标准

为促进小学教师专业发展，建设高素质小学教师队伍，根据《中华人民共和国教师法》和《中华人民共和国义务教育法》，教育部于2012年2月特制定《小学教师专业标准(试行)》，具体内容如下。

一、基本理念

(一)师德为先

热爱小学教育事业，具有职业理想，践行社会主义核心价值体系，履行教师职业道德规范，依法执教。关爱小学生，尊重小学生人格，富有爱心、责任心、耐心和细心；为人师表，教书育人，自尊自律，做小学生健康成长的指导者和引路人。

(二)学生为本

尊重小学生权益，以小学生为主体，充分调动和发挥小学生的主动性；遵循小学生身心发展特点和教育教学规律，提供适合的教育，促进小学生生动活泼学习、健康快乐成长。

(三)能力为重

把学科知识、教育理论与教育实践有机结合，突出教书育人实践能力；研究小学生，遵循小学生成长规律，提升教育教学专业化水平；坚持实践、反思、再实践、再反思，不断提高专业能力。

(四)终身学习

学习先进小学教育理论，了解国内外小学教育改革与发展的经验和做法；优化知识结构，提高文化素养；具有终身学习与持续发展的意识和能力，做终身学习的典范。

二、基本内容

维度	领域	基本要求
专业理念与师德	（一）职业理解与认识	1. 贯彻党和国家教育方针政策，遵守教育法律法规。 2. 理解小学教育工作的意义，热爱小学教育事业，具有职业理想和敬业精神。 3. 认同小学教师的专业性和独特性，注重自身专业发展。 4. 具有良好职业道德修养，为人师表。 5. 具有团队合作精神，积极开展协作与交流。
	（二）对小学生的态度与行为	6. 关爱小学生，重视小学生身心健康，将保护小学生生命安全放在首位。 7. 尊重小学生独立人格，维护小学生合法权益，平等对待每一位小学生。不讽刺、挖苦、歧视小学生，不体罚或变相体罚小学生。 8. 信任小学生，尊重个体差异，主动了解和满足有益于小学生身心发展的不同需求。 9. 积极创造条件，让小学生拥有快乐的学校生活。
	（三）教育教学的态度与行为	10. 树立育人为本、德育为先的理念，将小学生的知识学习、能力发展与品德养成相结合，重视小学生全面发展。 11. 尊重教育规律和小学生身心发展规律，为每一个小学生提供适合的教育。 12. 引导小学生体验学习乐趣，保护小学生的求知欲和好奇心，培养小学生的广泛兴趣、动手能力和探究精神。 13. 引导小学生学会学习，养成良好学习习惯。 14. 尊重和发挥好少先队组织的教育引导作用。
	（四）个人修养与行为	15. 富有爱心、责任心、耐心和细心。 16. 乐观向上、热情开朗、有亲和力。 17. 善于自我调节情绪，保持平和心态。 18. 勤于学习，不断进取。 19. 衣着整洁得体，语言规范健康，举止文明礼貌。
专业知识	（五）小学生发展知识	20. 了解关于小学生生存、发展和保护的有关法律法规及政策规定。 21. 了解不同年龄及有特殊需要的小学生身心发展特点和规律，掌握保护和促进小学生身心健康发展的策略与方法。 22. 了解不同年龄小学生学习的特点，掌握小学生良好行为习惯养成的知识。 23. 了解幼小和小初衔接阶段小学生的心理特点，掌握帮助小学生顺利过渡的方法。 24. 了解对小学生进行青春期和性健康教育的知识和方法。 25. 了解小学生安全防护的知识，掌握针对小学生可能出现的各种侵犯与伤害行为的预防与应对方法。
	（六）学科知识	26. 适应小学综合性教学的要求，了解多学科知识。 27. 掌握所教学科知识体系、基本思想与方法。 28. 了解所教学科与社会实践、少先队活动的联系，了解与其他学科的联系。
	（七）教育教学知识	29. 掌握小学教育教学基本理论。 30. 掌握小学生品行养成的特点和规律。 31. 掌握不同年龄小学生的认知规律和教育心理学的基本原理和方法。 32. 掌握所教学科的课程标准和教学知识。

续表

维度	领域	基本要求
专业知识	（八）通识性知识	33. 具有相应的自然科学和人文社会科学知识。 34. 了解中国教育基本情况。 35. 具有相应的艺术欣赏与表现知识。 36. 具有适应教育内容、教学手段和方法现代化的信息技术知识。
	（九）教育教学设计	37. 合理制定小学生个体与集体的教育教学计划。 38. 合理利用教学资源，科学编写教学方案。 39. 合理设计主题鲜明、丰富多彩的班级和少先队活动。
专业能力	（十）组织与实施	40. 建立良好的师生关系，帮助小学生建立良好的同伴关系。 41. 创设适宜的教学情境，根据小学生的反应及时调整教学活动。 42. 调动小学生学习积极性，结合小学生已有的知识和经验激发学习兴趣。 43. 发挥小学生主体性，灵活运用启发式、探究式、讨论式、参与式等教学方式。 44. 发挥好少先队组织生活、集体活动、信息传播等教育功能。 45. 将现代教育技术手段整合应用到教学中。 46. 较好使用口头语言、肢体语言与书面语言，使用普通话教学，规范书写钢笔字、粉笔字、毛笔字。 47. 妥善应对突发事件。 48. 鉴别小学生行为和思想动向，用科学的方法防止和有效矫正不良行为。
	（十一）激励与评价	49. 对小学生日常表现进行观察与判断，发现和赏识每一个小学生的点滴进步。 50. 灵活使用多元评价方式，给予小学生恰当的评价和指导。 51. 引导小学生进行积极的自我评价。 52. 利用评价结果不断改进教育教学工作。
	（十二）沟通与合作	53. 使用符合小学生特点的语言进行教育教学工作。 54. 善于倾听，和蔼可亲，与小学生进行有效沟通。 55. 与同事合作交流，分享经验和资源，共同发展。 56. 与家长进行有效沟通合作，共同促进小学生发展。 57. 协助小学与社区建立合作互助的良好关系。
	（十三）反思与发展	58. 主动收集分析相关信息，不断进行反思，改进教育教学工作。 59. 针对教育教学工作中的现实需要与问题，进行探索和研究。 60. 制定专业发展规划，积极参加专业培训，不断提高自身专业素质。

资料来源：中华人民共和国教育部于 2012 年 2 月颁布的《小学教师专业标准（试行）》。

二、小学教师的专业职责

小学作为学校教育的起点，是儿童对学校和学习形成终生态度的阶段，是进行全人教育的关键时期。我们需要那些热情的，有创新意识的，关注学生社会、情感、身体、精神和智力成长的教师，这就要求小学教师扮演多重角色，他们不仅是知识的传递者，而且是儿童的朋友、专家、人生导师等。小学教师的专业职责主要包括以下三个方面。

（一）立德树人

尽管一个人的成长离不开一定的生理、遗传、环境等因素的影响，但“人”是教育出来的。“育人”是小学教师专业工作必不可少的一环，没有了“育人”就不是教师专业。当然，这里理解的“人”是一个“完整的人”，完整性表现在“认知和情感”“道德-公民性”“个性、社会性和人格”“健康和安全”“艺术和审美”发展要素的健全上。人的发展的内涵也就是认知和情感发展，道德和公民性发展，个性、社会性与人格发展，健康与安全发展和艺术与审美发展，为了这些要素的发展必须开展相应的教育。

需要指出的是，在小学教育阶段，培养学生的良好德行，开展面向未来的养成教育，是小学教师的首要职责。国无德不兴，人无德不立。育人之本，在于立德铸魂。“得其大者可以兼其小”，立德首先要在坚定理想信念上下功夫，在厚植爱国主义情怀上下功夫，教育引导学生树立共产主义远大理想和中国特色社会主义共同理想，坚定“四个自信”，肩负时代重任，立志扎根人民、奉献国家，以高远的志向砥砺奋斗精神，在人生道路上刚健有为、自强不息。天下大事必作于细，古今事业必成于实。立德也要在加强品德修养上下功夫，小学教师应着力引导学生从自身做起、从点滴开始，在日常学习生活中培育和践行社会主义核心价值观，踏踏实实修好品德，成为有大爱大德大情怀的人。

（二）授业解惑

小学是学校教育的起点，传播学科知识与技能就成为小学教师的另一个传统职责，这要求小学教师在一定程度上应成为学科专家。根据能力和素养来讲，这个身份是小学教师最能胜任的，他们也更愿意和更习惯于将学科专家的角色作为个人职业生涯的主要参照系。虽然小学阶段以令学生形成良好学习习惯为重要目标，但必要的知识是这一目标的基础，学习知识的过程也是养成习惯的过程。即使教授低年级的语文、数学等课程，小学教师也应该具有相对深厚的学科基础，这样才能把握学科规律和学科教学规律。尽管对小学教师学科基础的要求不像中学教师那么高，但我们也必须要承认，有相当一部分小学教师的专业积淀距离工作需求仍有不小差距。

教师也是研究者。除了教授现有的知识，小学教师还需要学会通过研究改进专业工作。“研究”能够促进知识的进步，被视为教师自身专业发展的重要手段。教育研究很大程度上源于社会发展需求，它强调的是形成新的见解而不是发现绝对真理。教育研究的目的是教师和决策者通过不断深入探究及对教育规律的把握，提升学习者的经验。小学教师应主动参与教育研究而不是等待别人告诉我们该如何做，只有这样才能增加其知识储备，强化自我知识的创造能力，才能提升教育教学技能和教育教学自信，增强他们面对同事、学生及其家长时的话语权。教育研究也搭建了教师与其他专家保持联系的平台，通过互动教师可以获得不同观点及时反思自己的教育教学实践和职业发展。

（三）服务社会

在传统的表述中，小学教师的工作职责就是“教好书，育好人”。如今，小学教师的专业工作边界变得越来越模糊，教书育人工作的有效开展，需要社会各界人士的关注和支持，而教师也在不自觉地参与到社会工作的方方面面，“服务社会”成为小学教师应该具备和应该承担的新的责任。

在制度化和科层化（资格制度、职称制度、荣誉制度、教研制度、政治制度等）的教育体制环境下，我们必须承认，中国教师的专业发展始终处于服务地位。首先，新时代的小学教师始终应该围绕“培养什么人、怎样培养人、为谁培养人”这一根本问题开展工作。因此，教师专业天生就具备了社会政治的责任，我们需要培养的是社会主义的接班人。其次，小学教师在日常工作中，需要为学校服务、为同伴服务，如备课组长、年级组长、教研主任、科研主任等学校内部的专业服务职位。再次，随着家庭、学校、社会三位一体教育的提出，教师成为沟通三方的纽带，特别是小学的班主任教师应当承担起沟通家庭教育、整合社区教育资源的服务工作。最后，当前我国为了促进义务教育优质均衡发展所制定的“顶岗”“轮岗”“支教”等政策，也都是对小学教师服务工作的要求。

【探究运用】

● **小组交流**

请回顾自己的成长经历，与你的同伴谈谈是什么原因让你选择了师范专业？通过本章的学习，你对教师专业有哪些新的认识？还有哪些疑惑？

● **推荐文献**

1. 苏霍姆林斯基. 给教师的建议：全1册. 修订本. 杜殿坤，译. 北京：教育科学出版社，1984.

2. 斯霞. 我的教学生涯. 上海：上海教育出版社，1982.

● **自我评价**

第一章　导论			
通过本章学习，我有如下新的收获：			
1.	☺	Θ	☹
2.	☺	Θ	☹
3.	☺	Θ	☹
通过本章学习，我还需要复习如下内容：			
1.	☺	Θ	☹
2.	☺	Θ	☹
3.	☺	Θ	☹
通过本章学习，我还有一些新的反思：			

说明：
☺表示“我能够完全理解该内容，并在小组讨论中能表达清楚”。
Θ表示“我能够完全理解该内容，但较难向他人表达清楚”。
☹表示“我不能够完全理解该内容”。

第二章

小学教师专业道德的发展

本章导读

教师是一个蕴含着深刻道德内涵的职业。教师在工作中不能从纯粹的利己主义观念出发，而是要以合乎道德的方式来关注他人，关注学生的成长。"一个有道德的人能够更好地摆脱黑暗的峡谷，去寻找光明的意义。"[①] 教师正是光明的追寻者，他以道德之光来普照自身的道路，以道德之光来引导学生的道德发展。教师专业道德对于教师专业发展来说非常重要，尤其对于小学教师来说具有不可替代的重要意义。小学教育的两个特点——小学生的身心发展性和义务教育的强制性凸显了小学教师专业道德对于小学教师角色身份的重要性和必要性，它必然影响着小学教师的身份认同、职业信念和育人活动。在本章，我们将探讨教师专业道德的内涵，学习小学教师专业道德的内容，更深入地理解小学教师专业道德在当代教育中的重要意义。

学习目标

- 理解小学教师专业道德对于小学教师专业发展的重要意义。
- 理解、识记小学教师专业道德的概念、内涵、内容和特点。
- 理解、识记小学教师专业道德的发展路径。
- 理解、探索小学教师专业道德发展的条件保障。

① 檀传宝. 教师职业道德. 北京：北京师范大学出版社，2015：5.

第一节 教师专业道德概述

在我们谈论教师专业道德发展这个问题之前，可以先思考这样一个问题，道德在教师这个职业，这个身份角色上，究竟意味着什么。中国古代思想家对于师德的描述和当下歌颂教师职业的一些话语，或许能帮助我们找到答案。中国自古就有尊师重道的传统，许多古代思想家的著书中都蕴含着师德的思想。如先秦时期的孔子、南北朝时期的教育家颜之推、唐代教育家韩愈都特别强调为人师表，要求教师不但要注重“言传”，还要重视“身教”，以形成巨大的教育力量来感化、教育学生。所以要成为一名老师，首先要德行好。当下，人们喜欢用“辛勤的园丁”“燃烧的蜡烛”来形容教师，歌颂教师的奉献精神。为什么人们总对教师有这样的职业称赞和社会期待？从这些形容中不难发现，在人们心中，教师职业具有天然的崇高性、道德性。教师职业天然的道德属性，是我们认识教师专业道德的起点。

一、教师职业天然的道德属性

在现实生活中，我们不难发现一些特殊的职业（如医生、律师等）有着特殊的职业道德规范，因为这些职业需要处理职业活动中特殊的人际关系及道德关系。对于教师本身而言，教师在职业工作中也必须处理类似的人际关系和道德关系，比如教师和学生、教师和家长、教师与教师、教师与校长等。同时，教师的教育工作本身又是一项道德活动，因为教师不仅要传授知识，也要教授道德。正因为如此，教师必须以合乎道德的方式来面对学生、家长。同时，教师这个职业需要特殊的职业道德规范来引导约束自己的职业行为，使教育工作既能够符合道德要求，又能满足教育工作的需要，最终促进学生的健康成长。因此，要成为一名教师，不仅要有知识，会教书，还要德行好，只有这样，才能最大化地实践“教书育人”。“教书育人”的职业“特色”，赋予了教师这一职业天然的道德属性。

（一）教育活动是一种道德实践活动

教育本身是一种道德实践活动，或者说教育本身就是一个道德概念。教师必须坚守“教书育人”的基本道德要求。教育活动的对象是人，而不是物，这就要求教师必须尊重学生的人格和尊严，不做出有损学生人格尊严的事。同时，这也要求教师在开展教育活动的过程中，要以道德的方式来开展教育教学，以道德的方式对待学生。雅斯贝尔斯认为，教育是教育者和受教育者之间平等的精神交流活动，在教育过程中教师要始终把学生当作活生生的人看待。教育活动中不能有压迫、控制，学生不能成为被压迫和被控制的对象。教育不仅是传递文化知识的过程，同时也是传递这些文化知识中所蕴含的情感、态度和价值观念的过程。① 因此，教育活动本身就需要遵循基本的伦理道德要求。教育者必须时刻

① 雅斯贝尔斯．什么是教育．邹进，译．北京：生活·读书·新知三联书店，1991：3.

以平等、友爱、道德的方式来教导学生，与学生展开平等的对话，帮助学生成为“真正的人”。

（二）“教书育人”是教师的职责

教育不仅要教授知识，更要教授道德。教育活动的根本目标是培养有道德的人。当下，繁重的教授知识的任务和考试竞争的压力使一些教师只注重“教书”，忽视了“育人”，只完成了教授知识的工作，没有帮助学生健全人格、完善道德。教育可以通过传递知识，促进学生智力发展，帮助人的理性和才能增长，使人成为拥有健全理智和完善技能的人；更重要的是，教育可以通过对人格的培养，传递正确的价值观，更新人的道德认知，培养人的道德情感，磨炼人的道德意志，促发人的道德行为，使人成为一个道德完善和品格健全的人。真正的教育不仅传递着我们世世代代所积累的理性知识，更传递着我们世世代代所积淀的道德情怀和价值观念。教师“教书育人”的职责，更加凸显了教师专业道德对于教师职业、身份的必要性。

（三）立德树人是教育的根本任务

立德树人这一根本任务要求教师在教育实践过程中必须意识到自身也是一名道德教育者。事实上每一位教师都承担着道德教育的职责和使命，每一位教师都不能推卸自己的道德责任。无论教师教授的是什么科目，在传授知识的过程中，不仅要思考如何将传授知识和道德教育相结合，还要在日常生活、教学生活中以身作则，形成优良的道德品格，从而给予学生正面的道德影响。教师是学生道德人格的塑造者，因此教师有必要追求更高的道德境界，以自身的完善人格来促进学生的道德发展，时刻以完善自身的道德品质为要务，不断提高自身的道德水平。唯有如此，教师工作才能真正体现出道德的精神，才能真正符合道德的要求，从而真正完成培养完善人格的教育使命。

立德树人这一根本任务伴随着时代的进步不断推动着教师专业化的发展，也对教师专业化提出了更高要求，体现在教师专业道德的发展方面；主要表现在对德育教师专业化、教师德育专业化的呼唤和对教师德育素养的结构要素与培育机制研究的迫切需要上。在未来，教师专业道德发展任重道远。

二、认识教师专业道德

（一）从教师职业道德到教师专业道德

以往，我们常将教师在教育教学活动中应该遵守的道德准则和行为规范称作“教师职业道德”，但近年来，越来越多的学者开始使用教师专业道德这个概念。随着现代教育的不断发展，“教师职业道德”与“教师专业道德”的区别，已经是一个被越来越多的研究者所关注的重要命题。教师道德的概念之所以会从一般性的“职业道德”（vocational ethics）转向“专业道德”（professional ethics），与教师专业化发展分不开。第一，教师专业化实质上是回应时代要求提升教师质量的运动，而教师质量和专业精神不能分离，因此由抽象、模糊、未分化的师德走向具体、明确和专业化的伦理规范是理所当然的事情。第二，教师专业道德取代一般意义上的行业道德规范还有进一步规范和保护专业利益和权利的积极意义。正是因为这一点，教师专业组织往往会对专业规范的建立具有较高的积极性，实际上在师德规范从一般性的职业道德向专业道德方向的转移过程中，专业组织也的确发挥了重要的作用。第三，早期教师职业道德抽象、模糊、未分化等特征还与教育专业性较低，人们对于与专业工作相关联的专业道德要求研究不够、理解不深入有关系。而随着教育学、心理学和伦理学的不断进步，人们对教师专业特征、专业道德具体内涵的理解程度不断提高，这一非专业状况必然会得到改变。因此，我们可以这样说，专业道德概念的建立和教师专业化运动具有相同的历史必然性。①

从现实层面看，我们也需要从教师职业道德转向教师专业道德。目前许多国家和地区都有教师职业道德方面的规章，但这些规章的一个较大缺陷就是缺乏“专业道德”的特征。原因一方面是对于伦理原则的把握不够，另一方面是规范不具体，缺乏专业特征和可操作性。一些关于教师职业道德的规范条目对教师工作的专业特征反映不够，只要将主题词替换一下马上可以变成其他职业的规范。这些规范显然缺乏一定的针对性，并未凸显行为主体和主体行为及其规则的“不可替代性”。如果不考虑教师劳动的特点和教师专业的特殊性，那么教师职业道德规范将继续停滞在一般性行业道德的非专业水平上。此外，如果教师职业道德规范制定随意性大，不够全面和具体，可操作性不强，教师职业规范的内容就会显得粗糙、抽象、一般，那么“专业”的规范也会显得“不专业”了。可见，无论是教师专业化的发展还是师德建设的推进，都离不开对“教师专业道德”概念的规范界定。

（二）教师专业道德的界定

1. 教师专业道德是什么

为了更好地理解教师专业道德，我们来比较分析一下与教师专业道德相关的一些概念的区别——“职业”和“专业”、“职业道德”和“专业道德”。职业是为了满足社会生产和生活的需要，人们所从事的具有一定社会职责的专门的业务，是指人们在社会生活中所从事的以获得物质报酬为自己主要生活来源并能满足自己精神需求的、在社会分工中具有专门技能的工作。“专业”可解释为专门职业，即指通过特殊的教育或训练掌握了已经证实的认识具有一定的基础理论的特殊技能，从事具体的服务工作，借以为全社会利益效力的职业。专业是职业的高级部分，它与一般职业、普通职业不同，具体表现为职技的高知能性、职能的不可替代性、专业组织性以及高度的专业精神。②

职业道德是社会道德规范体系的重要组成部分，它是社会的道德原则和规范在职业行为和职业关系中的特殊表现，是从业人员在职业活动中应该遵循的道德规范以及应当具备的道德观念、道德情操和道德品质。专业道德是指一种职业群体为更好地履行职业责任、满足社会需要、维护职业声誉而制定的自我约束的行为规范。③ 专业道德不仅要体现职业道德的一般要求，同时还要结合专业发展的内部特征将职业道德的要求具体化。专业道德产生之初主要是对其服务对象的关系和行为进行规范，目的在于更好地满足服务对象的需

---

① 檀传宝．走向新师德：师德现状与教师专业道德建设研究．北京：北京师范大学出版社，2009：12-13.

② 谷静．专业道德：教师职业道德的超越．教学与管理，2008（7）：17.

③ 刘捷．专业化：挑战21世纪的教师．北京：教育科学出版社，2004：62.

求。但随着专业化的发展，专业道德开始承担起保持专业团体在社会的道德威望和名誉进而为专业团体发展新成员提供道德门槛的任务，因此“在外部所强加的要求之外，专业人员也希望去阐明和指定道德准则来规范成员之间的关系”①。

结合上述概念的辨析，我们不难发现，教师职业道德只是教师作为一种普通职业而言的，被看作和其他职业一样都具有必须遵守的职业道德标准。而教师专业道德是指教师作为“专业人员”所必须遵守的最基本的专业准则，是教师群体在专业发展过程中逐渐形成的比较稳定的能够表现教师专业特征的品质观念和行为准则，是教师能够基于自己的专业知识和专业技能在自己的专业领域内合理行使自己的专业权力来完成自己的专业职责和专业使命，使专业服务对象得到高质量的专业服务的一整套伦理标准和规范。相比于教师专业道德，教师职业道德并没有与教师教育活动领域中的经济、政治、法律和语言这些非道德规范区分开来，存在着对教师工作的专业特征反映不够，规范的指定随意性大、不全面、不具体等弊端。② 职业道德规范或许可以约束教师的行为，但是无法约束教师的思想、情感、态度与价值观，更无法让教师提升职业幸福感。“坚守教师专业伦理（道德）将激发教师对本职工作的坚持与执着，并引领教师达到职业幸福的境界。”③ 据此，可以看出，专业道德更具有对教师专业工作和身份“量身定做”的特征，较职业道德要求更为精准、更具有约束力，也更符合当前教师专业化的需要。

2. 教师专业道德的内涵解读

专业道德与专业特质分不开，如果缺乏对教师专业本质的认识，那么专业道德就难以真正确立。教师职业具有天然的道德属性，教师作为“专业人员”，不仅要在职业范围内遵守职业道德操守，坚守职业道德底线，也要在个人道德层面提出高要求。以往学界一直有针对教师职业道德和个人道德是否需要统一的讨论。有观点认为，教师只要在自己的职业范围内做到道德就可以，对个人道德方面不做要求。如果以这样的标准来规定教师专业道德，就会有部分教师变成“精致的利己主义者”的风险。从个体的统一性和身心的完整性来看，如果教师的某一面存在道德不完善的情况，他在履行教书育人的职责时也会存在道德不完善的风险。如果完全掐断教师专业道德与个人道德的联系，一个老师很难做到真正的从善而教。因此，教师专业道德要求教师作为“专业人员”做到职业道德与个人道德相统一。

首先在职业层面，教师专业道德所关注的重点是教师工作中的人际关系，包括教师与学生、教师与集体以及教师与社会的关系。教师专业道德在职业领域的核心目标是以道德的方式来协调人际关系，同时也以道德的方式开展教育、教学活动。教师与学生的关系是教师专业道德在职业领域的核心方面，其他重要的关系还有同事关系、家校关系，不同的关系层对教师的专业道德有不同的要求。

在个人层面，教师专业道德要求教师成为一个有道德的人。教师要承担教书育人的工

---

① 宋萑．教师专业伦理之辩证．湖南师范大学教育科学学报，2009，8（6）：10．

② 檀传宝．论教师“职业道德”向“专业道德”的观念转移．教育研究，2005（1）：50．

③ 杨晓平，刘义兵．论教师专业伦理建设．中国教育学刊，2011（12）：67．

作，就要把社会性的客观伦理法则进行内化，将外在的道德规范内化为道德自律。道德规范只有当它被道德主体所内化的时候，才有可能成为道德主体内心世界的有机组成部分，它才可能经由道德他律走向道德自律，从而主导道德主体的道德生活。教师通过把外在的道德规范内化为自身的道德素养，全面提升自己的道德品质和道德境界，以内化的道德引领教师专业道德的发展，驱动自身在教育工作中更好地落实教书育人的职责。

总而言之，教师专业道德是对教师职业道德的超越，它不仅要求教师在专业道德层面以道德的方式来协调人际关系，开展教育、教学活动，同时也对教师的个人道德层面提出更高要求——成为一个有道德的人。它强调教师作为“专业人员”必须遵循最基本的专业准则，表现为教师职技的高知能性、职能的不可替代性、专业组织性以及高度的专业精神。

第二节　小学教师专业道德的结构与特点

一、小学教师专业道德的结构

本小节我们将关注点聚焦在小学教师专业道德在实践层面对教师的具体要求上。围绕小学教师的职业生活，我们将从关怀、惩戒、话语、性别、技术五个维度对小学教师专业道德进行具体梳理。

（一）小学教师的关怀道德

小学教师除了要履行教书育人的基本职责，还应承担关心爱护学生的天然使命。小学六年的时间跨度较长，无论是低年级还是高年级，生理和心理都较为脆弱，小学生的学业与精神成长都需要教师的持续关怀。

1. 小学教师关怀应促进学生可持续全面成长

小学教师对学生的关怀蕴含着教育目标，即以学生的身心成长为其行动出发点和归依。小学教师关怀的道德目标要有利于学生的可持续成长。更具体地说，首先，小学教师关怀的基本目标是要保证小学生身心的健康成长，不可以出现任何以牺牲学生身心健康为代价的“关怀”。其次，小学教师关怀要以促进学生积极人格的成长为核心目标。最后，小学教师关怀的目标还应当指向学生的精神世界和价值世界，使他们成为能够关心自我、关心他人、关心社会的具有真善美品性的人。

2. 小学教师关怀既要面向全体又要关照弱势

小学教师在关怀实践过程中除了要关怀所有学生，还必须能够公正地对待全体学生，不能偏爱或偏袒某一方，歧视或贬低另一方。小学教师对学生的公正并不是毫无差别地给予学生完全相同的对待，而是应当充分考虑学生之间的个体差异，根据学生的不同情况和具体需要给予具有针对性的适切关怀。特别是对于处于弱势的小学生群体，教师就应当给予补偿性关怀。譬如，对于那些学习落后、家庭贫困、身心发展存在障碍的小学生，教师应投入更多的关注和关怀，给予他们更充分的精神鼓励，从而帮助他们获得自尊和自信，提升他们自我发展的能力。

3. 小学教师关怀要满足学生多样化成长的需要

小学教师关怀学生就要考虑学生成长的不同需要，根据学生不同类型的需要给予相应的关怀。譬如，教师应当营造安全、舒适以及和谐的班级环境，保障小学生在校的人身安全和身心健康；教师要与小学生搭建情感沟通的平台，适时给予精神鼓励和情感关怀，满足他们归属、爱和自尊等心理需要；教师还要关注小学生的精神世界，实现积极的价值引导，使他们对生命价值和生活意义有所体悟，满足他们的精神需要。另外，教师还要关心小学生的人生发展，尤其是要注意避免“唯智主义”“唯分数论”等功利式关怀。同时，教师也应尊重和理解小学生的差异性，相信所有学生都有各自的个性潜能，所以，教师也必须因人而异地对小学生的个人发展进行有针对性的、多样化的教育关怀。

4. 小学教师关怀应致力于构建良好的师生关系

真正有效的小学教师关怀必须指向学生个人的真实需要，并且这样的关怀能够得到学生的认可。这就要求小学教师在关怀实践中要尊重学生的主体性，并能以相互独立和平等的身份与学生构建良好的关怀关系。具体来说，首先，小学教师要保障学生自主发展的权利，避免过分干涉和过度控制。其次，小学教师要承认并接受学生的个体差异性，因人而异地采取适切的关怀方式。教师不能简单地使用同一种标准或方式来要求和对待学生，更不能无视学生的心理需要而把个人观点或要求强加于学生。最后，小学教师要提高关怀的表达能力，掌握与学生对话和沟通的技巧，充分重视小学生个人的真实想法和意见，积极回应他们的需求和关切，以恰当的方式努力帮助他们解决实际问题。

（二）小学教师的惩戒道德

小学教师的教育惩戒道德是指小学教师对学生的失范行为进行否定性评价以及采取教育措施时所应遵循的道德准则与行为规范。小学教师教育惩戒行为面临的情境具有复杂性，教育惩戒行为本身也是复杂的，所以小学教师教育惩戒道德的规范在微观层面是零碎和细节化的，而且还会因为社会情境的变化甚至新技术在教育领域的应用而变化发展。基于此，我们这里主要从宏观和中观层面来构建小学教师的教育惩戒道德规范，并且把宏观层面的教育惩戒道德规范称为“1 阶道德规范”，中观层面则称为“2 阶道德规范”。

1. “1 阶道德规范”为上位规范

小学教师的教育惩戒最上位的“1 阶道德规范”是指小学教师的教育惩戒行为应是善的，即教育惩戒的动机、过程和结果都应具有教育性。就小学教师的教育惩戒而言，其教育性也就是它对全体学生的成长具有教育意义。这里的学生成长包括了小学生个体的学业成长和社会性成长，学业成长体现在学习动机、学习习惯和学习成绩等方面；社会性成长包括对小学生美好品德的塑造等诸多方面。需要强调的是，判断小学教师教育惩戒行为是否具有教育性和善，需要对其动机、过程和结果进行综合判断，而不只是单一向度的考察。作为“1 阶道德规范”，这一道德规范是处于最高位的，用它可以宏观地判断现实中具体的小学教师教育惩戒行为是否合乎道德，它也是审查“2 阶道德规范”合理性的依据。

2. “2 阶道德规范”为中层规范

小学教师教育惩戒中层的“2 阶道德规范”依从于“1 阶道德规范”。根据对实践中小学教师教育惩戒道德风险的观察分析，“2 阶道德规范”可以细分为三条：第一条，小学教师不应无故放弃对失范学生的教育惩戒。如果小学教师放弃了对失范学生的教育惩戒，其原因应是放弃教育惩戒与实施教育惩戒在动机、过程和结果的综合考量上，放弃更具教育性，即更有利于全体小学生的成长，否则就是“无故”放弃教育惩戒。第二条，小学教师实施教育惩戒时应选择适当的方法、时机和场合。教师针对小学生的行为失范实施教育惩戒时，即使动机是为了学生的成长，如果实施具体教育惩戒的方法、时机和场合选择不合理，也难以从结果上有教育收获。第三条，小学教师实施教育惩戒时应注意程度与范围的合理性。教师对小学生失范行为进行惩戒，其程度应与学生失范行为的严重性相匹配，当然也还要考虑失范学生的个性、气质等个体差异。从程度上来看，过重或过轻的教育惩戒带来的教育效果都不佳，甚至会产生负面教育效应，因而不具备教育性。从范围来看，缩小和扩大教育惩戒的范围，因公平性欠缺等原因，也不具备应有的教育性。所以，小学教师在实施教育惩戒时追求合乎道德，就应充分考虑惩戒的程度与范围的合理性。上述三条中层小学教师教育惩戒，上承“1 阶道德规范”，下接更为细致、更为具体的小学教师应遵循的教育惩戒道德细则。

（三）小学教师的话语道德

小学教师话语道德是将小学教师作为教育实践活动的主体，以儿童作为主要的交往对象，在教书育人过程中应始终秉持合乎道德要求的基本话语规则和话语行为规范，以是非善恶为判断标尺实现话语行为正当、应当等方面的道德规约。因此建立小学教师话语道德基本规范尤为重要。

1. 实事求是，保证知识信息客观真实

小学教师面对的劳动对象是身心尚未成熟且具有成长可塑性的儿童，如果此时教师在进行知识教学时将一些错误的、虚假的、伪善的信息内容传递给学生，势必误人子弟。因此，作为一名有责任心、有义务感的小学教师，引用或陈述客观事实时必须做到科学、准确、严谨、规范，以确保儿童能正确理解知识信息并有效运用知识信息解决实际问题。“实事求是、客观真实”的话语道德原则指的是信息内容与外在客观世界之间的关系，即教师所传达的信息内容必须与客观世界相符，这需要教师在筛选和开发教学资源时对即将授课的内容有一个全方位的科学把握，有事实根据做支撑，另外在讲授过程中也要注意言语表达，力求全面、准确、清晰地反映客观事物的全部特征，帮助儿童从本质上认识事物、掌握概念。

2. 平等尊重，促成师生共同理解

平等尊重是相互理解的前提，达成共同理解就需要小学教师放下话语权威，主动向儿童敞开自己的心灵，诱导儿童吐露心声，并善于倾听孩子们说话，相互理解、感同身受。小学教师只有站在儿童的角度，从儿童的利益出发，接纳儿童的观点、看法、意见等，主动倾听并理解儿童所思、所想、所言，才能真正走进儿童的心灵世界，避免言语伤害。教师全身心投入与儿童的对话中，既表达了对儿童话语的充分尊重，也加深对儿童世界新的理解，进而有效把握儿童的所思所想。

3. 态度真诚，用积极话语表达仁爱之心

拥有一颗仁爱之心的教师会自觉产生对儿童真正的关怀。心怀仁爱的老师会对儿童抱有关注和期待并愿意为对方付出实际行动、承担责任义务，其言语之善的责任义务是强烈的，能够通过言语表达关怀之意，施以关怀之行。儿童普遍渴望得到教师的激励、安慰、理解，小学教师对儿童付出仁爱善良的“心”，能够使儿童心理获得强烈的安全感和归属感，善用“我明白你的意思”“我很理解你”“就像你，我也一样……”等这样一些话语，体现对儿童的关注和肯定，有感同身受的境遇和一起共进退的决心。尤其是在小学低段，教师言语之爱能够帮助他们尽快适应新环境，调和人际关系矛盾，舒缓儿童精神压力，为儿童的幸福成长提供有力的情感支撑。

4. 文明礼貌，做好言行一致的示范引领

言行一致主要是指人际交往的诚信问题，即教师所说的话要与行为保持一致，言语表达后就要立即施行自己的行动，证明教师话语时效性并信守承诺。陈汝东就言行一致的道德准则提出了三个方面的解释：其一，在言语行为实施以前，对言语内容或话语信息及言语方式给予道德价值判断，看其是否与社会道德相符；其二，对言语行为给予行为判断，看其是否符合客观实际且具有可行性；其三，说到做到，实践自己所说的内容，使言语与行为一致。① 在现实教育实践中，部分小学教师“说一套做一套”、说“假话、空话”，缺乏对话语的责任意识，这正是缺失言行一致的表现。这种行为严重的会使教师权威形象崩塌，使儿童对教师的基本信任感降低，因此做到言行一致对于小学教师权威形象的树立以及儿童优良品行的形成具有重要的示范作用。

（四）小学教师的性别道德

性别道德通常是指处理男女两性关系的道德原则与规范的一系列基本道德思想和理论。现今有诸多西方学者在教育场域中研究两性关系与性别不平等现象，教育界的性别道德问题受到了越来越多人的关注，小学教师的性别道德对受教育者的性别价值取向有着举足轻重的影响与作用。小学教师性别道德的教育性要求集中体现在以下几个概念与方向上。

1. 性别平等与小学教师的应对

性别平等是性别道德的重要范畴之一，它在承认性别差异的基础上，试图努力消除差异，主张男性与女性在权利、地位等各方面应获得平等对待。在小学教育体系中，可能依旧会存在一些性别不平等的现象，一些小学教师把自身的性别偏见、性别歧视、性别刻板印象等带入自身平时的教育教学工作中，这样就很可能阻碍学生的健康成长与发展。在小

① 陈汝东. 语言伦理学. 北京：北京大学出版社，2001：120-121.

学实际教学中，为保证教育中的“性别平等”，小学教师要在教学材料的选择与呈现、教育教学活动、学生的心理健康、师生互动等方面尽可能地避免性别偏向。第一，小学教师在研读教材教参内容、选取和使用其中语言时要避免性别偏向的词语、观点；第二，小学教师应该摒弃传统负面的社会性别刻板印象，鼓励男女生自由发展自身的兴趣爱好，积极参与不同类型的学习活动；第三，在日常教育教学工作中，男女教师应注意因性别差异对学生学习与成长发展带来的积极与消极影响，男女教师间取长补短，提升教师的专业能力与专业素养；第四，小学教师在师生互动、交往中要注意性别平等、性别公正，避免对学生性别歧视。

2. 性别公正与小学教师的发展

性别公正是让男性与女性的性别差异保持在一个最为合理的限度内，使两性在机会、基本权利、人格平等的前提下各尽所能、各司其职。① 性别公正不能等同于性别平等，因为性别公正是建立在维护两性平等的尊严与权利基础上的，正视两性存在的客观差异，遵照社会要求与个人意愿最大限度地发挥两性各自的优势与潜力。在小学教育领域谈性别公正，有许多值得我们深思、解决的现实教育问题：一是小学男女教师性别结构失衡问题；二是小学男女教师职业生涯与工资待遇问题；三是小学男女教师的教育教学、专业发展问题；四是小学男女教师的工作与家庭冲突问题。时代在不停地跟随历史潮流变化，小学教师的性别观点也应该跟随时代要求，将“性别公正”的意识渗透到平时教育教学的方方面面。处于信息爆炸的年代，学生每天面对着各种各样的信息与观念，教师应该适时帮助、引导学生用批判的眼光来看待学习与生活中性别不公正的现象，尽力突破性别教育的困境，抓住教育契机来培养他们的社会性别意识。

3. 性别和谐与小学教师的努力

性别和谐是一种新型的男女相互依存、和睦相处、共同发展的性别关系，性别尊重、性别公平、性别友爱和性别均衡是性别和谐的基本内涵。在性别平等和性别公正的基础上，性别和谐追求的是较为理想的、可持续共同发展的两性相处存在方式，它也是性别道德的最高境界与理性境界。已有研究指出，教育者总是依据自身的性别角色观采取相应的性别教育行为②，这也提醒人们要关注教育者自身的性别意识。除了需要从政策上不断完善以外，在性别和谐的观念下，我们也应改变传统性别观点对小学男性教师与女性教师的刻板印象，借用研究者贝姆（Bem）的性别双性化理论（性别双性化理论认为同时拥有男性气质特征和女性气质特征的人就是双性化的人）③，双性化的人具有两种性别的优势，对于性别差异教育而言是一条教育的好途径。进入校园以后，小学男教师与女教师在某种程度上可能代替了父亲、母亲的角色，教师的言行成了儿童学习的榜样，儿童往往希望把自己塑造成老师期望的模样。因此，教师要从传统性别角色教育模式中走出来，跟随时代

① 张子恒．性别伦理的价值取向研究．兰州：西北师范大学，2010：37.

② JASWAL V K，CROET A C，SETIA A R，et al. Young children have a specific，highly robust bias to trust testimony. Psychological science，2010，21（10）：1541－1547.

③ BEM S L. Androgyny and gender schema theory：a conceptual and empirical integration. Nebraska symposium on motivatio，1984（32）：179－226.

要求，更新、改变性别观念，看到双性化教育性别教育模式的优点，对于儿童性别角色发展持有双性化的期望。[①] 如果女教师在教学过程中既能发挥自身的性别特点，又能理解男教师的性别角色特点，充分吸收两性的性别角色优势，那么学生就很可能同时受到两性性别角色的不同优势的影响。因此，无论是小学男教师还是女教师，其实都能通过双性化的教育形式，将两性和谐的观念渗透到教育教学实践中，对学生形成最佳的性别作用与影响，从而达到理想的性别育人效果。

（五）小学教师的技术道德

技术为小学教育带来了更多的选择性和可行性，但技术仅仅是一种手段，本身并无善恶之分。教育技术产生什么影响、服务于何种目的，这些都不是技术自身决定的，而取决于什么人来运用技术。[②] 小学教师作为教育技术使用的主导者，应明确自身义务和责任，为了避免教育技术的使用给小学生成长带来负面效应，相对应地需要构建如下小学教师技术使用的道德规范。

1. 不伤害学生

不伤害学生是小学教师技术使用的基本道德。这一规范要求教师在使用技术时，在动机、过程和结果上都不能对学生造成任何伤害。然而现实中，小学教师使用教育技术时可能已对学生带来了诸多不同类型的伤害。教学是情感交流的活动，需要满足师生之间情感互动的需要，如果过分依赖技术而忽视与学生面对面的交流，小学生因其所处年龄期所特别需要的情感成长需求就难以满足，从资源缺失的角度来看，这就是一种隐性伤害。另外，保护个人隐私是一项最基本的社会道德，也是人类文明进步的重要标志。[③] 小学教师不能泄露学生的隐私，收集、使用学生个人信息应该受到严格限制，未经学生及其监护人授权而公开，就是对学生的显性伤害。

2. 教会学生自我保护且不伤害他人

较多小学虽开设了信息技术课程，却只把其当作一门纯技术课程，没有重视信息技术的人文与道德维度的教育作用。[④] 对网络道德教育的缺失导致小学生网络道德失范问题，比如沉迷网络、侵犯他人隐私、网络语言不文明等。面对如此情形，小学教师应在技术使用过程中强化培养小学生的自我保护意识，教会学生适度、健康地使用信息技术，避免对技术的过度依赖。同时，网络的隐匿性使得小学生在使用网络技术时可以隐藏真实身份，如果不加以约束，容易产生不道德行为，所以小学教师应引导学生在纷繁复杂的网络中增强道德判断的能力以及自我反思、自我约束能力，在使用技术时不得伤害他人。

3. 避免教育误判

当前小学教师利用教育技术评价学生日益增多，但是由于技术自身的局限性，对学生

① 张佳敏．双性化性别角色教育对人发展的启示．课程教育研究，2019（22）：243.

② 许良．技术哲学．上海：复旦大学出版社，2004：134.

③ 钱振华．现代科技伦理意识探析与养成．北京：知识产权出版社，2017：110.

④ 何爱华，郭有强．中小学信息技术课程网络伦理教育研究．课程·教材·教法，2017，37（3）：81-86.

的评判往往停留在表面，只能判断“理性”部分，而对“非理性”部分技术无法评判。另外，基于信息技术的评价是依据算法来执行的，如果数据挖掘算法没有正确分类，也会导致负误识（如将不及格的学生归入及格）和正误识（将及格的学生划入不及格）。[①] 无论哪种误判，都不利于学生的成长。因此，对学生的评价不能完全依赖机器或软件。小学生正处在不断的发展中，情感、态度和价值观还在持续生成中，如果因技术问题造成对学生的误判，会打击他们积极、健康成长的心向，极大地改变学生向善发展的可能。因此，小学教师不能用教育技术评价完全取代自身评价，要在评价中体现对学生的鼓励和唤醒，在使用技术来评判小学生时，对机器与软件要特别警惕，教师要进行复查，降低误判的概率。

4. 有利于全体学生的可持续成长

数字化社会的教育并不是为当下生活做准备，而是指向学生的终身发展。要想让教育技术兼顾工具价值与精神价值，促进小学生的可持续成长，必须将小学教师置于技术之上，要知道即使是最先进的教育技术，也无法取代教师的期待和关注，因为教师职业的特殊性就在于教师的人格、品质和精神在学生形成道德观、价值观过程中的重要作用。课堂不仅仅是传授知识的地方，更是师生之间情感交流的主要场所，使用教育技术时，教师更应重视其精神价值的发挥，充分给予学生人文关怀，从而促进学生的心智成长和可持续发展。另外，小学教师的技术使用还应有横向的“包容性”意蕴，即不只是针对部分学生，而应是追求全体学生的具有个体差异性的可持续成长。

5. 实施弱势补偿

弱势学生群体是指由于所获取的资源相对匮乏，从而在整个受教育群体中呈现弱势状态的学生。[②] 小学教师在运用技术时，应对弱势学生给予更多关注，采取补偿性教育措施，特别是提高他们技术使用的自我效能感。教师要调查了解不同学生在使用技术时的困难，制定对弱势群体的补偿计划。可以通过教育激励策略，消除弱势学生的负面情绪，给予他们使用教育技术的信心。在唤醒学生使用技术的信心后，小学教师还应帮助弱势学生消除累积的劣势，以课外辅导等方式提升弱势学生的技术素养。

6. 消除信息代沟

随着网络信息技术的不断更新和发展，小学生利用互联网获取资源和学习交流越来越快捷。小学教师不再是知识的垄断者，也不再是高高在上的指挥者，在很大程度上，教师需要向年轻的学习者学习。在“前喻文化”时代，数字素养和信息素养已成为当代教育者的必备素质，要实现师生间顺利的交流，小学教师应主动承认与学生之间存在信息代沟，并要用民主、平等的方式主动与学生交流，通过终身学习，不断提升自己的信息素养，以消除与学生之间的信息代沟。

---

① 余亮，杨秋燕，赵楠. 模型驱动的教育大数据挖掘促进教与学：访美国犹他州立大学米米·雷克教授. 开放教育研究，2018（1）：4-9.

② 洪小良，王雪梅. 新世纪北京城市弱势群体研究. 北京：中国经济出版社，2012：2.

7. 提高教育效益

在现代化教学中，教育技术的使用程度主要取决于教师，要防止教育技术遮蔽教师的教学激情与情感价值传递，从而失去个性和情感，单纯变成工具化或技术化的存在。① 小学教师在教学实践中不应只是思考技术将如何与个人的教育理念和教学安排融合，还要反思所选取的资源最终如何转化为学生素养。因此对小学教师而言，需要合理规划、综合利用教育技术，让技术变成促进全体学生更好的持续性成长的手段，以实现最大的教育效益。

此外，在小学教师专业发展中，还要加强技术道德的修炼。学校要重视对教师信息技术素养和技术道德的培训，教师个人也要学会利用各种通信技术和网络资源来学习相关理论，并反思实践，不断提高自身技术道德素养。同时，还可以通过同伴互助的方式对教育技术道德及其实践展开协同研修，分享各自的道德智慧，从而提升教师整体的技术道德素养。

二、小学教师专业道德的特质②

（一）小学教育对象的童蒙性决定了小学教师专业道德始于“向善”

小学生作为小学教育的对象具备特有的童蒙性，这一判断极精准地表达了小学生的特点和需要之于小学教育的诉求。6～12 岁的小学儿童正处在中国传统教育所谓的童蒙教育时期。③ 在中国传统教育中，“童蒙”常常与“养正”紧密联系在一起。早在先秦时期，《周易》就提出，“蒙以养正，圣功也”。“童蒙”是指幼稚、未明，对应的就是人年少无知、懵懂的阶段。“养正”的基本含义是要涵养正道，培养正知正见，从而养成良好的品行，完成自身修养的完备。

传统童蒙教育主要是以伦理道德教育为主，尤其是以日常行为规范教育为核心，在“人伦日用”中达到培养人的目的。童蒙教育表达了两种教育假设：一是通过行为习惯的养成来育人；二是正面教化促进儿童德行发展。这两种教育假设使我国古代童蒙教育十分重视正面的道德教化，孟母三迁的故事也传递出正面引导对儿童成长的重要作用。这里，我们从童蒙教育角度揭示了我国古代小学教育一直以来遵从的“向善”之道。

现代小学教育研究与实践也十分关注儿童自身的向善性，尊重小学儿童对积极环境和安全感的本能需求。处在生命初始阶段的儿童，欣欣然像初蕾绽放，一切都是最美好的样子。这一阶段的儿童，其生命观念、情绪情感、自我认知等方面具有一定的阶段发展特质。从上文分析我们看到了由小学教育对象所决定的“向善性”这一道德需要，它构成了

① 沈璿．“互联网＋”时代教师伦理的技术转向与思考．陕西师范大学学报（哲学社会科学版），2016（7）：170－176．

② 李敏．优良道德的推导：小学教师专业伦理的特质分析．教育研究，2020，41（12）：20－24．

③ 古代童蒙时期，一般认为年龄上限在 15 岁，《礼记·内则》曰：“成童，舞《象》，学射御。”孔颖达疏：“成童，谓十五以上。舞《象》，谓舞武也。”

小学教师专业道德中的“向善”特质。但小学教师在教育教学过程中向小学儿童表达“向善”这一道德影响时，并非单向地给予教导，而是交往中的小学教师和小学儿童经历共同向善的过程。在师生这一重要的道德关系中，我们必须认识到小学儿童自身也是追求善的群体。儿童对世界的认识，包括对道德现象的认识，并不像成人想象的那样浅薄。马修斯建议“成人（无论是教师、父母还是研究儿童的人员）在儿童面前要抛掉优越感，俯首倾听儿童提出的认知方面或道德方面的问题”。他认为，儿童提出的问题或发表的意见，有时会使成人甚至许多领域的专家大受启发。①

由此我们看到，小学儿童的“向善性”不仅规定了自己与世界的联系方式，而且规定了小学教育的影响方式，具体表现为小学教师专业道德的“向善”特质。向善性构成了小学教师之优良道德的行为事实，故而，“向善性”成为小学教师专业道德的一种重要特质。

（二）小学教师角色的应验性决定了小学教师专业道德尊崇“示范”

小学教师角色的应验性在这里是指小学教师在传道授业解惑时，首先需要做到以身示范，甚至“身教”比“言传”更为重要。小学教师是儿童的重要他人，同时又是儿童初级社会化的引路人。小学教师的特质由其所面对的受教育对象（小学生）以及小学教育的特点来决定。6～12 岁的小学儿童经历了婴幼儿时期的第一个生长高峰之后，在小学阶段身心发展进入一个相对平缓的阶段。这段时间是小学生自主性感知觉能力、注意的持久度、思维的逻辑性的重要发展期，尤其是情绪情感能力经历了一个由被动反应向主动表达的漫长发展过程。小学生的这些身心发展特点，一定程度上决定了小学教师在他们生命中的重要作用，也因此形成了小学教师专业道德的“示范”特质。

首先，小学教师专业道德的示范特质表现在其所承担的“替代父母”的职责上。当小学生离开家、离开父母进入小学校园时，小学教师就有了代替父母角色的责任。正是这样的一个角色责任，才使得小学生在学校里有困难了、受伤了，最先想到的是教师，尤其是班主任，这也正是教师能直接影响小学生身心发展的重要原因。在小学生眼中，教师是真实的肉身存在，可以走近、亲近、求助、依靠……从这个角度来看，小学教师专业道德的示范性来源于父母式的“言传身教”。其次，小学教师专业道德的示范特质还表现在小学教师是学生“形影不离”的榜样。小学教师因其特有的职业身份，会被小学生视为值得信赖、尊重和敬仰的人。小学教师的言行举止、待人接物都对儿童发展具有榜样示范作用。教师通过自己鲜明的形象、高尚的情操和富有感染性的人格魅力，把社会对个体的规范要求和现实生活中的言行有机地结合起来，展示在儿童面前，为儿童发展提供了一种可资借鉴或选择的参照坐标。② 这种小学教师的榜样示范作用，实质上正是一种专业的道德力量。

小学教师无论是扮演父母的角色还是成为学生形影不离的榜样，其对小学儿童发生影响的内在作用机理都是模仿。在模仿机制下，儿童会抽离自身，突破主体的个人局限，朝

① 刘晓东. 儿童精神哲学. 南京：南京师范大学出版社，1999：35.

② 朱小蔓. 中国教师新百科：小学教育卷. 北京：中国大百科全书出版社，2002：416-417.

模仿对象靠近，主动通过身体的运用和表达，借助这种蕴含身体范式的行为模仿，来接近外部世界，将外部世界转换进自己的内部世界，形成一种实践性知识储存在内部世界。几乎在整个小学阶段，小学生会因为教师的长久陪伴和榜样作用潜移默化地进行这种具有教育意义的模仿。

综合以上分析，我们发现小学教师角色中存在着“应验性”，它与小学生的身心发展需要相契合，这种应验性决定了小学教师对小学儿童所产生的影响是一种“示范性”的道德影响。它也因此成为小学教师专业道德的一种特质。

（三）小学教育阶段的养成性决定了小学教师专业道德重视“发展”

最后，我们来讨论作为小学教育场域中的“道德价值主体——小学教育（社会子系统之一）的价值（道德目的）是什么。养成教育是小学教育阶段的重要任务和价值使命，已取得小学教育界的共识。已有的养成教育研究多集中在讨论面向6～12岁的小学儿童应如何更好地促进行为习惯、品德、社会性三方面的发展。有关心理学研究的成果也证实小学阶段是养成儿童良好品行的重要时期。从人的品德心理发展阶段看，7～11岁这一阶段是行为习惯以及品德的养成期。而社会性的发展是现代小学教育特别关注的教育内容与目标。社会性主要指儿童参与社会生活、关系、活动时需要不断增进的能力、智慧和道德。此外，养成还意味着持续的主体发展，这与小学阶段养成教育的使命更为接近。以上两种认识进一步明晰了养成教育的内在特点和内部过程，也显现出小学教育的价值目标——促进小学儿童连续的发展，而且尤其重视习惯、品德与社会性的发展。因而，“发展性”也成为小学教师专业道德的一个显性特质，这一特质会广泛影响教师对待小学教育和小学生的态度，同时也会深刻影响他们具体的教育教学方式，从急功近利的干预和评价转向张弛有度的教育陪伴和等待。

由小学教育阶段的养成性分析，我们发现促进“养成教育”是承前启后的小学教育的任务与价值，它一定程度上规定了小学教育的价值方向是促进“发展”。小学教育的研究和实践亦表明，只有秉承促进“发展”的价值方向，小学教育的基础性、综合性才可能有条件真正被推进、被落实。发展性也因此成为小学教师专业道德的一种显性特质。

由以上分析得出，小学教师专业道德具有“向善性”“示范性”“发展性”三种显性特质。探讨小学教师专业道德特质，将有助于我们进一步从职业内部的专业属性来展现甚至是重申小学教师在工作中应当把握的道德方向和原则：（1）尊重小学生的童蒙教育需要，以“向善”的道德刻度来引领小学生发展；（2）充分重视小学教师角色中存在的“应验性”，无论是教知识还是教做人，小学教师时时刻刻都要以身示范；（3）将“养成教育”作为小学阶段的重要任务，注重教育的过程性和渐进性，一切教与学的目标都需指向小学生的连续“发展”。

第三节　小学教师专业道德的发展路径

在教师专业道德的几对关系中，处于核心地位的是教师与学生的关系。小学教师是影响小学生成长最重要、最直接的因素。在人们的学校记忆中，小学教师带给人们深远的影响往往是最难忘的。小学生在进行价值判断和行为选择时，教师甚至要先于父母成为第一参照。由此可见，对小学教师言行举止、管理技巧、道德品质、育人能力的培养必不可少。因此，小学教师专业道德的培育，重点强调将教师的德育素养寓于培育过程中。

一、小学教师专业道德职前培育路径

小学教师职前专业道德培育主要是立足于大学阶段针对师范生的德育素养培育。习近平总书记指出，大学是立德树人、培养人才的地方，是青年人学习知识、增长才干、放飞梦想的地方。所以，大学培养什么样的人、如何培养人至关重要。师范生这一群体较为特殊，他们既是受教育者又将成为育人者，这就要求他们必须坚持社会主义核心价值观，具备一定的专业道德，能够承担起教书育人的责任。因此，师范院校在培育师范生的过程中，要充分认识到德育的重要作用以及德育素养对教师专业化的重要性。

（一）基于儿童取向的课程设置

师范生主要通过系统的课程学习来建构知识结构，且在职前阶段所接受的关于学科知识、管理技巧、教育理念以及道德品质的相关培养都将直接作用于职后工作。小学教师在学校工作中需要与学生、同事、家长等不同对象建立关系，多种关系的建立对师范生的德育素养提出要求。在众多关系中，教师与学生的关系在所有关系中最为密切，处于核心位置。因此，小学教师德育素养对小学教师专业道德的价值是指向师生关系的。这就要求教师德育素养必须遵循以儿童为本、以学生为本的基本理念，在此理念之下再对教师的育人提出具体、行之有效的要求。具体说来，学校应在师范生培养阶段重视“儿童为本”的理念，以“儿童为本”的理念支撑师范生德育素养培育体系。在课程结构设置上分模块穿插在师范生四年的学习中。课程内容应与儿童生活紧密相连，能够让师范生树立正确的儿童观，在施教时候遵循儿童成长规律，提供他们需要的帮助；能够使师范生从儿童经验角度看儿童，关注其情感感受，满足他们对世界的好奇与探索；能够教授给师范生适合儿童的教育、教学方法，帮助他们获得满意的学习成果。同时，还要加强对师范生德育理论及育人能力的培养。

（二）蕴含德育的课堂教学

当前，现代教育对高校课堂教学提出了新的要求，即课程思政。课程思政是对大学教师的授课内容提出的德育要求，指“将高等院校思想政治教育融入课程教学和改革的各环节、各方面，实现立德树人润物无声”。[①] 课程思政与德育素养内涵相似，均重视对学生的德育教育，德育素养更倾向于描述师范生在之后的小学教育工作中表现出的主动的育人

---

① 高德毅，宗爱东. 思政课程：有效发挥课堂育人主渠道作用的必然选择. 思想理论教育导刊，2017（1）：31-34.

过程。因此，在课程思政的背景下，学校应以课堂教学为依托，将德育教育融入课堂教学，注重小学教师德育素养渗透于课堂教学的师资团队、教学内容等方面，以培养小学教师的育德能力。

（三）践行德育素养的教育实践

小学教师的专业化发展不仅体现在理论知识的学习上，还体现在其实践经验的积累上。对师范生而言，理论知识的学习能够为其建立相应的理论背景，教育实践是一个将理论知识加以运用并转化为自身经验的过程，进而使理论知识具有价值。因此，践行德育素养的教育实践有助于提升师范生的德育素养。师范生应积极参与教育见习、实习、研习等重要教育实践活动，在听课和参加班级活动时接触和认识儿童，经历和体验教师的工作，观察和思考小学课堂中的教育教学现象，感受学校的育人环境。践行德育素养的实践过程会给师范生带来长足的进步与发展，他们会对自身进行反思，重新思考自己作为小学教师的道德品质以及育人能力是否合格。

二、小学教师专业道德职后培育路径

“发展”是教师专业化的核心关键词。小学教师专业道德的发展是小学教师专业发展的重要部分。因此，小学教师专业道德的发展必然涉及教师生涯的发展。教师生涯的发展过程是一个成长过程，这个过程并不是一帆风顺、一成不变的，它有不同的发展阶段，面临不同的发展问题，并需要有针对性的解决方法。所以说，小学教师专业道德建设应充分考虑小学教师在职业生涯发展不同阶段需要解决的冲突、教师的道德发展水平及教师的调节能力，遵循教师专业道德发展规律，这样才能促进教师专业道德发展。

杨启华从教师职业生涯发展阶段的特点出发，有针对性地分析了教师专业道德建设的方向、方式、路径，总结出以教师生涯发展阶段为基础的教师专业道德建设，就是在确定教师的心理需要与道德发展能力的基础上，为帮助并支持教师的专业道德发展指明了方向。① 该研究立足于教师生涯发展阶段的特点，有针对性地对教师专业道德建设进行分析，启发了我们思考小学教师专业道德发展的职后培育路径。

（一）教师生涯进入阶段（从教0～4年）

初任小学教师，或从事小学教育教学工作仅仅三四年的教师，处于教师生涯进入期。这一阶段的小学教师具有以下特点：第一，面临着由学生向教师的角色转换与适应问题。第二，初任教师对于教师职业的特点与职业要求的认识模糊，不能充分依照职业要求从事职业活动。第三，由于职业理想与现实的差距，或对现实的不了解，初任小学教师容易产生各种心理冲突与危机，心理压力较大。

初任小学教师具有很强的可塑性，针对这些特点，我们认为这一时期的小学教师专业道德建设的重点在于以下几个方面：第一，帮助小学教师顺利实现角色转换，增强职业认

---

① 杨启华．教师专业发展与教师专业道德建设：教师生涯发展阶段的视角．中国德育，2009（2）：13-18.

同感。对初任小学教师进行有关职业角色转换及角色扮演方面的培训，可使用参观或课堂观摩等形式，帮助初任教师了解小学阶段教师生活的基本情况，尽快熟悉学校的环境。第二，加强初任小学教师职业道德规范的教育培训，使教师了解从事教师职业所应具有的理想，熟知教师应遵守的职业操守。第三，营造良好氛围，实施人文关怀，帮助小学教师缓解心理危机，增进教师的职业责任感，坚定教师的从教信念。同时注重保护他们的职业热情，提升他们的职业理想。

（二）教师生涯发展阶段（从教 5～16 年）

经过入职阶段的磨合与调整和较长时期的教学实践后，小学教师进入了教师职业生涯发展期。处于职业发展阶段的小学教师特点在于：第一，教师的专业角色渐趋成熟，在教育教学活动中逐渐找到了自己的成长点。第二，教师对自己充满信心，职业信念逐步建立，专业态度更为积极稳定。总体而言，这一阶段的小学教师具有较高的职业满意度，对待工作更加热心积极，并渴望形成自己的风格，追求建立专业形象。

这一时期小学教师专业道德建设的重点在于：第一，充分认识到教师对于职业的热情、表达自我以及接受学习的强烈愿望，创设环境让小学教师充分展示自我，积极促进教师之间的交流，并提供有关培训、进修机会，使教师得到充分发展。第二，仍须继续加强对职业发展期小学教师的职业道德规范教育，促进小学教师对职业道德规范的内化。第三，促进小学教师自觉、灵活地践行专业道德的要求，增强道德实践能力。第四，因为处于职业发展期的小学教师，具有较高的职业信念与职业期待，所以小学教师专业道德建设应鼓励小学教师对自己的专业判断增加信心，使教师的职业信念维持在较高的水平。

（三）教师生涯重新评估阶段（从教 17～21 年）

一般情况下，拥有近 20 年教育教学工作的小学教师已步入中年，扮演多重角色，职业与生活压力大。职业倦怠现象在该阶段教师群体中比较明显。教师生涯发展进入了重新评估期。这一阶段教师专业道德的发展的重点在于：第一，要密切关注小学教师的心理与行为变化，注重引导小学教师主动提高自身修养，增强职业幸福感，提升专业信心，增强职业信念。可通过交流的方式了解教师在职业生涯遇到的困惑，排遣教师的疑虑，以优秀的案例鼓舞小学教师。第二，针对小学教师在教育教学实践方面的无力感、倦怠感，为他们提供相应帮助，激发小学教师的专业发展热情，促进小学教师向专家型小学教师发展。第三，学校应建立畅通的渠道，让小学教师自由、充分地表达对学校建设的各种意见和建议，通过领导者与小学教师的双向沟通，推动学校良好道德气氛的形成，坚定这一阶段教师们的职业信心。

（四）教师生涯稳定阶段（从教 22～27 年）

进入职业生涯稳定期的小学教师的特点在于：经过前一阶段对职业和对自我的重新审视，部分小学教师职业信念更加坚定，对学生、同事、家长的专业责任达到较高水平，能以积极的态度投入职业中，并重视专业发展。除此之外，仍有一部分小学教师职业发展停滞，处于生涯发展的高原期。因此，这一时期小学教师专业道德建设的重点是使教师度过职业生涯的高原期，实现持续发展。第一，激发小学教师的成就动机，推动教师突破专业发展的高原状态。例如为小学教师制定富有吸引力且具有挑战性的培训计划，帮助他们更新知识与技能，倡导并推动教师之间的合作。第二，鼓励小学教师在教育教学活动中灵活地实践专业道德的要求。在实践活动中进一步领悟、内化教师专业道德。

（五）教师生涯退出阶段（从教 28 年至退休）

处于职业退出期的小学教师的特点在于：教师意识到自己即将离开教学岗位和自己的学生，开始反思自己的职业生涯。经过反思，有的小学教师可能想早点离开工作岗位，而有的则开始留恋职业生活。这一时期小学教师的专业道德状态对于学校的风气以及其他教师的道德状态都有重要影响，因而该阶段小学教师的师德建设仍然不能忽视，其重点在于：首先，关注小学教师的心理状态，调动他们对职业的积极性。例如鼓励小学教师总结道德实践经验，将经验奉献出来与其他小学教师分享。又如注重在恰当场合提到这些教师的贡献，这既能充分体现对他们的尊重，同时又能对年轻教师产生示范、激励作用。其次，提供交流渠道，促进处于职业退出期的教师与中青年小学教师对教师专业道德的交流，既发挥老教师的余热，使老教师感受到自我存在的意义与价值，同时又能以老带新，促进中青年教师专业道德成长。

小学教师专业道德的起点和目的都指向小学教师的职业生活。只有当我们进入现代学校教育场域中，走进真实的教师工作世界，理解小学教师的语言和情感、教师的身体和表达，感受小学教师如何去关怀学生、惩戒学生，认识小学教师是怎样应对教育中的管理需求和技术使用，分析小学教师在师生、家校、同事三种重要教育性关系中的处境，我们才会发现一些真实、具体的与小学教师专业道德发展相关的问题和需要。希望本章有限的内容可以帮助大家对小学教师专业道德有一个初步的认识，让小学教师不是限于从外部规约来认识师德规范的重要性，而是更能从专业需要和自我认同的道德角度去理解小学教师的职业和身份。

拓展阅读　　“责任心”“行动力”：教师德育素养的两个支点

在实际发生的德育过程中，“责任心”和“行动力”是最重要的行动依据，对于德育实践中的教师有着方法论上的指导意义。

关于责任心。责任心偏重描述所有教师应具备的道德实践品质。在责任心这个支点上，我们提炼出“爱”和“公正”这两项对于教师道德实践的品质要求。对于教育世界而言，毋庸置疑，爱是第一属性。从德育素养来审视教师的爱，它既是一种情感的期待，更是一种教育的要求。为此，教师应具备有关爱的知识、培养爱的敏感性，把握好教师的身份去体谅、欣赏学生……在人类社会，公正是最基础、最重要的道德，比仁爱、宽恕更为根本。公正作为一种重要的德育素养，它使得教师能引领学生适应集体生活，能够在集体生活中不断积累善、追求善、传递善的力量，它帮助学生建立起重要的秩序感。为此，教师应具备有关公正的知识，掌握教育生活中实施公平、奖惩、民主的方法。

关于行动力。行动力偏重描述所有教师应具备的道德实践能力。我们都深感德育工作难做，因为德育工作具有鲜明的在场性、经验性、不确定性和生成性，这更需要教师具有专业的德育行动力。在行动力这个支点上，我们提炼出“合理的态度”和“及时的行动”这两项对于教师道德实践的能力要求。从态度和行动上对教师的德育素养提出能力要求，是希望以职业要求为先导赋予教师在德育实践过程中规范、自主的内驱力。在德育实践中养成对待学生和处理教育事务的合理态度，是德育实践能力的重要组成部分。德育实践中教师的合理态度包括：对生活的热爱与理解，适宜的着装，对学生保持友好、适恰的礼仪，倾听学生的需要和表达，具有一定的幽默感。一个保持着合理态度的教师，其自身优质的生命状态就是一种德育资源。具体到德育实践，“及时的行动”要求教师做到有支持或反对学生的实际行动，有与学生对话的能力，要积极参与学生的事务和问题解决。此外更重要的一点是，教师要做到言行一致。

资料来源：李敏．教师德育素养新模型．人民教育，2016（23）．

第四节　小学教师专业道德发展的条件保障

小学教师专业道德不仅是小学教师专业化的充要条件，也是儿童生命健康成长的迫切需要。近些年，由于教师失德导致的各类校园事件引起了社会各界的讨论，人们开始怀疑教师的专业素养，质疑教师是否具备职业道德。传统的职业道德规范从法律约定、职业约定、社会约定和专业约定四个不同的角度对教师的道德行为做出了约束①，但却没有真正走进教师的实际工作，无法对教师形成有效、具体的工作指导，无法促进小学教师专业道德的发展。针对小学教师专业道德的培育，需要从保障机制和发展路径两方面考虑。从宏观上讲，政府、学校、教师个人都要为教师专业道德的发展做出努力，多方合力为教师专业道德的发展提供保障机制。

第一，从政府角度出发，应重视教师专业道德在教师专业化中的重要地位。作为教师教育和教育工作的管理者，各级政府及教育的领导者应做出的努力首先是对“教师专业道德”重要性的体认。② 首先，政府要建立有利于促进教师专业道德发展的政策和制度，如通过仔细研究，将教师专业道德与教师资格证挂钩，在教师资格证中加入对专业道德的必要性评估。在此基础上还要明确在职教师专业道德的具体要求，以此促进教师在专业道德方面的终身学习。关于教师教育的要求，除了要保障、提供与教师资格证书制度调整所要求的全体教师提升专业道德的学习条件（建立“专业道德”课程体系、培育基地等）

① 李敏．优良道德与关键道德：小学教师专业伦理的内容思考．教育科学，2020，36（4）：44-45．

② 檀传宝．主动回应时代的呼唤：努力推进“教师德育专业化”．人民教育，2012（18）：7-10．

外，还应针对目前存在的一些不符合专业道德要求的现象采取坚决的针对性措施。其次，政府要建立起完善的教师专业道德政策体系。在此体系中，教师专业道德的主体不仅包括教师，也包括教育领导者、各级教育公务员等。以政策主导推动教师专业道德的发展。

第二，从学校角度出发，高校和中小学都应在学术研究的基础上努力探索实践。高校是教师教育最重要的承担者之一。高校应大力加强对“教师专业道德”的学术研究。只有将教师专业道德的诸多问题在理论上讲清楚，才能更有效地加快教师专业道德的实践进程。① 同时，高校要努力探索教师专业道德的教育实践模式，高校或承担教师专业道德发展任务的其他高等教育机构都应该对有助于教师专业道德发展的课程设置、教学安排、与国家教育政策密切关联的现实问题做出认真的回应。

中小学可以探索建立教师专业道德发展的校本模式，有计划地开展关于教师专业道德的理论学习（以读书分享会、问题探究、小组汇报等形式），与高校联合开展针对教师专业道德发展的论坛、讲座，围绕校本资源努力探索实用、经济，具有较为普遍可行性的教师专业道德发展模式。

第三，从教师自身出发，教师应自觉做自身专业道德发展的主人。如果教师个人没有发展自身专业道德的主体性、主动性，那么政府、学校再多教师专业道德发展的努力也就失去了根基。教师除了可以主动寻求校外学习的机会、积极参与校本模式的提升专业道德的活动之外，也应基于自己的实际经验设计教师专业道德的自我发展路径。教师自我专业道德发展路径十分重要，因为任何组织或集体性的继续教育安排都无法完全具体关照到每一个个体的专业发展需求、职业生涯实际等。每一位教师都应该有十分清醒的专业道德自觉，基于终身学习的立场果敢行动。

【探究运用】

- **小组交流**

正如很多人说的，教师工作是一种“良心活”，只有从良心出发来从事教育工作，一个教师才能真正把自己工作做好。学完本章，请你和你的同伴谈谈，怎样理解教师工作是一种“良心活”？做一个有良心的小学教师，应该具备怎样的素质？

- **推荐文献**

1. 朱小蔓. 教育职场：教师的道德成长. 北京：教育科学出版社，2004.

2. 檀传宝，张宁娟，吕卫华. 教师专业伦理基础与实践. 上海：华东师范大学出版社，2016.

3. 李敏，蔡连玉. 小学教师专业伦理研究. 上海：华东师范大学出版社，2021.

---

① 檀传宝. 再论“教师德育专业化”. 教育研究，2012，33（10）：44.

● 自我评价

第二章　小学教师专业道德的发展			
通过本章学习，我有如下新的收获：			
1.	☺	Θ	☹
2.	☺	Θ	☹
3.	☺	Θ	☹
通过本章学习，我还需要复习如下内容：			
1.	☺	Θ	☹
2.	☺	Θ	☹
3.	☺	Θ	☹
通过本章学习，我还有一些新的反思：			

说明：
☺表示“我能够完全理解该内容，并在小组讨论中能表达清楚”。
Θ表示“我能够完全理解该内容，但较难向他人表达清楚”。
☹表示“我不能够完全理解该内容”。

第三章

小学教师专业知识的发展

本章导读

亲爱的同学，相信你一定听过培根的那句名言："知识就是力量。"不错，知识是我们认识世界的一种方式。对于小学教师而言，专业发展很大程度上要靠专业知识的发展来实现或推动。本章主要从教师专业知识的概念、小学教师专业知识的结构与特点、小学教师专业知识的发展路径和小学教师专业知识发展的条件保障四个方面对小学教师专业知识的发展做出概括性介绍，帮助大家对小学教师专业知识的发展有一个全面的了解，也获得更多的力量。

学习目标

- 了解知识、小学教师专业知识的概念。
- 了解小学教师专业知识的结构与特点。
- 了解小学教师专业知识的发展路径。
- 应用小学教师专业知识发展的保障机制理论分析教师专业发展。

第一节 教师专业知识概述

人类社会根据生产力水平大致可以分为前工业社会、工业社会和后工业社会三个阶段。前工业社会因生产力水平低下，人类生产所依赖的主要是个人的经验性知识。在工业社会，机器生产代替了手工生产，蕴含在机器中的科学知识代替了个人的经验知识，社会对人的要求主要是科学文化知识。因此，培根发出了"知识就是力量"的感叹，斯宾塞用"科学知识"回答了"什么知识最有价值"的问题。而后工业社会是以知识为主导的生产和生活社会，其知识社会的经济形式、组织形态乃至于知识形态都呈现出全新的面貌，整个世界正面对知识、信息的大爆炸和世界范围内新一轮科技革命的浪潮。在知识的推动下，人类社会进入了一个充满个性、创新和活力的知识经济时代。

知识经济时代的首要资本是知识，对于这个时代的教师而言，专业发展一方面意味着要保持开放的心态，不断吸纳新的知识，实现一定数量和类型的知识积累；另一方面，需要教师进行认知结构重构，保持学术的活力，形成行之有效的知识增长、更新机制。然而，时代也给教师带来了更多的挑战，其中包括社会转型期社会结构的重构、社会对学校办学质量和人才规格的新期待、学校功能的重新界定、教育资源的多样性、学生学习方式和行为方式的变化等。但归根结底，知识依然是教育的核心内容和主要载体，教育能否成功很大程度上取决于教师选择知识、组织知识、呈现知识和传授知识的过程。

教师的知识结构是教师专业发展的前提条件，也是教师进行有效教学的必要条件。教师知识是教育品质的生命，是教师专业发展的基础，对教学效果有决定性的影响。教育部的一份文件中明确指出，教师知识问题是教师专业发展的基本问题。① 因此，研究如何在职前教师教育、入职培训和在职发展过程中培养教师的知识观对教师的专业发展非常重要。目前教师知识研究中有两种取向，即知识基础取向和实践知识取向。前者探究教师到底知道什么知识，强调教师如何利用正式知识来解决教育问题、表征学科内容及进行班级管理。后者研究教师在实践中实际知道什么知识，强调教师参与教育情境和再建构知识。②

鉴于此，厘清小学教师专业知识的概念和意义、小学教师专业知识的结构与特点、小学教师专业知识的发展路径并就小学教师专业知识发展的条件保障提出策略性建议，将有助于从教师知识发展的视角探索培养教师的扎实学识，从而为培养“有理想信念、有道德情操、有扎实学识、有仁爱之心”的“四有”教师做出贡献。

格罗斯曼说，某种职业能成为一种专业的重要特点是此种职业以一种特殊的知识为基础。③ 小学教师既然成为一个专业，必然有自己不同于其他专业的专业知识或者学科知识，因此探讨该领域的知识有利于厘清该专业的关键要素，更有利于小学教师的专业发展。

一、知识的概念

关于知识的含义，学界并没有统一的定论。从英文词源上说“知识”（knowledge）与“知”（know）有关。根据冯契主编的《哲学大辞典》，知识是人类认识的成果或结晶，包括经验知识和理论知识。经验知识是知识的初级形态。理论知识通常以概念、判断、推理、假说、预见等思维形式和范畴体系体现其自身的存在。④

---

① 教育部师范教育司. 教师专业化的理论与实践. 北京：人民教育出版社，2003：46.

② 胡春光，王坤庆. 教师知识：研究趋势与建构框架. 教育研究与实验，2013（6）：22-28.

③ GROSSMAN P L. The making of the teacher：teacher knowledge and teacher education. New York：Teacher College Press，1990：27.

④ 冯契. 哲学大辞典. 上海：上海辞书出版社，1992：1010.

对于知识的定义，绝大多数的哲学家赞同柏拉图在《泰阿泰德篇》中对知识的传统看法，即知识是经过证实了的真的信念。所谓的知识应满足三个条件，即信念的条件、真的条件和证实的条件。[①] 心理学把它分为广义知识与狭义知识两种。广义的知识是指个体通过与环境相互作用后获得的一切信息及其加工和组织，心智技能和认知策略也包含其中，泛指人们所获得的经验。而狭义的知识是指能存储在语言文字符号或言语活动中的信息或意义，如各门学科的事实、概念、公式、定理等，不包括技能和策略等调控经验。知识也是经过主观构建的信息，个体在加工知识时，会带有主观色彩，知识一方面存储在个体的头脑中，成为个体知识或主观知识，同时又可以通过文字符号表达出来。[②]

知识的产生是人对自然、社会和自身探究互动的系统化经验。信息时代下的知识是变动不居的，有着动态建构性的特点。知识是一个结果，是一个过程，是一种信念。郭元祥认为，从内在构成上看，知识由符号表征、逻辑形式和意义构成。[③] 潘洪建认为，作为结果的知识体现为知识内容，作为过程的知识体现为知识形式，作为情感的真实体现为知识旨趣，三者构成知识的整体。[④] 综合以上看法，人们认为内容实质、逻辑形式和价值旨趣是知识"一体三维"的真正内涵。任何知识都是人类活动探索的认知结果，因为结果的符号呈现的是知识的内容实质，知识探索的过程方法、组织方式和思维习惯是知识的逻辑形式，渗透在内容实质和逻辑形式中的意志情感是知识的价值旨趣。

二、知识的分类

美国哲学家路易斯·P. 波伊曼（Louis P. Pojman）从"知"的内涵出发，把知识分为熟悉的知识、有能力的知识和描述的或命题的知识。熟悉的知识有时被称为对象知识，这里知识的对象不是命题，而是个别对象或事物。有能力的知识包含一种掌握某种技巧的能力并可以有意或无意地做。命题知识是可以根据陈述或命题来说明人的识知。[⑤]

从大的类别上说，人类的普遍知识有以下几种分类法：[⑥]

（1）亚里士多德从内容角度把知识分为纯粹理性、实践理性和技艺。

（2）罗素从来源角度把知识分为直接经验、间接经验、内省经验。

（3）赖尔和波兰尼从知识所具有的性质角度进行分类。赖尔分为知道是何（know-what）和知道如何（know-how）的两类知识，波兰尼则把知识分为显性知识和隐性知识。

（4）经济合作与发展组织（OECD）将知识分为四种类型。知道是什么（know-what）的知识，指关于客观事实的知识；知道为什么（know-why）的知识，指自然规律和原理

① 胡军. 知识论引论. 哈尔滨：黑龙江教育出版社，1997：27.
② 张立平. 教育综合（333）考试宝典. 北京：首都师范大学出版社，2021：488.
③ 郭元祥. 知识的教育学立场. 教育研究与实验，2009（5）：1-6.
④ 潘洪建. 学科类教师教育课程开发的知识之维. 当代教师教育，2016（1）：35－42，77.
⑤ 波伊曼. 知识论导论：我们能知道什么?. 洪汉鼎，译. 北京：中国人民大学出版社，2008：3-4.
⑥ 陆雄文. 管理学大辞典. 上海：上海辞书出版社，2013：380.

方面的知识；知道怎么做（know-how）的知识，指技术诀窍、技能和能力方面的知识；知道是谁（know-who）的知识，指知道何人具有何种知识和能力的知识，涉及社会关系等方面。这是目前最具权威性和流行性的一种知识分类。

教育心理学界对知识还有一种更为细致的分类方法，即从学习的角度把知识分成七类。

（1）根据知识的不同反映深度分为感性知识与理性知识。所谓感性知识，是对事物的外表特征和外部联系的反映，可分为感知和表象两种水平，是人们通过感觉器官直接获得的；所谓理性知识，反映的是事物的本质特征和内在联系，包括概念和命题两种形式，是通过思维活动间接获得的。

（2）根据知识的不同抽象程度分为具体知识与抽象知识。前者指具体而有形的、可以通过直接观察而获得的信息；后者指不能直接观察的、只能通过定义来获取的信息，这类知识往往是从许多具体事例中概括出来的、具有普遍适用性的概念或原理。

（3）根据不同状态和表述形式分为陈述性知识与程序性知识。陈述性知识主要反映事物的状态、内容及事物发展变化的原因，主要指是什么、怎么样，也称为描述性知识，一般可以用口头或书面语言进行清楚明白的表述；程序性知识主要反映活动的具体过程和操作步骤，说明做什么和怎么做，是一种实践性知识，主要用于实践操作，因此也称作操作性知识、策略性知识或方法性知识。

（4）根据布卢姆的分类法，知识分为具体的知识、方式方法的知识和普遍原理的知识。具体的知识是指具体、独立的信息，主要指具体指称物的符号，包括术语的知识和对具体事实的知识，如日期、地点。方式方法的知识是有关组织、研究、判断和批评的方式方法的知识，介于具体知识和普遍原理之间的中等抽象水平。它含有五个子类别：惯例、趋势和顺序的知识、分类与类别、准则、方法论。普遍原理的知识是把各种现象和观念组织起来的主要体系和模式的知识，包括两类：一类是原理和概况的知识，一类是理论和结构的知识。

（5）根据知识的不同来源分为直接经验知识和间接经验知识。直接经验知识是通过自己的亲身实践活动而获得的知识，间接经验知识是个体通过书本和大众传媒等途径而获得的知识。

（6）根据知识是否容易传递分为显性知识和隐性知识。显性知识易于用语言传递，如文字、数据的表述和处理；隐性知识指难以言传的、只能意会的内隐经验类知识，如观念。

（7）根据知识及其应用的复杂多变程度，可分为结构良好领域的知识和结构不良领域的知识。前者指有固定答案的知识，如需要背诵的语言知识；后者指生活中比较复杂的知识，这种知识是普遍存在的，如将老师的学习方法运用到自己的学习中。

三、教师专业知识的概念

教师知识是人类知识的一部分，也是教师从事教育教学工作所需要的知识。传统的科学主义知识观认为，教师的知识是一种专家的产品，其代表的严格、明确、客观与标准内容，非一般教师能够建构。普通教师只不过是知识的“消费者”。实际上，教师知识也可以根据来源分为教师拥有的知识和教师的知识。前者的主体是教师，客体是教师所知的；后者的主体是专家或研究者，客体是教师。

从广义的角度来看，教师知识是指教师为实现一定的教育目的必须拥有的各种科学文化知识。这些知识包括公共的或理论的知识及教师个人实践性知识。理论知识一般被认为具有客观性、科学性和中立性，而教师的个人实践性知识具有实践性、缄默性和情境性。从狭义的角度来看，教师知识则指教师专业知识或职业知识。狭义角度的教师知识可以划分为两个层面：具体的学科知识和有关教育教学的知识。教师知识的形成会受到多种与该职业有关的目的、情境、功能等因素的限制和影响，教师专业知识与教育研究者和学校中其他教育工作者所掌握的知识不同，与一般大众知识及普通职业知识也不相同。

教师知识是教育的主要内容与载体，教育的过程其实就是教师选择知识、组织知识、展现知识和传授知识的过程，同时教师创造条件，帮助学生掌握知识、理解知识、实践知识和探究知识，并在此基础上，促进学生身心和谐全面发展。教师的知识结构是教师专业发展的前提条件，也是教师进行有效教学的必要条件。[①]

阅读《西方教师实践性知识研究的旨趣变迁》，谈谈你对教师实践性知识的看法。

拓展阅读　　西方教师实践性知识研究的旨趣变迁

（一）分析-理性取向

分析-理性取向的研究者把教师实践性知识进行内容分类，并尝试对其进行界定、归类，甚至评价。埃尔芭兹（Freema Elbaz）首次在西方学界提出“教师实践性知识”的概念，视教师实践性知识为“教师以独特的方式拥有的一种特别的知识”，她以个案研究法揭示出教师实践性知识的四个要素，即内容、取向、结构以及认知风格；并将教师的实践性知识分为五类，即关于自我的知识、关于环境的知识、关于学科的知识、关于课程的知识、关于教学的知识。之后，欧美不少学者纷纷采用分析式的方法，力图全面展现教师实践性知识的结构与要素。

概言之，分析-理性取向都是有关教师实践性知识“是什么”（what-type）的研究，虽然能帮助我们看到作为内隐形态的教师知识的具体表征，但是失去了实践性知识的整体性。更为严重的是，分析-理性取向背后的教师教育观，导向基于不同知识类型对教师进行分门别类的专题培训，很难帮助教师看到整全的专业形象，这种碎片化的思路难以为教师教育的改革创新带来实质性贡献。

（二）个体-经验取向

个体-经验取向的研究主张从理性的知识分类视域中走出来，复归到解释与理解的立场，以更加个性化的方式呈现教师的实践性知识。该取向最典型的代表是加拿大迈克

① 胡春光，王坤庆．教师知识：研究趋势与建构框架．教育研究与实验，2013（6）：22-28.

尔·康奈利（Michael Connelly）和简·克兰迪宁（Jean Clandinin）的研究，他们主要运用叙事探究的方法对教师的个体经验进行叙说，并由此探究教师实践性知识在教育教学工作中是如何起作用的。该研究取向对加拿大以外的西方国家也产生了相当重要的影响。

个体–经验取向认为，研究教师自己的语言是走入教师内在经验的重要途径。而“叙事”指向的就是人的经验；“探究”则使经验变得系统化。因此，叙事探究以一种非常自然的方式帮助我们将教师的个人经验外显，这是了解教师实践性知识的有效途径。同时，教师实践性知识通过教师的经验叙事得以表达，并通过教师经验性的意象得到传递。因此，用叙事探究的方法开展教师个人实践知识的研究具有方法论层面的合法性。

个体–经验取向的研究在某种程度上力图克服对教师实践性知识进行分门别类的缺陷，通过叙事探究、个人生活史、传记等方法，提出了诸如“意象”“隐喻”等更具有包容性的知识表征形式。另外，此类研究也凸显了教师实践性知识研究的民主性，帮助个体教师发出自己的声音。但是，此类研究也因其过度的个人色彩，受到有关研究结论能否被推广的质疑。当研究者强调了教师实践性知识的情境性、缄默性与个人性，是否能超越个体或具体学科知识的界限，寻求教师实践性知识的普遍意义与共性特征，这成为个体–经验取向面临的最大挑战。

（三）实践–反思取向

实践–反思取向的研究牢牢抓住了教师实践性知识研究的关键词——“实践”与“反思”，通过深度的理论建构和行动介入，力图以此打通教师实践性知识研究的根脉。西方教师实践性知识研究本可以追溯至哲学上有关“理论”与“实践”关系的探讨，但是真正在教师教育领域关注教师实践以及教育的实践价值，则源于芝加哥大学约瑟夫·施瓦布(Joseph Schwab)的“实践四部曲”及其“实践的课程观”。受此观点影响，唐纳德·舍恩严谨而适切地论证了“行动中反映”的实践认识论，勾勒出“反映的实践者”的专业工作形象，这对于我们认识教师工作的实践特性大有助益。此外，马克斯·范梅南（Max van Manen）从现象学方法入手，以“实践智慧”和“教学机智”的概念展开有关教师实践性知识的研究，并特别强调了教师反思的三个层次：技术性反思、实践性反思、批判性反思。

总而言之，实践–反思取向的研究体现为一种批判反思的、基于实践问题的并为实践服务的旨趣。在研究的操作上，有研究者与教师共同参与的形式，也有教师的行动研究，这种方法有利于教师和研究者挖掘自身的经验与直觉，通过内省、反思和共情，了解和理解被研究者的惯常社会行动与主观经验。在该立场下，教师被更大程度地赋权，教师的实践性知识也不再是绝对缄默的、不可反思的“神秘领域”，而是在行动和省思的循环中不断得到发展与传递。但是该取向也有不足之处，虽然它抓住了教师实践性知识最核心的两个属性，却由于缺少稳定的理论框架，使研究的抽象层次不高，案例化的研究依然是文本的主要书写方式，理论创新的空间也相对较小。另外，虽然实践–反思取向的研究从动态的角度呈现了教师在行动中思考的过程，回应了教师实践推理的内生逻辑，但是大部分研究结果依然采用了分析式的、片段式的书写方式，难以看到教师实践性知识背后更加广阔和丰富的支持性资源。

（四）社会-文化取向

社会-文化取向的研究旨在将教师实践性知识置于不同的社会结构与文化传统中，具有很强的社会建构色彩，努力寻求个体与社会文化之间的辩证统一关系。社会-文化取向的研究往往源于研究者对文化本体的敏感性，特别是一些在跨文化语境中生存的研究者，更能看到教师知识研究的文化属性。如旅美华人学者王剑及其美国同事开展了一项关于中美教师师徒对话的研究，导师与新教师之间的对话能反映他们背后的实践性知识。研究者将师徒差异归结于中美两国社会文化、人际关系、教育制度等原因，他们看到了教师实践性知识背后的结构性因素。

目前，社会-文化取向的教师实践性知识研究在国外尚不多见，但是其体现出微观与宏观、个体与群体之间的辩证张力，是非常有价值的视角。这里的“社会-文化”是一个多层面的概念，不仅指宏观的社会结构、文化传统，也有中观的区域制度、社区与学校文化，还包括微观的科层组织、教师文化、人际互动等，这些因素在传统的教师实践性知识研究中少有涉及。因此，社会-文化取向的研究避免了分析-理性取向过于分析性和技术化的不足，也弥补了个体-经验取向过于个人化的缺陷，在多样化的历史与文化情境之下，搭建了跨文化视域下教师实践性知识研究的新思路。

资料来源：魏戈．西方教师实践性知识研究的旨趣变迁．比较教育研究，2019（10）．

第二节　小学教师专业知识的结构与特点

从狭义角度看，小学教师的专业知识通常指小学教师教育教学中具有的专业知识和教师应该具备的专业知识。① 当然，不同学者对此也有不同的论述。如伯利纳就将教师的专业知识界定为四种专长，即学科专长（subject matter expertise），主要包括专门的特定学科内容和知识；课堂管理专长（classroom management expertise），主要包括课堂教学相关的管理组织知识；教学专长（instructional expertise），主要包括教学的策略与方法的“隐知识”和“显知识”；诊断专长（diagnostic expertise），包括针对全部学生和个别学生的学习者特征等知识。②

小学教师的专业知识是教师专业素养的重要组成部分。受学科文化影响，小学教师的专业知识可能呈现多种样态。如，舒尔兹认为外语教师应具备的专业知识包括目标语言知

① 陈向明．实践性知识：教师专业发展的知识基础．北京大学教育评论，2003（1）：104-112．

② OSER F K，DICK A，PATRY J. Effective and responsible teaching：the new synthesis. San Francisco：Jossey-Bass Publishers，1992：249-260.

识、哲学知识、文学知识、心理学知识、语言学和文化人类学知识等。① 1991年全美教师协会（NCTM）在《数学教学职业标准》中提出的数学教师应该具有的专业知识包括：(1) 教育技术等在内的教学内容、材料与资源的知识；(2) 表达数学概念、关系和计算过程方法的知识；(3) 课堂教学策略和教学方法及课堂组织、管理的知识；(4) 促进课堂交流和培养学生关于数学的集体意识与合作精神的途径的知识；(5) 提高及评定学生对数学理解的程度的方法知识。②

小学教师的知识结构是指教师个体头脑中知识的构成，包括数量、种类、各种知识的比例和相互关系以及它们的整体功能。冯建军教授对此有一个思考，他认为，教师作为一种专业区别于医生、律师、工程师等专业，主要在于它的“双专业性”或“边际性”，即教师不是单纯的知识传递者，而是以知识的传递为载体，达到育人目的的职业。教书和育人的“双专业性”成为教师知识结构的一个共识性前提。根据教师的“双专业性”，教师既要知道“教什么”，掌握所教学科及其相关的内容，又要知道“怎么教”，掌握教育教学的方法，二者缺一不可。对于“教什么”的知识，即所教学科的专业知识，显然是第一位的，但是，知识不是孤立的，要精通所教学科的专业知识，还要具备广博的一般文化知识和相关学科的知识。“教什么”的知识与“怎么教”的知识在性质上还有所不同。“教什么”的知识在于掌握，在于知道“它是什么”，可以通过传递的方式而掌握，但“怎么教”的知识，不在于掌握它“是什么”，而在于如何运用它。根据上述内容可以把教师的知识结构分成四个部分，即学科的专业知识、通识文化知识、教育理论知识、教师个人实践性知识。前两者属于“教什么”的知识，后两者属于“怎么教”的知识。③

一、教师专业知识的结构

对教师知识进行研究的著名美国教育研究学者舒尔曼把教师从事教学工作所需的知识分为七类：(1) 学科知识（content knowledge），特定学科的定义、法则和相关原理及其内在联系的知识。(2) 一般教学法知识（general pedagogical knowledge），不分学科的课堂管理、组织及一般教学原理和策略的知识。(3) 课程知识（curriculum knowledge），那些包含教师行业工具的材料和课程资料。(4) 学科教学知识（pedagogical content knowledge），学科特有的内容和教育学的特殊结合，教师理解自己专业的独特知识。(5) 学生知识（knowledge of learners），关于学生的心理学等知识。(6) 教育背景知识（knowledge of educational context），关于小组或课堂的管理、学区的管理、关于社区和文化的特点等知识。(7) 教育目标知识（knowledge of educational ends），教育理念、人生观、

① SCHULZ R. Foreign language teacher development：MLT perspectives：1961－1999. The modern language journal，2000，84 (4)：495－522.

② LEINHARDT G，SMITH D A. Expertise in mathematics instruction：subject matter knowledge. Journal of educational psychology. 1985，77 (3)：241－271.

③ 冯建军. 从教师的知识结构看教师教育课程的改革. 中小学教师培训，2004 (8)：3－6.

价值观等观念知识。①

格罗斯曼认为教师知识结构体系包含四种主要成分。一是理念性的知识，即教师需要的知识是能达到一门学科教学目的的知识——关于某学科整体概念的知识、需要教授给学生哪些具体内容的知识。这种理念性的整体概念知识可以反映在学科的教学目标中。二是关于学生的知识，即教师需要了解学生对本学科已经具备的知识基础，以及对本学科已有的理解和认识的知识。三是学科的知识，即教师以前的教学经验和知识结构中对于本学科的所有知识，包括学科内的知识结构上的逻辑关系、横向及纵向联系的知识。四是学科教学的知识，即教师对本学科教学所采用的教学策略和教学技能的知识，包括本学科知识的起源、历史、典型案例、重点、难点，以及如何突破难点、突出重点的教学方法、教育技术和教学手段。学科知识和学科教学知识不再是从属关系，而是并列关系，并且学科知识可以包括：学科专业知识、有关学习者和学习的知识、普通教育学知识、课程理论知识、教学情景知识及关于自身的知识。②

以研究教师实践性知识见长的埃尔芭兹指出，教师的专业知识包括：学科知识，指学科内容知识；学习论知识，即与学习规律相关的理念知识；课程知识，指如何组织学习经验和课程内容等方面的知识；教学法知识，指组织教学和管理教学的相关知识；关于自我的知识，指对自身气质和特点的认识；关于学校及社区背景的知识，指对学校及社区文化的认识。③

雷诺兹从更细致的角度界定了教师的专业知识，他眼中的教师专业知识应涵盖有关任教学科的知识，教学理念的知识，学生和学习的知识，教室组织和管理的知识，特殊儿童的知识，课程的知识，评价的知识，各学科特有的教学知识，人际沟通和协调合作的知识，教师的法定权利和义务的知识，教学的道德和伦理的知识，以及教学的社会、政治、文化背景知识等十二项知识。④

国内学者辛涛、申继亮、林崇德将教师专业知识分为本体性知识、条件性知识、一般文化知识和实践性知识。教师的本体性知识是指教师所具有的特定的学科知识；条件性知识是指教育学、心理学和教法等相关的教育心理方面的知识；实践性知识是指教师在面临实现有目的的行为中所具有的课堂情景知识以及与之相关的知识，具体地说，这种知识是教师教学经验的积累。⑤ 而教师广博的文化知识可以把学生引向未来的人生之路，能扩展学生的精神世界，还能激发他们的求知欲。

陈向明将教师专业知识分为理论性知识和实践性知识。理论性知识是指教育学、学习心理学、课程论等教育理论知识，实践性知识是指在课堂教学过程中与学科教学内容相关

① SHULMAN L S. Knowledge and teaching：foundation of the new reform. Harvard educational research，1987，15（2）：4-14.

② GROSSMAN P L. The making of a teacher：teacher knowledge and teacher education. New York：Teachers College Press，1990：5.

③ 徐碧美. 追求卓越：教师专业发展案例研究. 陈静，李忠如，译. 北京：人民教育出版社，2003：73.

④ REYNOLDS M C. Knowledge base for the beginning teacher. Oxford，New York：Pergamon Press，1989：316.

⑤ 辛涛，申继亮，林崇德. 从教师的知识结构看师范教育的改革. 高等师范教育研究，1999（6）：12-17.

的所有知识。① 马云鹏等人把教师专业知识看作教师专业素质的主要内容，将其分为教育理论知识、课程知识、学科知识和学科教学知识。教育理论知识指教师具有的教育基本原理、一般教育学、教育心理学的知识。课程知识主要指教师具有的关于任教学科的课程目标、学习内容、知识体系的知识，具体表现为对课程标准的理解以及对教材的把握。学科知识指教师具有的关于执教学科的概念、原理、理论、方法等的知识。学科教学知识是指将学科知识转化为易于学生理解、接受的方式的知识。②

二、小学教师专业知识的结构

2012 年，中华人民共和国教育部印发了《小学教师专业标准（试行）》（简称《标准》），对小学教师的从业标准做出了规定。《标准》指出小学教师是履行小学教育工作职责的专业人员，需要经过严格的培养与培训，需要具有良好的职业道德，掌握系统的专业知识和专业技能。该标准对小学教师专业知识做出了明确说明，也以正式渠道构建了中国小学教师的知识结构（见表 3－1）。

表 3－1　小学教师的专业知识要求

维度	领域	基本要求
专业知识	小学生发展知识	* 了解关于小学生生存、发展和保护的有关法律法规及政策规定。 * 了解不同年龄及有特殊需要的小学生身心发展特点和规律，掌握保护和促进小学生身心健康发展的策略与方法。 * 了解不同年龄小学生学习的特点，掌握小学生良好行为习惯养成的知识。 * 了解幼小和小初衔接阶段小学生的心理特点，掌握帮助小学生顺利过渡的方法。 * 了解对小学生进行青春期和性健康教育的知识和方法。 * 了解小学生安全防护的知识，掌握针对小学生可能出现的各种侵犯与伤害行为的预防与应对方法。
	学科知识	* 适应小学综合性教学的要求，了解多学科知识。 * 掌握所教学科知识体系、基本思想与方法。 * 了解所教学科与社会实践、少先队活动的联系，了解与其他学科的联系。
	教育教学知识	* 掌握小学教育教学基本理论。 * 掌握小学生品行养成的特点和规律。 * 掌握不同年龄小学生的认知规律和教育心理学的基本原理和方法。 * 掌握所教学科的课程标准和教学知识。
	通识性知识	* 具有相应的自然科学和人文社会科学知识。 * 了解中国教育基本情况。 * 具有相应的艺术欣赏与表现知识。 * 具有适应教育内容、教学手段和方法现代化的信息技术知识。

资料来源：中华人民共和国教育部．教育部关于印发《幼儿园教师专业标准（试行）》《小学教师专业标准（试行）》和《中学教师专业标准（试行）》的通知．(2012－09－13)[2021－11－29]. http://www.moe.gov.cn/srcsite/A10/s6991/201209/t20120913_145603.html.

---

① 陈向明．实践性知识：教师专业发展的知识基础．北京大学教育评论，2003 (1)：104－112.

② 马云鹏，赵冬臣，韩继伟．教师专业知识的测查与分析．教育研究，2010 (12)：70－76.

《标准》规定了我国合格小学教师专业素质的基本内容，为小学教师培养、准入、培训、考核等工作提供了重要依据。尤其是关于教师专业知识的规定，使小学教师的知识结构有了操作性依据，从而解决了小学教师专业发展面临的困局。《标准》中“专业知识”板块包含了“小学生发展知识”“学科知识”“教育教学知识”“通识性知识”四个亚板块，下辖 17 条基本要求。教师的专业知识要求中既包含具有相对确定性、获得大众公认的理论性知识，也涵盖教师在教育教学实践中建构起来的、持续发展的实践性知识。《标准》作为反映并规约教师专业知识的文件，对这两个方面的知识都给予了关注并提出了要求。

从知识构成上审视《标准》，文件中对教师专业知识的规定符合国际社会对“专业教师”知识结构的要求，体现了学科知识中心的教师知识观和学科教学能力取向的教师发展观。但《标准》也带有明显的中国文化特点，即重视教师对系统知识的掌握以及由此衍生出来的教师学科知识水平和学科教学能力。因此，小学教师专业发展也是在全面掌握学科知识、融会贯通学科理念的基础上，遵循学生的认知规律，构建系统化的知识传递和能力培养教学模式，促进学生知能发展。

三、小学教师专业知识的特点

从理论上看，知识有三个特点：一是必然性，在如此知识的指导下必然产生这样的效果，即必定如此；二是普遍性，凡是此知识关照的范围，皆是如此，没有例外；三是明晰性，任何知识涉及的地方犹如阳光普照，一览无余。[①] 但是，目前关于小学教师专业知识特点的研究并不多见，主要原因是：第一，多数研究者对教师的普遍知识研究较多，而对小学教师这一群体的知识研究不足；第二，小学教师的知识因其对象特征和知识结构特点，显然有别于其他年段的学校教师。这一点从教育部颁布的不同学段教师专业标准中即可看出。

（一）小学教师专业知识的特点

首先，小学教师专业知识与小学教育的特质密切相关。小学阶段的教育教学并不主要是单纯的知识学习或生活技能习得，而是通过健全学生人格和朴素情感、教授听说读写算外语计算机等基本技能、培养中西经典文化为核心的文化素养等，为学生的一生发展奠定人性基础，养成学生的责任担当、方法技能和审美情趣。最重要的一点是，小学教育要把儿童在家庭里由血缘关系产生的依恋感、归属感等生物性情感扩展为更高级的社会精神性情感，包括理智感、道德感、美感等。

其次，小学教师专业知识具有结构上的综合性。小学教师必须拥有与特定年龄段的儿童交往互动的心理品质和实践能力，具有多学科的文化知识素养和综合的教学能力，班级和少先队组织的管理知识和能力，以及教育学、心理学等学科知识素养和相应的研究能力。学科知识的教学应以儿童的生活经验为基础，激发儿童的学习兴趣。小学生自制力

---

① 薛忠祥. 教育哲学视野下的小学教师知识基础. 济南：山东大学出版社，2008：111.

差、控制力弱的特征决定了培养其学习兴趣的必要性，只有以兴趣作为他们学习的“原动力”才能保持学习的持久性。在小学教育中，教师利用专业知识促进小学生智力发展，仅仅是小学生学习生活的一部分，更主要的任务是培养小学生的学习兴趣，帮助小学生形成学习的习惯、学习毅力、抗逆力等。

再次，小学教师专业知识的发展有其独特的场域。小学教师所处的场域决定了他们的群体理念和思维方式，也形成了小学教师类似的观点、态度和处世风格（如把学生称为孩子）。同一场域内的教师也会形成类似的心智结构或认知结构，他们以此行动，表现出与其他场域不同的秉性气质，如他们在教育观念、教学行为、儿童教育观、儿童学习观方面体现出的细致、具体和小心。因为场域不同，教师发挥专业影响力和育人的方式与其他年段教师也不同。

最后，小学教师专业知识中的实践性知识有自己独特的表征方式。康奈利和克兰迪宁使用意象（image）、惯例（rules）、原则（principle）、个人哲学（personal philosophy）、隐喻（metaphor）、周期与节律（cycles and rhythms）、叙述整体（narrative unity）等系列概念来描述教师的个人知识，这些概念为揭示小学教师的实践性知识提供了操作性的表征工具。但从大的类别说，小学教师专业知识表征的方式主要体现在小学教师的思维、言语和行为三个方面。在思维表征方面，教师知识可以通过陈述性语言、程序性语言和图式予以呈现；在言语表征方面，教师知识主要通过隐喻和行话呈现；而在行为表征方面，教师则借助教育智慧和教学疾病（对教学疾病的了解和应对）来实现。①

（二）小学教师专业知识发展面临的难题

尽管小学教师专业知识有自己的特点和优势，但目前也存在不少难题。这主要体现在以下四个方面：第一，小学教师教育与小学教育的不完全接轨，导致小学教师的知识结构不能完全适合小学教育。比如目前大学按照学科知识、教育心理学知识、教育管理和技能知识、教育伦理（专业精神）等知识结构来培养小学教师，过度强调了学科知识，与小学教育中要求的知识与技能、过程与方法、情感态度与价值观等全面素质培养有一定差距。

第二，小学教师在知识创生和更新方面的缺位，导致教师成为知识的附庸者。由于小学教学内容多为专家确定，一线教师只能在“如何教”的范围内确定自己的知识结构，因此存在话语权缺失、学术尊严不高和创新精神不足的问题。

第三，不科学的评价方式对教师知识结构的影响，表现为社会公众对学科知识的不合理强化，导致小学阶段对知识技能的过分关注，影响了对学生健全人格、情感体验、审美素养、生活能力等素质的全面培养。

第四，小学教师经验性知识到理论化知识的提炼能力不足，导致他们丰富的实践经验和有效的方法难以通过去粗取精、去伪存真、由此及彼、由表及里的加工制作，形成概念、判断、推理等思维形式，以反映事物的本质和规律。

---

① 吴卫东．教师个人知识研究．上海：华东师范大学，2007：108-126.

第三节　小学教师专业知识的发展路径

本书上述内容探讨了教师专业知识的概念、结构与特点等内容，一个关键的问题开始摆在我们面前：影响教师专业发展的知识是如何生成的。对这个问题的探究可以揭示教师专业知识的生成机制和发展路径。

一、教师专业知识获得的心理机制

教师专业知识的形成与积累具有三个明显的标志，第一是内部语言的生成；第二是作为情绪体验的自我意识；第三是应用意识的强化与巩固。我们可以通过探讨教师陈述性知识和程序性知识生成的过程，来揭示教师专业知识获得的心理机制。

（一）陈述性知识的获得机制

最早由赫尔巴特提出同化理论认为学习过程是新知识融入原有认知结构，使原有认知结构得到丰富和发展，从而吸收新知识的统觉过程。皮亚杰发展了赫尔巴特的思想，认为知识的建构是通过新旧知识的同化和顺应实现的。同化指新知识纳入个体已有的认知结构，引起认知结构发生量变的过程。顺应指新知识纳入个体已有的认知结构中，调整和改造了已有的认知结构发生质变的过程。奥苏伯尔进一步发展了皮亚杰的思想，认为同化有三种方式：上位学习、下位学习和并列学习。他指出，同化是一个促使知识从一般到个别，从上位到下位逐渐分化和横向联系的相互作用的过程。

（二）程序性知识的获得机制

现代认知心理学运用产生式理论来解释程序性知识获得的心理机制。“产生式”这一术语来自计算机，美国信息加工心理学创始人西蒙和纽厄尔首次将其应用于心理学，用来说明程序性知识的表征和获得机制。他们认为，人脑和计算机一样，都是“物理信号系统”，其功能都是操作符号。计算机之所以具有智能，能完成各种运算、解决问题，是由于它储存了一系列以“如果……那么…”形式编码的规则。人经过学习，头脑中也储存了一系列以“如果……那么……”形式表示的规则，这种规则就是“产生式”。

产生式由条件和行动两部分组成，产生式的基本原则是“如果条件是 A，那么实施行动 B”，即当一个产生式的条件得到满足，则执行该产生式规定的某个行动。解决一个简单的问题需要一个产生式，解决一个复杂的问题就需要若干个产生式，这些产生式组成产生式系统。所谓产生式系统就是人所能执行的一组内隐的智力活动。

程序性知识的学习本质就是掌握一个程序，即在长时记忆中形成一个解决问题的产生式系统，以后遇到同样类型的问题，就可以按这个产生式系统来行动。产生式的提出为程序性知识的教学提供了便于操作的科学依据。

教师专业知识的获得过程是一个复杂的过程，除了陈述性知识和程序性知识的获得机制外，个人信念、兴趣、需要等因素也同样影响着教师专业知识的形成。

二、教师专业知识发展的实践路径

教师如何形成和发展自己的专业知识，进而转识成智，很大程度上取决于教师的实践，即在行动中认识（knowing-in-action）、在行动中反映（reflecting-in-action）和在实践中反映（reflecting-in-practice）。当然，这之中可能还包含行动者事后对实践活动的反思与总结。知识生成的主体存在集体互动维度上的生成媒介和个体反思维度上的生成媒介之分。前者以实践共同体、交往活动为主要形式，后者以教育札记、话语对话等为主要形式。从知识发展的形式来说，教师可以通过行动研究、教育叙事、反映性实践、拓展性学习与跨界学习等途径，在与学习情境及自我认知互动的基础上生成、转化和发展教师知识。

（一）行动研究：问题驱动取向的教师知识发展路径

行动学派大师勒温、埃里奥特和凯米斯都认为，行动研究是将科学研究与实际工作结合起来解决实践问题的一种研究取向，它立足于一定社会情境或教育情境，以提高行动质量、解决实践问题为首要目标，强调行动过程与研究相结合。

教师的行动研究要求教师在情境中把握问题，具备在教育情境中挖掘问题的研究意识，仔细观察与留心体会教学情境中的事件，从问题着手，开展有针对性的行动研究。同时，教师的行动研究还要求教师角色转型，实现从知识传授者向教学实践的关注者、研究者转换，成为研究型教师，通过研究扩展专业知识结构，并获得专业自主。当然，教师还需要厘清研究与行动的关系，准确把握行动中研究、研究中行动、为行动而研究。贯穿整个行动过程的是教师的反思，反思的结果将促进实践的转化，而实践又反过来推动反思理性和实践知识向前发展。很重要的是，教师的行动往往是在教师共同体中按照共同研究行动方案进行的。

（二）教育叙事与叙事探究：叙述与反思取向的教师知识发展路径

教育叙事是教师在日常教学实践中记录的与学生课堂交往、与同行研讨、与专家合作及与家长沟通的事件和想法，可以借助教学日志、教学案例分析、成长档案形式书等方式呈现，这有助于教师在反思中建构与丰富自我的知能体系，促进教师专业发展。教育叙事要求教师对教学实践中有意义、有价值的事件予以翔实记录，以情境复原模式与反思感悟模式相结合的方式对活动进行深度描述，使得在情境回顾时引发教师的认知策略改组、行为提升与情感升华，这是教师专业知识有意识自我管理的过程。教育叙事还要求教师有意识地搜集与整理教学案例，它是教师间进行经验交流总结、研讨学习的过程，也是教师对自我或他人的教学进行学习与反思的过程，还能促进教师元认知策略的重构与提升。为做好教育叙事，教师还应做好自我成长档案，及时记录教师的成长经历、学习过程、实践经验、成效成果、个人感悟、疑难困惑、评价认证等。①

叙事探究以教师的生活故事为研究对象，由解说者描述和分析。叙事探究的内容是教育叙事，即教师在日常生活、课堂教学、研究实践等活动中曾经发生或正在发生的真实事

① 石娟．教师知识生成的路径探析．教学与管理，2019（9）：4－6.

件。叙事探究的方式是教育叙事与分析阐释相结合，探究教师的教育思想、教育活动和教育对象；既要研究教师的日常行为背后所内隐的思想，还要研究丰富多彩的教育活动，更要研究作为教育对象的学生——他们的年龄特征、个性差异、身心规律、认知特点、情意特点、人格特质等。

（三）反映性实践：实践取向的教师知识发展路径

舍恩提出了反映性实践的概念，强调在行动中认识、在行动中反映和在实践中反映，目的是提高实践者的行动自觉、即时反映和持续反思，因此反映性实践成为教师元认知策略提升的重要途径。

为做到反映性实践，教师需要在复杂的实践情境中提炼自身的实践性知识。很多时候，教师面临的实践情境具有不稳定性、无序性和不确定性，实践者也因此经常陷入道德价值、目标、目的和利益的冲突中。这就需要教师通过行动对情境做出回应，通过择宜处理实践中的两难，形成主体性觉知与反思，进而通过研讨与总结将其从经验层面上升到理论层面。当然，不断的反思可以促进知识的归类，形成完备的知识图谱，提高知识的体系化。经历“实践—反映—反思—实践”的多重整合，教师可以形成“相似地看”（seeing-as）和“相似地做”（doing-as）的实践思维。

为做到反映性实践，教师还需要开展有目的的“内置可见学习”。很多情况下，教师知识的发展是内隐的、缄默的或情境性的，因此给揭示工作带来很大的困扰。早期的学者安德鲁·哈里森用“心智行动”、切斯特·巴纳德用“非逻辑过程”、迈克尔·波兰尼用“内隐的认识”、杰弗里·维克斯用“内隐常模”来描绘教师实践性知识的内置。① 而“内置可见的学习”是澳大利亚学者约翰·哈蒂（John Hattie）提出的一个概念，意指学习进程得以可见。学生的学对教师可见，同时教师的教对学生可见，确保教育者与学习者明晰学习过程中各自的影响，如思维过程、设计思路、解决问题的方法与手段等。对于教师而言，看到他人学习就是通过观察他人在学习过程中的所思、所为、所获，借助对话和自我反思建构自我知识体系的意义和有价值的经验，与他人进行深层次的沟通。而使他人看到自己的学习，就是使其他教师明晰地观察到自己的学习行为，使自己的思路与想法尽量的可视化；教师自己也应同步地观察与审视自己的学习行为，及时进行学习的自省与反思。这种学习属于元认知策略的学习，有利于改善教师的认知策略，促进教师知识的深层次内化与转型。

（四）拓展性学习与跨界学习：互动取向的教师知识发展路径②

新的教师专业发展观将教师学习视为最重要的知识发展途径之一，认为通过学习可以形成支持性的社会文化境脉，也为教师发展确立规范、准则和策略。贯穿教师学习过程的是教师共同的文化和历史传承、相互依赖的系统与再生产的能力。以文化-历史活动理论为基础的拓展性学习就属于这个范畴。

教师的拓展性学习，是一种教师共同体的组织或组织网络学习，目的是建构新的客体

① 舍恩．反映的实践者：专业工作者如何在行动者思考．夏林清，译．北京：教育科学出版社，2007：41-43.

② 张立平．拓展性学习：教师专业发展的共同体视角与实践意涵．教育学术月刊，2014（4）：73-79.

和活动系统，也就是“将一个简单的观念拓展成一个复杂的活动目标或者形成一种新的实践形式”。其基本的过程是：一个系统（共同体）内部存在不同的人员（主体）分工，形成了不同的规则，为实现自己的目标，共同体成员借助一定的文化工具，不断协商、对话，最终形成自己的共识或方案。但每一个系统又不是隔绝于社会的独立系统，不同共同体中的主体通过对客体/对象的识知，引起变革和创新，形成新的客体或对象。这个过程，不同时间、不同系统之间，需要不断协商、对话。而协商和对话需要通过学习来实现，这种学习就是拓展性学习（见图 3-1）。例如：

H 中学面对本校办学目标、师资、在海淀区的排名和生源情况，形成一个本校必须发展的共识（客体 1），即在三年内实现在校学生达到 3 000 人、高考一本上线率达到 98%；学校借助一定工具形式，如召开办公会研究改革方案、到外校考察、与学生座谈、倾听家长意见建议等，形成一个方案（客体 2），包括学校硬件建设、教师发展规划和内部管理机制。建构客体 2 的过程实现了从问题和困惑向如何解决问题的转化，学校把规模和速度发展作为主要发展指标。而以专家为首的教师队伍，以学生和教师的发展为目标，形成本校发展的目标（客体 1），即关注每一个学生成长和实现教师的专业发展；结合学校的发展目标，教师理想的教学和教育模式必须调整，形成新的目标（客体 2），这个目标与学校的规划尚有差距。整个学校范围的论坛由此展开，通过协商，两个系统的客体 2 碰撞，形成一致的学校发展规划（客体 3）。客体 3 的实施需要两个系统发生变革，而变革的途径就是主体重建和对客体 3 的学习。

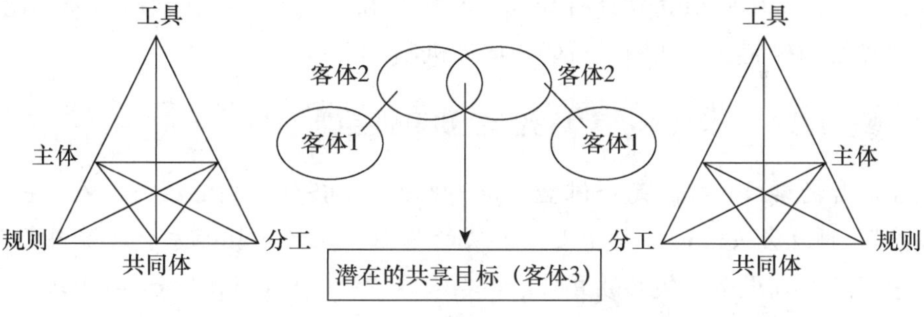

图 3-1　拓展性学习示意图

拓展性学习不是关注知识的传递，而是关注学习的过程，尤其是新知识、新活动在工作场所中创造的过程，学习的主体因此得以转换。拓展性学习超越了事先假定环境和任务的反应式学习，强调创造全新情境中个体理念、系统目标和实践历史三者的社会文化互动，带有明显的协作和创新倾向。同时拓展性学习也推动着彼此跨界、取长补短，媒介就是创新和融合思想。

教师实践性知识发展所依赖的教师跨界学习，指的是位于不同活动系统的参与者，跨越自己日常工作的边界，与其他活动系统的参与者互动而发生的正面变化。跨越边界通常会促使参与者重新检视自己之前的惯常假设及长期的专业实践，进而引发深度学习以及思想观念和行为系统的变化。具有伙伴关系的跨界学习，与教师内部的校本研修相比，更能够拓展教师的学习情境，具有更大的开放性、包容性和对话空间。但教师跨界学习需要三个机制，即通过实践推理达成意义协商、借由知行合一形成视角再造、付诸中庸之道产生杂糅的实践重构。意义协商是为了调节不同的意义赋予和利益诉求；反身性的视角创造了“第三空间”，让来自不同领域的观点相遇，激发教师们新的意义学习；如果跨越边界的实践者投身到一个创造性过程，一种新的杂糅物——一种新的文化形态——便会浮现出来。

（五）教师知识共享：合作性同事取向的教师知识发展路径

知识共享通常是指知识从个体、群体、组织转移或传播到另外个体、群体、组织的活动，包括了知识流动、技能形成、经验修正、共识达成的过程，这也是教师知识发展的途径之一。教师知识共享可以促进教师个体的专业发展，有助于形成教师文化，使每个教师都作为教育专家共同构建一种相互促进学习的合作性同事关系。

教师知识共享的机制主要有聚合-依存机制、分工-协作机制、同意-争鸣机制、倾听-对话机制和发生-共振机制。为促进合作性同事取向的教师知识发展，可以关注以下策略：第一，关注教师知识共享的关键行为与关键活动设计。这里主要涉及知识诉求表达行为及关键活动设计（如参与式、合作式、协商式等活动）、知识共享的形式和内容的关键行为与活动设计、文本解读与写作的关键行为等。第二，寻找改变与优化思维的方式，如问题意识、达成意识、参与意识、专业意识、时代意识、创新意识。第三，探寻教师知识变化的方式与方法，如教学方法类共享、管理经验类共享、知识分析类共享、教师成长类共享。第四，激活教师知识共享动机与盘活共享资源。第五，优化教研机制与培训方式，如传统教研和培训机制、互联网＋教研与培训机制。

拓展阅读　　教师实践性知识的生成

语文组教师的实践性知识是如何生成的（需要什么条件）呢？第一，教师一定要面临一个“顽症”，即反复发生的、总是无法解决的难题。此时，教师才会质疑自己习以为常的做法，挑战自己日用而不知的教育信念。本次课例研究中，教师都认为小组合作学习是一个“鸡肋”，虽然观念上认同，但具体不知如何做；如果做了，效果也不理想，特别是教材内容讲不完，学生的考试成绩无法保障。

第二，面对“顽症”，教师需要进入研究状态，不断对问题情境进行反思和重构，进入“双环学习”，即不仅根据结果改变行动策略，而且挑战自己的价值观和教育信念。本次课例研究开始时，一些教师认为自己对小组合作学习有基本了解，而且也在教学中使用过这种方法。但是，通过一个学期的反复研讨和操练，他们意识到自己之前的很多理解和做法是有问题的。比如，将几个学生放在一起讨论就被认为是小组合作学习，而没有意识到设计各方面（能力、资源、兴趣、学习风格、性格、性别等）相倚的小组合作任务和活动更具挑战性。

第三，外来学者必须与教师公开、平等交流，身体力行自己所倡导的教育理念；而教师也需要与外来学者坦诚交流，在不断试错的行动中反思自己的深层次教育观念。交流双方提供的信息应该是有效的，决策是基于充分沟通基础之上的；不能出于自我防御或顾全面子，回避问题的实质；或单方操纵局面，导致“非赢即输”的竞争局面。

第四，教师实践性知识的形成与理论作为中介工具的介入息息相关。在教师的活动系统中，理论不是一个重要的中介工具；然而，在外来学者的活动系统中，理论是一个必备的中介工具。教师在边界跨越中进入了外来学者的领地，通过阅读和讨论了解相关理论，并经由自己的反复试错，形成了新的实践性知识。语文组的教师就是因为了解了有关知识类型的理论，才开始深入思考小组活动设计的知识学习层次问题，项目组很多教师通过本次活动，都完成了一个从排斥理论，甚至痛恨理论，到开始借助理论思考自己所遭遇问题的过程。

在最后一次总结会上，很多教师都提到了从文献中学到的新概念，如转化式学习、双环学习、第二序学习等等，可以看出，通过跨界学习，他们已经突破知识灌输和通过考试验证学习效果的怪圈，进入更加系统的理论思维，考虑自己可以如何积极应对应试教育与素质教育双面夹击的两难困境。

不过，尽管理论学习非常重要，但是必须将其情境化才能被教师真正理解和运用。教师这个职业非常复杂，具有情境性、不确定性、紧迫性、问题解决、价值冲突性等特点，教师不能仅仅停留在阅读理论，然后将理论运用到实践的层次，而是需要亲眼看到理论是如何与实践相结合的，这种结合是如何在课堂教学中被表征出来的。更为重要的是，教师需要对理论这个中介工具进行“再工具化”（retool），成为自己明白的、能够被运用的新工具。正如语文组一位教师在观察完刘老师上的第二次课后所言：

> 这节课下来，收获很大。其实并不是这节课本身的内容含量有多大，而是对我而言，这节课使得之前的课的价值都凸显了出来。在实操课面前，所有的理论知识一下子都活了起来。

后期开展的一项专家示范活动，也说明了这个道理。由于大部分教师对小组合作学习都非常生疏，我们应教师的强烈要求，邀请一位小组合作学习专家上了一堂示范课。与教师自己上的第二次课相比，本次示范更加系统、具体、生动地呈现了小组合作学习各要素之间的关系以及学生主动参与的效果，让教师“大开眼界！终于看到了什么是好的小组合作学习”。这次课后的反思帖也是最为丰富的一次，所有人都及时跟帖，表达了自己对小组合作学习在体悟上终于有了突破的激动心情。此活动类似一次将所读理论付诸实践的生动展示，传递的不仅仅是原理、原则性的知识，而且是大量无法言表的、身体化的、被做出来的实践性知识。

第四节　小学教师专业知识发展的条件保障

教师工作是以知识为基础的工作，在教师个体层面，知识构成了教师教育教学行为选择和决定的基础。只是这里的知识不应是一般意义上的知识，而是包含了理论知识和实践知识、显性知识和隐性知识等广阔含义的具有整体性、实践性、动态性、建构性等特征的个体性的知识。而且，这样的知识获得也不能仅靠接受性的学习获得，还要在实践中生成性地学习和建构。因此，建立适当的保障机制有利于建构完整而富有价值的小学教师知识。

一、以知识为基础，优化教师文化

小学教师的知识中包含理论性知识和实践性知识、显性知识和隐性知识、理论沉思和实践智慧，具有整体性、实践性、活动性、建构性、生成性和个体独特性。除了个人知识的主动建构，教师知识还受到教师文化的影响。人是一种文化的存在，小学教师知识也不能脱离这个大方向。学校应依据办学特点和学校愿景打造具有独特品质的校园文化，使学校的制度服务于教师的知识发展和全面育人活动。在此基础上，形成有利于教师合作、交流、共享和创新的教师文化，鼓励教师积极实践、更新知识和善于反思，成为新知识的生产者、专业自主者和自身的“解放者”。

二、以一体化为理念，构建教师知识的发展体制

教师教育体制是教师知识形成和教师专业发展的宏观环境，以知识为基础的教师教育体制有利于提高教师知识的广阔性、丰富性和实践性。教师职业发展阶段的理论说明，教师知识既有发展的终身性，又有实施的阶段性，这就要求我们要依据终身教育思想和教师专业发展理论把教师职前、入职、在职的教育进行一体化设置，规划好教师职业生涯的全程教育和阶段性教育，整体上设计好培养目标、课程结构、教学内容、方法策略和具体路径。职前教育要促使师范生在课程学习中形成学科价值观、社会价值观和人的价值观；课程设置上拓宽通识教育课程，精简学科专业课程，强化教育类课程；加大教育实践和实习的力度，培养职前教师的基本教育教学实践能力。在入职阶段，可以通过师徒制、实践共同体等形式帮助新教师适应工作环境。在职教师教育则强调职前职后课程一体化，增加教育类课程，保证所开设的实践课程确实能启迪教师，确实能丰富教师的实践知识，确实能提高教师的实践能力。

三、以教研组为主体，形成教师学习共同体

教研组是形成良好集体备课的一种互动协作途径，学校应创造环境，促进以生成教学想象力为抓手、以教学知识增长为目的学习共同体。在互动的学习中，激发教师作为教学实践主体对知识生产和获取的主体性，增进主体间的理解和协作。同时，通过集体研究可以促进教师个体知识的转化，提升教师实践知识积累的层次，提升教师的个人信仰、职业自信心和事业责任感，在教育、文化、教学、学生等方面形成个人风格。当然，在良好的

教研氛围中，教师通过互相学习也有助于教师群体知识的彼此分享和共同增长，同时提高教师之间的合作意识和协商能力，激发教师的创造力和教育智慧。

四、以系统论为指导，建立教师专业引领机制

系统论认为开放性、自组织性、复杂性，整体性、关联性、等级结构性、动态平衡性、时序性等是所有系统的共同的基本特征，系统中各要素不是孤立存在的，每个要素在系统中都处于一定的位置上，起着特定的作用，要素之间相互关联，构成了一个不可分割的整体。小学教师专业知识的发展，也处于一个复杂、动态的系统中，充分发挥各个系统的引领作用，可以促进教师专业发展。这其中的引领因素有国家政策、理论思想、高等院校、行业专家、学校文化、课程改革和团队精神。

国家和地方可以通过制定教育政策对教师专业发展进行规范和引导，使教育教学改革沿着正确方向发展，给教师知识发展划定规定性的社会空间。教师职业准备或服务期学习的教育理论或教育思想可以引导教师的有效教育行动和实践，同时指导教师对教育经验进行反思，形成个人理论。通过 U-G-S（师范大学-地方政府-中小学）等院校合作，由高等院校举办学术专题报告、理论学习辅导讲座、座谈等活动，对小学教师进行理论引导、范例解析、反思提炼、经验提升等，可以促进教师教学行为的转变，进而提升知识层次。来自研究机构或一线的专家，也可以通过与教师共同备课（教学设计）、听课（课堂观察）、评课（教学总结）、教学现场指导、教学专业咨询等，提供针对性的在场指导。当然，外在条件也必须通过学校的内部因素才能发挥最大作用。在学校内部要营造氛围，促进教师的知识交流、思想碰撞和知识创生，这既是教师知识获得、专业成长的基础，也是学校良性发展的基础。在新课改理念下举办的公开课、优质课和实验课对于上课教师和听课教师来说都是实现教师知识拓展和跨界学习的重要机会。尤其是通过教研活动所培养的团队精神可以促进校本研究的深化，引发教育理念、教学模式和教学方法的革命性变革。

五、以叙事研究为媒介，促进教师的反思

教师的理论性知识通常可以以接受的方式获得，但教师缄默的、隐性的知识却只能通过反思产生，因此在教师的专业发展中，反思是一种必不可少的方式。反思是一种能力，更是一种教师信念支撑的有意识行为的知识更新过程。关于如何引导教师反思，已有不少的研究，其中被普遍接受的方式是教育叙事研究。学校应给予教师教育叙事研究的方法，引导他们就自己先前的生活经历和背景、校内外生活方式和文化背景、生活圈、职业阶段、生活中的关键事件进行反思。[①] 反思的方式包括自我反省、自我诘难、合作讨论、反思日记和课后反思等形式，尽可能地把教师转瞬即逝的内隐知识用语言表达或记录下来，

① PINAR W，REYNOLDS W，SLATTERY P. Understanding Curriculum. New York：Peter Lang，1994：84.

提高自我觉察的敏感性，并通过回顾阅读进行省思和理性批判；也可以收集、印刷或编辑教师的教学案例进行分析。教师写的案例能够而且应该成为教师职前教育和在职教育课程的重要组成部分，教学案例分析是一种以局内人的眼光来理解教师实践智慧的方式。教学案例的素材可以是来自师生的日记、信件、学生作业、课程与教学录像、观察者的记录摘要单等各种材料。

六、以行动研究为契机，培养教师研究者

加强学校对教师个人或集体行动研究的引导和组织，突出实践导向、协同研究和反省思考，让教师职业成为行动者、研究者和知识生产者有机结合的领域，从而促进教师的知识积累、教学改进和专业发展。主要通过课题立项、经费支持、成果发表等途径，鼓励教师着眼于小学教育进行行动研究；积极拓展渠道，支持大学、研究机构和小学教师，发挥各自优势，共同研究和解决小学教育教学的实际问题；高等院校也可以通过举办小学教育的专业硕士教育，招收小学教师，以学促研、以研促教、教研结合，在提高学历层次的同时提高研究水平和教学能力。

七　以知识创生为目标，做好对教师知识的管理

随着知识观由强调客观性的公共理论知识向个体主观建构的实践知识转变，小学教师的知识管理也进入教师专业发展的视野。教师知识管理是一个确定、组织、转化和利用学校内的知识信息资源和教师个人知识及智慧的过程，也是一个教师搭建理论知识和实践知识的桥梁，最终目的在于知识的情境化、知识创造、知识应用和知识增值。①

学校可以从以下几个方面促进教师的知识管理：首先，确立教师知识管理的范围，如对教师理论的显性知识进行分类、明确教师知识分享的方式等。其次，利用校级培训，增加教师的理论知识和实践案例，提高教师的知识更新能力。再次，形成良好的学术氛围，增强教师之间的互信，形成学校的协作、交流、对话机制。最后，充分挖掘教师的知识和特长，鼓励教师进行知识创造，并加强对知识创生的过程管理。

八、以差异性为原则，制定教师的知识发展策略

学校在制定教师知识发展策略的时候，可以根据教师的学科知识特征、职业发展阶段、教师特长、教学需求等，安排差异性的培训和学习，有针对性地引导教师完善知识结构。如针对新手教师（1～3 年）的知识特点，多安排观摩性学习，提供教学案例，在师徒制的模式下帮助新手教师积累教学设计、课堂管理和师生互动的经验。对于熟手教师（4～9 年），则根据其知识和视野的不足之处，安排在教师专业共同体中学习教育

① 谷晓沛．小学数学教师学科教学知识建构模式研究．长春：东北师范大学，2018：112-117.

理念、切磋教学技艺、完善知识结构。对于经验丰富的优秀教师（10 年以上），可以吸纳加入教师研究团队，在行动研究中反思经验，提升理论素养，构建独特的个人实践性知识体系。

【探究运用】

- **小组交流**

请在学习小组内讲述自己最难忘的一位老师，归纳一下这位老师的独特之处。

- **推荐阅读**

观看电影《孩子那些事》，谈谈你对新时代教师知识结构的看法。

- **自我评价**

第三章　小学教师专业知识的发展			
通过本章学习，我有如下新的收获：			
1.	☺	Θ	☹
2.	☺	Θ	☹
3.	☺	Θ	☹
通过本章学习，我还需要复习如下内容：			
1.	☺	Θ	☹
2.	☺	Θ	☹
3.	☺	Θ	☹
通过本章学习，我还有一些新的反思：			

说明：
☺表示“我能够完全理解该内容，并在小组讨论中能表达清楚”。
Θ表示“我能够完全理解该内容，但较难向他人表达清楚”。
☹表示“我不能够完全理解该内容”。

第四章

小学教师专业能力的发展

本章导读

亲爱的同学，前面的学习让我们知道，作为一个专业实践领域，教育教学活动具有复杂性、不确定性、情境性等特点，这要求优秀的小学教师既要具备先进的专业理念、扎实的专业知识，更要有突出的专业实践能力，它是有效完成各项教学管理工作的保障条件。在信息技术和人工智能高速发展的今天，孩子们的学习活动变得更加复杂多元，人们对个性化教育的需求也日益迫切，所有这些都对小学教师的专业能力提出了更高的要求和挑战。

本章将引领同学们探讨下列问题：小学教师应该发展哪些专业能力，这些能力之间的结构关系如何，与其他学段的教师相比有何特殊性，我们怎样去提升作为小学教师的专业能力，小学教师的专业能力发展还需要得到哪些外部支持。希望对这些问题的深入研讨能帮助大家有意识地去规划自身的专业能力发展方向，找到适合自己的有效的专业能力提升路径与方法，助力同学们的专业成长。

学习目标

- 通过对教师能力概念的辨析，理解教师能力的内涵和意义。
- 通过对小学教师专业能力结构的解读，识记和理解小学教师能力的内容要求。
- 基于教师专业能力发展的需求，熟练掌握有效提升教师专业能力的路径方法。
- 基于对教师能力发展制约因素的分析，了解教师专业能力发展的保障条件。

第一节 教师专业能力概述

小学教师的专业能力同幼儿园、中学甚至是大学教师相比较，既有共性，也有其特殊性。探讨教师专业能力的共性，主要是将教师与医生、律师、工程师等其他职业进行比较，得出教育是以培养人为目的的社会活动，而活动目的与对象的独特性对教师能力提出了独特的要求。这一节我们先来理解教师能力的内涵，同时探讨教师能力在教师专业发展中的重要作用，为后续深入分析小学教师的专业能力构成及其发展路径做铺垫。

一、教师能力的内涵解读

能力一词在日常生活中的使用非常频繁，说某个人能力强是很高层次的赞美。汉语词典将能力解释为“完成一项目标或者任务所体现出来的综合素质”，这一界定比较含糊，因为它用素质替代了能力，而素质是一个非常宽泛的概念。心理学将能力解释为“直接影响活动效率，使得活动得以顺利完成的必备个性心理特征”，与气质、性格等概念并列。这一界定增加的信息是能力具有个别性、独特性，但能力究竟是什么仍然是含糊的。由此也可知，能力是一个相对难以描述的概念，能够明确的是，能力一定是在从事某一个具体的活动中体现出来的，是体现在行动中的。例如教师要完成一堂课的教学任务，他就必须具备了解学生现有状态的能力、选择和使用恰当教学方法的能力、进行课堂管理的能力、对学习效果进行评价的能力等。在理解能力概念的基础上，我们可以将教师能力界定为教师在教育教学活动中表现出来的、直接或间接影响教育教学活动质量和完成情况的个性心理特征。

对能力究竟包含哪些具体的要素，美国著名的组织行为学研究者麦克利兰（David McClelland）做了开创性的探索，并于1973年提出了著名的“冰山模型”（见图4-1），认为能力素质（competency）是能明确区分在特定工作岗位和组织环境中杰出绩效水平和一般绩效水平的个人特征，包含五个层次：知识（knowledge）、技能（skill）、自我概念（self-concept）、特质（traits）、动机（motives），其中知识和技能处于海平面以上，属于通用性能力（threshold competencies），而处于海平面以下的自我概念、特质、动机被称为鉴别性能力（differentiation competencies），后者是真正能区分优秀者和普通人的深层次因素。麦克利兰的“冰山模型”带给我们的启示是：作为完成一项具体活动的能力，与个体多方面的特质相关，可以理解为是个体在面临具体的活动任务时调动和转化其素养的过程。比如一个专家型教师之所以能有效地处理一个突发事件，一定是基于他的学识、信念、经验、品质等多层面的素养，这些素养综合地发生作用，转化为他处理突发事件的能力。

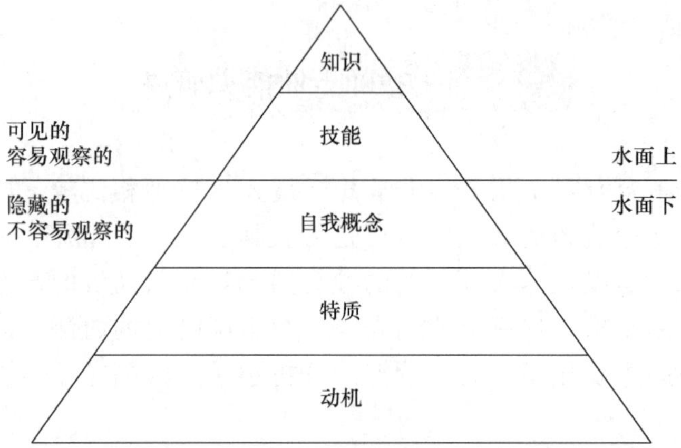

图 4-1 “冰山模型”

在对教师能力的研究中，科瑟根（Korthagen）的“洋葱圈模式”也揭示了教师能力与其他素养之间的不可分性。科瑟根认为，对教师工作影响最大的因素是“使命”，它处在“洋葱圈”最里层，依此往外延伸分别是自我认同、信念、能力、行为、环境（见图 4-2）。教师的能力透过行为表现出来，是外显形式，受到使命、信念和自我认同的重要影响。顾明远先生对我国教师专业标准的解读也体现了这种关系，认为教师的专业能力是教师教育理念、专业知识的载体。①

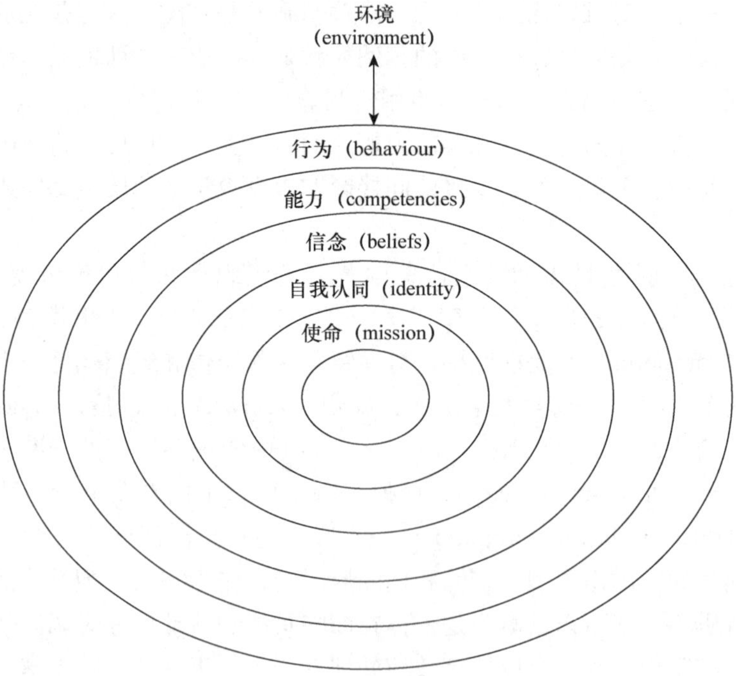

图 4-2 “洋葱圈模式”

① 顾明远.《小学教师专业标准》说明. 中国教育报，2011-12-14（3）.

对教师能力进行分类可以帮助我们更好地理解能力的内涵。由于能力的复杂性，对教师能力进行分类的标准有很多种。

首先，教师能力可以分为一般能力和特殊能力。心理学上依据能力所表现的活动领域不同将能力分为一般能力和特殊能力。一般能力是指个体在所有的活动中都必须具备的基本能力，亦即智力，主要包括观察力、记忆力、想象力、思维力、注意力。特殊能力则是指顺利完成某种专门活动需要的能力，比如运动能力、组织管理能力、计算能力等。对于教师的一般能力与特殊能力，我们需要从两个层面看。第一个层面是教师作为一个普通人具有和上述心理学分类一致的一般能力和特殊能力，一般能力就是智力，特殊能力则是他在不同的活动领域体现出的特殊能力，既包括从事教育教学的专业能力，也包括不属于教师的专业能力，如运动能力。第二个层面是就教师自身的专业领域而言，也存在一般能力和特殊能力之分。一般能力是指作为教师必须具备的基本能力，如语言表达能力、沟通能力、课堂管理能力等。特殊能力则是指与具体的学科教学相关或者与具体工作领域相关的能力，如：语文教师应该具有的阅读写作能力、班主任应该具有的组织班会活动的能力等。教师的一般能力和特殊能力之间具有相互影响、相互促进的作用，一般能力是发展和运用特殊能力的基础，而特殊能力的发展与运用又能促进一般能力的发展。

其次，教师能力可以分为学科能力和教育能力（狭义的专业能力）。有学者很早就提出，根据教师承担的工作可以将教师能力分为教师的教育能力、教师的教学能力、教师的班级管理能力。① 事实上班级管理能力可以与教师的教育能力合并。学科能力是教师基于学科知识的逻辑解决学科问题的能力，教育能力或者说专业能力是教师基于学生学习和发展的知识逻辑解决教会学生学习、育人和服务的能力。每一项具体的能力之下又可以细分出多种能力，比如教学能力具体包括：掌握和运用教学大纲的能力、掌握和运用教学参考书的能力、编写教案的能力、选择和运用教学方法的能力、因材施教的能力、实施目标教学的能力、组织课堂教学的能力、教学测试能力、制作和使用教具的能力等。有研究者于 2012 年对我国学界近三十年教师能力研究文献进行回顾，发现对教师能力的研究面非常广，也存在不同时期的关注重点，可以看到教师能力涉及的范围非常广，分类非常复杂（见表 4-1）。② 表 4-1 在能力分层分类上虽然还有一些待斟酌之处，但是这个总结可以让我们大致了解教师能力涉及的范围领域。

表 4-1　1982—2012 年学界研究的主要教师能力

一级能力	二级能力	三级能力
一般能力	一般认识能力	观察力、注意力、记忆力、想象力、思维力、审美力
	一般实践能力	人际交往能力、语言表达能力、动手操作能力

① 罗树华，李洪珍．教师能力学．济南：山东教育出版社，2000：15.
② 王丽珍．近三十年我国教师能力的研究状况与趋势分析．教育理论与实践，2012（10）：39.

续表

<table>
<tr><th>一级能力</th><th>二级能力</th><th colspan="2">三级能力</th></tr>
<tr><td rowspan="4">教育能力</td><td rowspan="3">教学能力</td><td>教学认识能力</td><td>分析处理教材能力、教学设计能力、课程资源开发能力、了解学生能力</td></tr>
<tr><td>教学操作能力</td><td>组织管理能力，发现、分析、解决问题的能力，现代教育技术能力，信息技术与课程整合能力</td></tr>
<tr><td colspan="2">教学监控能力</td></tr>
<tr><td>育人能力</td><td colspan="2">思想品德教育能力、心理健康教育与咨询的能力</td></tr>
<tr><td>拓展能力</td><td colspan="3">教育科研能力、创新能力、反思能力、合作能力、终身学习能力</td></tr>
</table>

二、教师能力的意义

教师的能力事实上体现为将自身的教育信念、情感、知识、品质转化为完成日常教育教学工作和解决问题的行动力，因而具备较强的专业能力对教师职业生涯的意义是不言而喻的。教育是一个专业实践领域，教师每天要完成大量的教学和常规管理工作，同时还要面对工作中的各种不确定性和复杂性，尤其是一些突发事件的处理，如果不具备较强的专业能力，教师将无法顺利地开展日常工作，更谈不上实现教育教学的创造性和艺术性，当然也就无法感受到作为一名教师的幸福。我国《小学教师专业标准（试行）》的基本理念是师德为先、学生为本、能力为重、终身学习。能力为重旨在凸显教书育人实践能力相对于学科知识、教育理论的重要性地位，应引起教师的重点关注。具体而言，教师能力的意义可做如下解读。

（一）是有效开展教育教学的前提

很多师范生掌握了扎实丰富的学科知识和教育理论知识，但是当他们在学校面对实际的课堂和学生时，会发现自己还是讲不好课或者不太会管理班级，从而有强烈的挫败感。比如我国著名的数学家陈景润，虽然他掌握了最顶尖的前沿数学理论知识，也具备超乎常人的数学思维能力，但是却发现自己非常不善于言语表达，是“茶壶里煮饺子，有货倒不出”的典型案例，这使得他最终不得不放弃教师这个职业。这些现象说明教师要顺利有效地开展教育教学工作，仅仅掌握理论知识还不够，还必须具备灵活运用理论知识的能力以及从事教师职业的特殊能力。

事实上，教师的每一项工作的顺利完成都要求教师拥有多项综合能力。比如，为了胜任课堂教学，教师不但要有讲解传授知识的能力，更要有激发学生好奇心和学习兴趣的能力、引导学生主动建构知识的能力，与此同时还要拥有一定的组织驾驭课堂的能力。又比如，要做好班级管理和建设工作，教师不仅要有选拔、培养班干部队伍的能力，还要具备班级制度、文化建设能力，组织班级活动的能力以及与学生、家长、科任教师进行沟通协调的能力等。不具备必要的能力，教师的工作将会陷入忙乱低效的状态；相反，能力强的教师就能将工作完成得井然有序，轻松自如。

（二）是指导学生能力发展的关键

教师的能力直接影响学生能力的发展。首先，教师通过自身的榜样示范，教会学生发展一般能力。比如，科学课上教师通过示范如何进行观察，让学生学习、实践观察的方法从而促进学生观察力的发展。其次，教师利用自身的教学设计、课堂组织等能力让学生成为主动的学习者，在“做中学”的过程中提升解决问题的能力。最后也是最重要的，教师的能力决定着学校能否培养出具有创造力的儿童。创造力是学生最高层次的能力，然而值得我们深思的是，随着接受教育的时间延长，儿童的创造力反而越来越贫弱。正如著名的教育学者达科沃斯提出的：“在童年时代晚期，他们的好奇心和智慧究竟发生了什么？为什么继续拥有自己精彩观念的人如此之少？”[①] 在达科沃斯看来，不少教师阻碍了孩子们探索自己的观念，教师能否拥抱不确定性，能否接纳儿童的观念，提供向儿童暗示着精彩观念的真实问题情境，对儿童创造力的发展和保护至关重要。“我们越能帮助儿童诞生他们的精彩观念，越能帮助他们对自己由于拥有这些精彩观念而感到高兴，那么，在将来的某一天，他们发现以前从未有人发现的精彩观念的可能性就越大。”[②]

（三）能促进专业理念和知识的发展

教师能力与教师专业理念、专业知识发展之间存在相辅相成的关系。关于知识与能力的关系，存在三种观点，一种是同步论，即知识积累得越多，能力自然越强；一种是割裂论，即知识与能力没有相关性，知识丰富的人能力不一定强，知识贫乏者也可以高能；还有一种是转化论，即在一定条件下，知识可以转化为能力，而能力则可以使人们更顺利地获取知识。显然，第三种观点更有道理，教师能力与知识之间的关系也是如此。前述已经提到教师的专业能力是教师教育理念、专业知识的载体，但是“教师在实践中，并不是简单地应用所学的专业理论知识，而是以一种‘行动中反思’的方式发现问题，形成假设，采取对策”[③]，借助反思，教师实现了从知识到能力的转化，以有效解决教育教学问题。反过来，能力也可以在一定条件下转化为知识。一种为实践性知识，另一种为理论性知识。“实践性知识是教师对自己的教育教学经验进行反思和提炼后形成的，并通过自己的行动做出来的对教育教学的认识”[④]，由此界定可知，经验丰富、能够创造性地解决实践问题、反思力强的教师拥有更多的实践性知识。理论性知识是指概括性强、抽象度高的、具有普遍意义的知识，是通过检验证实的知识。能力强的教师能洞察出有价值的研究问题，并运用科学严谨的研究丰富教育理论知识。同理，教师能力与教育理念之间也有类似于能力与专业知识间的关系，能力强的教师在有效解决教育实践问题的过程中能进一步强化和丰富自己的教育理念。

（四）能提升教师的职业认同感和幸福感

教师能力强弱与教师自我效能感的强弱有直接关系，“教师自我效能感是指教师对教

---

① 达科沃斯．精彩观念的诞生：达科沃斯教学论文集．张华，等译．北京：高等教育出版社，2005：9.

② 同①18.

③ 陈向明．搭建实践与理论之桥：教师实践性知识研究．北京：教育科学出版社，2011：36.

④ 同③64.

育价值、对自己做好教育工作与积极影响儿童发展的教育能力的自我判断、信念与感受”①，教师的自我效能感会受到能力知觉、困难知觉和情境知觉的共同影响，因此，教师自身能力越强，在教育教学中积累的成功体验越丰富，自我效能感也就越强。自我效能感强的教师往往具有更强的自信心，在从事教育教学活动时能保持愉悦的心情，在面对工作中的困难时也能更好地控制和调节自己的情绪和行为，从而能够有效提升对困难情境的适应性和应对能力，从而反过来又进一步强化自我的胜任感。突出的能力和努力付出所取得的成绩，尤其是看到自身对孩子健康成长带来的积极影响，教师会产生强烈的职业认同感和幸福感。相反，教师如果能力不足，长期处于疲于应付工作的状态，工作时间过长，压力过大，则会导致职业倦怠，降低职业认同感和幸福感。

综上，教师能力对学生的成长和自身职业发展意义重大，因此对教师的培养应做到专业理念、专业知识、专业能力的兼顾结合，始终彰显“能力为重”的理念。

第二节　小学教师专业能力的结构与特点

不同学段的教师专业能力要求和结构既有共性，也存在一些特殊性。我国 2012 年制定的《小学教师专业标准（试行）》（简称《标准》）将小学教师专业能力分为五个模块，包括：教育教学设计能力、组织与实施能力、激励与评价能力、沟通与合作能力、反思与发展能力。对照《中学教师专业标准（试行）》（六个模块）、《幼儿园教师专业标准（试行）》（四个模块）可以发现，虽然三者在教师专业能力标准上设置的模块数量上不完全相同，但是在结构上并没有实质区别，比如中学教师专业能力中多设置了一个“班级管理与教育活动”模块，在小学教师专业能力中这部分内容是和教育教学设计、组织与实施模块整合在一起的。对照分析每个模块的具体内容，则会发现小学教师专业能力要求上还是存在一些特殊之处。本节我们将以《标准》为依据，对小学教师专业能力的结构与特点进行分析解读。

一、小学教师专业能力的结构

《标准》中的小学教师专业能力结构是按照一般实践活动的基本程序来组织的，框架非常清晰，可操作性强，方便教师以此作为自身专业能力发展和评价的参照指南。教育作为培养人的社会实践活动，通常会包括计划、实施、评价、反思等基本环节，《标准》中的专业能力部分完整地包含了这几个重要环节。从能力的类型看，《标准》体现了与教育教学活动直接相关的能力和间接相关的能力的两个层次，比如前三个模块（教育教学设计、组织与实施、激励与评价）属于直接能力要求，后两个模块（沟通与合作、反思与发展）则可以看作间接能力要求，这样能帮助教师把握能力发展的重点。

---

① 庞丽娟，洪秀敏．教师自我效能感：教师自主发展的重要内在动力机制．教师教育研究，2005（4）：43.

（一）教育教学设计能力

对小学教师而言，教育教学设计能力主要包括三类：一是以教学活动为主的教学方案设计能力；二是以教育活动为主的班级、少先队活动方案设计能力；三是针对学生个体的个别教育方案设计能力。教师的教育教学设计是充满创造性的活动，是教师以教育目的和对学情的判断为依据，灵活地选择教育教学内容与方法，对即将实施的教育教学进行提前规划的行动。不管是哪类设计，又都必然包含几种更具体的设计能力：目标设计能力、内容设计能力、策略（方法）设计能力、评价设计能力。教育教学设计一般都蕴含着教师的教育理念，反映教师掌握的学科知识和教育理论知识的丰富程度，但好的设计方案更关键的是要求教师对所教班级的年龄特征和儿童的个性差异有较深入的了解，而且能够随时整合现有的教育资源，以有针对性地实现儿童的快速健康成长。如拓展阅读中的教师就具备非常强的教学设计能力。

拓展阅读　　围绕三棵树的研究（节选）

秋日，在一次课间休息之后，几个五年级学生兴奋地回到教室，他们将科学老师格雷厄姆夫人拉到窗前，向外指点着说："我们发现操场上那几棵树有问题，它们怎么啦?""什么意思?"格雷厄姆夫人问道。

学生们指着并排长着的三棵树，一棵树的叶子全掉光了；中间那棵树的叶子颜色各异，但主要是黄色；第三棵树叶茂苍翠。学生们问道："为什么这三棵树会有这么大的不同呢？它们过去看上去不都是一样吗?"对此，格雷厄姆夫人也无法回答。

格雷厄姆夫人知道，按照课程计划，她的班级要到本学年晚些时候才学习植物，不过她认为这恰恰是调查植物生长情况的好机会，由于问题是学生们自己提出来的，所以会特别激励他们去寻找答案。格雷厄姆夫人不能断定这样做的结果会怎样，但她还是决定冒一次险，让学生在她的引导下进行调查。毕竟他们有过一些经验，去年他们曾观察过种子在不同条件下的生长情况。于是，格雷厄姆夫人将一张大牛皮纸挂在学生们都能看到的位置上，然后说："让我们一起列张单子吧！为什么这三棵树会产生差异？我们把所有可能的解释都写在上面。"同学们纷纷举起手臂，提出自己的解释：

与光照有关；

一定是水太多的缘故；

一定是水太少的缘故；

地下有有毒物质；

它们的树龄不同；

有害虫吃树叶；

秋天到了，有些树的叶子会比其他树掉得早一些。

当学生们认为所提出的观点已足够多时，格雷厄姆夫人便鼓励他们进一步思考，在这些观点中，有哪些解释可以进行调查，哪些只是描述。然后她请每一位同学挑出一个她或他自认为正确的解释，并据此将学生分组，她要求每个小组制定计划并开展简单的调查活动，以弄清能否找到一些支持他们的解释的证据。之后，格雷厄姆夫人指导孩子们完善他们的计划，并在接下来的三周里，专门划拨出科学活动时间，留给学生开展调查研究。调查结束后，各个小组都向全班同学汇报了调查结果，学生们感到最合理、既符合所有观察结果又符合从他处获知的信息的是水太多这一解释。在格雷厄姆夫人的建议下，孩子们给管理员写了一封信，告知他们的发现，管理员来到班上表示感谢，并表示他将改变浇水程序。

资料来源：Committee on Development of an Addendum to the National Science Education Standards on Scientific Inquiry，Center for Science，Mathematics，and Engineering Education，National Research Council. In inquiry and the national science education standards：a guide for teaching and learning，Washington，DC：National Academy Press，2000：6-12.

（二）组织与实施能力

仅具备设计能力还不足以保障教育教学活动的有效实施。一方面，课程实施本身是预设性和生成性的结合，后者更是尤为宝贵的课程资源。教学设计方案只是一种预测和构想，小学生是具有能动性的生命个体，充满活力和创造力，因此实际的教育教学过程远比想象的更为复杂，会出现意料不到的情况，也会给教师带来意料之外的惊喜，这就要求教师具有保持开放、面对不确定性的能力和勇气，能够根据小学生的反应及时调整教学活动。另一方面，在教案中精心设计的各种教学组织形式和方法，在实际实施运用中也需要教师具备相应的能力加以保障。

我们可以将《标准》中提到的组织与实施能力进一步归纳为以下几个层面：第一，营造良好的教育氛围的能力。这包括建立良好的师生关系与同伴关系以创造融洽的精神环境，通过运用教育技术手段在内的多种方式创设适宜有趣的教学情境以激发学生学习兴趣。第二，灵活运用教学方法以促进学生思维发展的能力，包括运用启发式、探究式、讨论式、参与式等教学方法的能力，这些教学方法的运用大多时候还要求教师具备组织和指导小组合作学习的能力。第三，良好的表达能力和规范的书写能力。这要求教师能较好地使用口头语言、肢体语言与书面语言，使用普通话教学，规范书写钢笔字、粉笔字、毛笔字，通过示范培养学生的语言、书写和习惯。第四，妥善应对突发事件的能力。第五，具有鉴别小学生行为和思想动向，并采用科学有效的方法防止和矫正不良行为的能力。包括发挥少先队组织生活、集体活动、信息传播等教育功能，形成健康向上的育人文化的能力。

拓展阅读　　记一位“说、写、画、唱”全能的小学语文老师

2020 年 10 月的一天，我和同事被邀请去长沙市大同瑞致小学做课程诊断，天下着蒙蒙细雨，空气中透着深秋的凉意，但我却有幸走进了一个温暖如春的课堂：章婷老师给孩子们讲李白的《望庐山瀑布》。

黑板上已经预先板书了四句古诗，是俊秀有力的正楷，如此漂亮的粉笔字，让我忍不住多看了几眼。

瀑布有什么特点？章老师和孩子们从一个小问题开始了亲切的对话，她的音色很美，普通话字正腔圆，语气不急不慢，听着很是舒服。章老师将古诗中的“炉”“烟”两个生字挑出来，问孩子们生活中是否见过，大家七嘴八舌地描述，随后幻灯片上出现了各种各样的“炉”，让大家开了眼界。

解决完生字，孩子们开始各种形式的朗读，章老师又引导学生互评，这下学生朗读得更起劲儿了。之后，章老师一边播放音乐，一边朗读，她让孩子们闭上眼睛去想象脑海中会出现一幅怎样的“庐山瀑布图”。章老师朗读得抑扬顿挫，气场很足，堪比播音员，不由得让我暗暗赞赏。

接下来，章老师要孩子们在用心体悟诗人描述的基础上和自己一起画庐山瀑布图，孩子们积极地在纸上画，章老师则在黑板的一侧轻轻几笔一番勾勒，一幅栩栩如生的庐山瀑布图就“跃然纸上”了，这下真有点让我叹为观止了，这位章老师真是十八般武艺样样精通呀！当然孩子们的画也不能小瞧，个个神气十足地要上台展示一番！此时，章老师问小朋友想不想看真实的庐山瀑布？说话间已经开始播放游客们游览庐山瀑布的视频，当气势壮阔的庐山瀑布直逼眼前时，孩子们又惊又叹，一阵欢呼雀跃。

至此，和孩子们一样惊叹和兴奋的我原以为这堂课的精彩已被我尽收眼底了，不料章老师又开始带着孩子们像古人一样吟唱起古诗来，还一边踏着节拍手舞足蹈，韵律感十足。这是我第一次听古诗吟唱，感受到与古诗气质十分合拍的美，随着诗歌反复地吟唱，教室里的我们似乎进入了一个完全不同的世界……

资料来源：该部分由作者根据观课实录改写而成。

（三）激励与评价能力

激励是指教师通过各种有效的方法激发、引导、保持和规范小学生良好行为以实现教育目标的活动。评价则是指对小学生的行为表现进行肯定与否定、对与错的判断与反馈活动，中肯及时的评价也可以看成是激励的方式之一。小学生处于身心迅速发展的关键时期，但由于年龄尚小，他们还缺乏明辨是非的能力，他们往往是通过教师的反馈来校正自己的言行。根据科尔伯格道德发展阶段理论，大约 9 岁以前的儿童处于前习俗水平，9～15 岁的儿童处于习俗水平，因此我们可以推断小学生大约处于相对功利取向阶段（将会被人赞赏的行为视作规范）和寻求认可取向阶段（遵从的是成人订立的“好孩子”标准的规范），并逐步向遵守法规取向阶段过渡。著名心理学家班杜拉在实验基础上提出的替代性强化理论也表明，儿童通常会去模仿受到赞赏的榜样行为。课堂上我们经常可以看到：当教师表扬某个或者某组小朋友坐得很端正时，原本东倒西歪的小朋友都齐刷刷地挺直了背；当某个小朋友多次举手却没能等到教师叫他起来回答问题时，他就开始变得没精打采或者独自玩自己的去了。

教师拥有激励与评价能力的表现是：教师在日常生活中应该善于观察和判断孩子的表现，能敏锐地捕捉每一位小学生的闪光点和点滴进步并加以表扬鼓励；教师表扬鼓励和评价孩子时要注重时机、内容和方法，比如仅仅通过“你做得很好”“你真棒”等笼统性的表扬评价语言的效果要远远逊色于“你的字写得真端正”“你回答问题时又清晰又洪亮”

等具体化的表扬评价语言的效果；能灵活运用多元评价方式给予小学生恰当的评价和指导，如教师评价、同伴评价和学生自评结合，过程性评价、诊断性评价和结果性评价结合，口头评价、书面评价和档案袋评价结合等；最后，教师还能够善于运用评价工具，利用评价结果不断改进教育教学工作。

（四）沟通与合作能力

教育是与人打交道的工作，教师在学校中的任何一项活动都离不开与他人的沟通与合作，小学教师每天需要沟通或合作的对象包括小学生、同事、领导、家长甚至是与学校工作有关的社会人士，因此沟通与合作能力是教师开展工作的必备能力。沟通是人与人之间对话交流的过程，也是达成理解的重要途径，教师首先需要具备与小学生进行沟通的能力，通过表达、倾听和回应，教师走进儿童的内心世界。一方面，教师应能够使用符合小学生特点的语言进行表达，说的话应该能让小学生听得清楚明白，同时谈话的内容也应该能够对小学生有吸引力；另一方面，教师更要善于倾听，倾听能力既表现在愿意去理解小学生用语言表达出来的内容，更表现在乐意去探究学生让教师难以理解的言行背后的真相，“倾听学生的不明白”“赋予儿童合理性”是教师重要的能力素养，希望下面拓展阅读中达科沃斯描述的这个故事能给教师们带来深刻的启迪。

为了实现教育的系统性、连续性，小学教师还需要能够与同事合作交流，分享经验和资源共享，实现共同发展；也需要与家长进行有效沟通合作，形成家校合力，共同促进小学生发展；同时还能够协助学校与社会建立合作互助的良好关系，形成学校、家庭、社会三位一体的教育网络。

拓展阅读　　她赋予了他合理性（改写）

这是发生在我们项目研究过程中的真实案例。我们要求教师观看一盘录像带并做出评价，录像中有两个男孩在做一个简单的游戏：他们都坐在桌边，两人中间放有一扇屏风，他们相互看不见。一个男孩的前面放着一个用积木搭成的模型，另一个男孩也有一堆相同的积木，他需要在那个男孩的指令下把积木搭成同样的模型。结果所搭成的模型歪歪斜斜。两个男孩之间几乎完全脱离了关系——当然他们本人并不知晓，因为他们并不能看到对方面前的东西。

在对他们所看到的情景进行讨论时，教师们普遍谈到了“沟通问题”，他们还都倾向于认为，那个听指令搭模型的男孩很迟钝，相比之下，发号施令者被认为拥有“成熟的言语表达技能”。教师们的分析到此为止。对于导致两个男孩之间误解的具体原因，他们似乎没有进行更深入的认识或探讨。

赖伯特此时插进来提示，她想起来曾听到发出指令的那个男孩让另一个男孩拿起一个“绿色的正方形”，而木块里所有的正方形都是橘红色的，唯一的绿色木块全都是三角形的。这个小小的错误指令实际上就是使第二个男孩陷入困境的开端，顺理成章地，他把一个绿色的三角形木块翻到应被要求放橘红色正方形的地方。之后，所有的指令都变得不明确起来，但男孩们却无从得知这一切。其实，考虑到当时的情形，遵从指令的男孩表现得极具创造性，因为他试图调和后来的指令与他之前很自然合理摆放之间的矛盾。

当重新观看那盘录像带，判断赖伯特的评论是否属实时，教师们都很震惊。整个情形与他们最初的看法截然相反，他们能够清楚地看到第二个男孩为什么会有那些举动。他看上去不再迟钝，而且实际上“遵从了指令”。

一位教师在谈到赖伯特的评论时说：“她赋予了他合理性。”

资料来源：达科沃斯．精彩观念的诞生：达科沃斯教学论文集．张华，等译．北京：高等教育出版社，2005：93.

（五）反思与发展能力

20世纪80年代开始欧美各国将培养反思型教师作为教师专业发展的重要取向。美国著名心理学家波斯纳在1989年曾提出教师成长的公式：成长＝经验＋反思。学者叶澜先生也曾说过：一个教师写一辈子教案不一定成为名师，如果一个教师写三年反思有可能成为名师。反思能力不仅是教师专业发展的重要目标和内容，同时也是教师专业发展所依赖的路径。

关于反思能力的内涵不少学者都进行了深入的探讨，一般而言反思能力是指教师运用理性分析和批判性思考面对和解决日常教育教学实践问题的能力。学者基利昂（Killion）和托尼姆（Todnem）以舍恩的早期著作为基础，将教师的反思划分为行动后的反思（reflection-on-action）、行动中的反思（reflection-in-action）、为行动反思（reflection-for-action）。而范梅南则提出了三个不同层次的反思水平模型：第一层次是对教学策略之类的反思，第二层次为对存在于实践之中的潜在理论假设的反思，第三层次的反思（有时被称为批判性反思）与道德、伦理标准相关。① 上述学者对反思的过程性分类与层次性分类有助于我们对教师反思能力的理解和鉴别。周钧经过调研发现，我国大多数小学教师仍然是凭经验和惯例教学，即使部分教师有反思，但也仅仅停留在较低层次。② 小学教师的反思能力及层次亟待提升。

针对教育教学工作中的现实需要与问题进行探索和研究的能力对专业发展同样非常重要，反思能力也是研究能力的一部分，同时研究能力还需要以掌握一定的研究方法知识和技能为前提。此外，根据自身的特点制定阶段性和系统化的专业发展规划，有意识地提升自己的学习能力及其他专业素养，也是一种重要的专业能力。

二、小学教师专业能力的特点

小学教师专业能力的要求与其他学段的教师相比既有共性，也有自身的特殊性。我们将这些能力要求的特殊性概括为基础性、综合性和技艺性。

---

① REAGAN T G，CASE C W，BRUBACHER J W. 成为反思型教师．沈文钦，译．北京：中国轻工业出版社，2005：27-29.

② 周钧．阻碍小学教师专业发展的因素研究．教师教育研究，2013（4）：53.

（一）基础性

小学教师专业能力的基础性是指小学教师的能力应满足小学生的启蒙要求，为孩子们整个人生的发展奠基。因为小学生在行为习惯和品格养成上都处于打基础的阶段，而且小学生具有明显的向师性特征，在言行举止上习惯以老师为模仿对象，也会更多地以老师的肯定或否定评价来形成自己的道德观念，所以老师时时刻刻都在发挥着对孩子们的榜样示范作用，比如，教师的言语表达是否清晰、书写习惯是否规范，甚至思维方式是否具有创造性等都会对孩子们产生无形的影响。因此在对小学教师的能力要求上，特别提到了在日常教学和生活中的德育渗透能力以及教师应具备在教学生活的各个细节中规范孩子们的言语表达、行为习惯的能力。

（二）综合性

小学教师专业能力的综合性是指对小学教师能力的要求会更全面，会要求教师具备一些综合素养。这是因为小学生生性活泼，兴趣爱好广泛，所以小学教师必须有广泛的兴趣爱好甚至是相应的才能，这样才能成为“孩子王”。同时因为小学生还处在可塑性非常强的阶段，需要教师能在日常生活中善于发现、挖掘和培养学生多方面的才能，这也对小学教师的专业能力提出了更高要求。此外，小学生处于从幼儿向青少年发展的过渡阶段，教育活动要更多地以学生整全的生命活动和生活世界为基础，因而在小学阶段会设置更多的综合课程和主题课程，这就要求小学教师要有胜任多门学科教学或者整合多门学科教学的能力，这也是越来越多的小学教育专业实施全科培养的原因。

（三）技艺性

小学教师专业能力的技艺性是指小学教师在教学、班级活动组织甚至是进行个别学生教育时能够表现出卓越的展演才能，这样能对小学生形成更强的吸引力，让他们乐意投身于教师设计的教育教学活动。小学生好奇心强，对各种各样新奇有趣的事物都充满探索的欲望，他们热爱游戏，喜欢模仿生活中各种有趣的事物，因此各类夸张的艺术化的表演活动能够满足孩子们探索的欲望，特别是当老师能够表现出和儿童一样的活泼天性时，更容易让孩子们喜欢。前述教学《望庐山瀑布》的语文老师章婷就是这样一位出色的小学教师，她以拟童化的表达方式与孩子们交流，用生动形象的简笔庐山瀑布图吸引住孩子们的眼球，与孩子们一起手舞足蹈地吟唱古诗……这使得她与孩子们融为一体，教育也在这一过程中悄无声息地发生了。

第三节　小学教师专业能力的发展路径

突出的专业能力是优秀教师、专家型教师的重要特征。世界各国教师教育的实践也将教师专业能力的发展与提升置于非常重要的位置，但对如何提升教师专业能力却存在不同的观点，这与对能力内涵的不同界定有关，也受到背后的理论基础的直接影响。例如，追溯西方能力本位主义的教师教育思想时可以发现，20 世纪 70 年代以来的行为主义导向的能力本位教师教育是“根据预先的详细规定，职前教师或在职教师获得能够促进学生达到预期教育目标的教学表现、倾向和能力的教师培训”，能力会预先在一套学习目标中体现。[①] 20 世纪 90 年代以后出现的整体主义导向的教师专业能力教育则强调能力是“个人特征、知识、技能和态度的整套结合，它们用来满足在不同教学情境中有效教学的要求”。[②] 整体主义导向的能力教育，强调与专业实践有关的学习环境。上述两种能力本位的教师教育在实践层面有其可取之处，使教师专业能力的发展一定程度上有章可循，但也存在过窄或者过宽的弊端。为了克服能力界定与能力发展中所遭遇的两难困境，有学者借用了埃尔肯提出的融合微观与宏观视角的“关键能力”概念，认为关键能力有强烈的实践关切，同时关涉人、职业和实践情境，其动态、多元性特征与复杂的教育实践有内在的契合，是理解教师专业实践能力的重要参照[③]，并以培养反思性实践者这一教师教育范式为基点，提出教师专业实践能力具有经验性、情境性、发展性、价值性等特征，为探讨如何构建教师专业实践能力培养的系统体系提供了参考。

对教师专业能力内涵的多样化理解有助于探寻教师专业能力发展的多元路径，本节内容正是在全面系统审辨丰富的能力发展理论以及实践案例的基础上，认可知识、技能、信念、情感等对能力发展的基础性影响，同时强调反思性实践是教师专业实践能力发展的核心，以此提出教师专业能力发展的路径框架。本书对教师的专业知识、专业情感等有专章探讨，本节将围绕与反思性实践直接相关的路径展开分析。

一、经验积累

有关专家型教师研究的主要理论都“赞同经验和练习对专家知能的发展有着十分重要的作用，专家能够实施一种高水平的行为，并且这种行为常常具有自动化、毫不费劲和流畅性的特点”[④]。经验积累对教师专业能力发展的意义是多层面的。首先，实践经验的积累能帮助教师建立起一个“资料库”，当教师在面临一个新的问题情境时，他们能够从中提取类似的情境和采用过的有效方式并快速采取行动，也即舍恩所说的“相似地看”和“相似地做”。丰富的经验是形成专家型教师具有“整体相似性”的识别能力（holistic similarity recognition）的基础，这是一种无须分解组成部分的特征就能识别出个中规律的直觉能力。[⑤] 比如，一名经验丰富的小学教师对于儿童在课堂上的各种提问通常都了然于胸，因而能够游刃有余地应对；相反，对于缺乏经验的实习教师或者新入职教师而言，孩子们的捣蛋行为总是让他们感到茫然失措，进而影响正常的教学秩序。其次，随着经验的增长以及大量的练习，教师在完成一项任务的某些方面会实现自动化，某些原本要付出有意识的努力才能解决的问题变成了常规活动，由此可以释放出更多的精力解决新的问题或

---

① 赵康．透析西方能力本位主义教师教育再流行：回溯、趋势和反思．外国中小学教育，2016（3）：41．

② TIGELAAR D，DOLMANS D，WOLFHAGEN I，et al．The development and validation of a framework for teaching competencies in higher education．Higher education，2004，48（2）：253－268．

③ 戚万学．教师专业实践能力：内涵与特征．教育研究，2012（2）：95－101．

④ 徐碧美．追求卓越：教师专业发展案例研究．北京：人民教育出版社，2003：22．

⑤ DREYFUS H L，DREYFUS S．Mind over machine．New York：Free Press，1986：28．

者更高层次的问题，从而进一步提升解决实践问题的能力。

积累经验的主要方式是多实践、多练习，这一点对在职教师来说不会成为问题，但是在我国师范生的培养上重理论轻实践一直是较为突出的问题。为了提升教师的专业实践能力要做到两个方面。一方面，教师的职前培养要建立有效的专业实践模式。首先，要建立分阶段见习与实习的循环实习制度，通过观课、听课等让师范生了解教育现实的复杂多样性，积累与学生相处和应对问题的经验技巧。其次，可以邀请中小学一线教师到大学授课，间接丰富师范生的经验，因为这些中小学一线教师能带来生动鲜活的教育实践案例。最后，要改革原本的理论课教学模式，理论课教学要与教育实际情境建立联系，多采用案例教学，与学生探讨如何运用理论解释教育现象和解决教育问题。

另一方面，不管是师范生还是在职教师，更重要的是要主动参与对自己具有挑战性的活动和训练。关于专家型教师和非专家型教师的比较研究表明，前者在对一项任务的完成方式和类型的选择上都不同于后者。面对同一项任务，专家型教师通常都会对自己提出更高的目标要求，投入更多的时间和精力，也就是愿意将工作做到极致。而在解决问题的种类上，专家“愿意处理那些能增长其专家知能的问题，而非专家倾向于解决那些不需要增强自己能力的问题”①，而正是在“能力极限边缘工作”②，促进了专家知能的发展。观察那些能力突出的优秀教师可以发现他们身上的这种品质。比如，他们通常具有非常扎实的教师基本功，会简洁生动的语言表达、漂亮大气的板书、一气呵成的简笔画等等，而这些扎实的基本功往往都建立在精益求精的扎实练习基础之上。对名师成长经历的研究发现，关键事件是促进其快速成长的重要因素，而这些关键事件往往是主动承担的公开课，或者主动参加的一些赛课之类的活动。这些活动比常规的教学活动具有更大的挑战性，能帮助教师积累不同寻常的经验，能够帮助教师获得最大的成长机会。教师自主发展的意识及其相应行动是其成长的重要内驱力。

拓展阅读　　参与赛课让我“脱胎换骨”

我已经记不清自己上过多少示范课、观摩课和竞赛课了，但是一路走来，我真的很感谢这段经历，它带给我的不仅仅是荣誉，还是我专业成长的催化剂，每一次赛课都要有“钻研教材、说课定稿、反复试教、磨课改课、正式赛课、反思自我”的过程，无异于把自己放入熔炉，高温锻造，反复捶打，最终让我“脱胎换骨”。

从我入职那年开始，我们学校规定每月都要举行讲课比赛，平时学校领导也会来听课，学校还实行了“推门听课”制度。一开始我非常紧张，既想以比赛为突破口展示自己，又害怕这其中的煎熬。但也正是有比赛的督促，我的日常备课也格外用心，从一开始会查阅很多的资料，到后来努力尝试自己设计教案，和师傅一起探讨，一次次地修改，一遍遍地磨课，闲暇时间会常去观摩学校资深教师的教学，从中汲取养分，我还从网上搜集各种名

① BEREIIER C，SCARAMELLA M. Surpassing ourselves：an inquiry into the nature and implications of expertise. Illinois：Open Court，1993：78.

② 同①34.

师赛课录音带，每天听，逐字记，第一年我听了近百节课。也正是因为自己的用心努力，当某天学校领导来听我上的一节常规课《数的认识》时，我以清晰的教学流程、轻松活泼的课堂氛围以及孩子们睿智精彩的发言让领导和同行们惊叹。

因为我在学校的优秀表现，此后每次区、省有比赛，学校就会派我去参赛。也正是因为这样一次次地外出参加比赛，让我看到了自己与其他人的差距，从普通话、粉笔字到数学思维以及知识的广博，我都感受到我还有很大的努力空间。比赛结束回家，我主动找老师练习书法，坚持广泛阅读，深入地钻研教材教法，珍惜每一次学习机会。在为赛课做大量准备的过程中，从教案、板书设计到 PPT 制作，从基本功训练到教学理论的学习，我不断发现问题，主动向高手请教，也因此让我对教学有了更多理解和更深的体会，对自己也有了更高的要求，逐渐向研究型教师迈进。

现在我也成了别人眼中的名师，得到同行的赏识和大家的认可，也带给我更多发展的机遇。很感谢赛课给予我一个个崭新的平台，让我的视野更加开阔，不再是一只井底之蛙。

资料来源：改写自舒楠对小学数学名师的访谈资料。

二、实践反思

经验和练习是教师专业能力发展的重要基础，但是经验和练习不会自然地转化为教师的专业能力。我们可以看到现实中不少教师教书十几年都没什么进步，只是年复一年地简单重复最初的经验，这样的教师只能被称作教书匠。教师只有善于从经验中学习，将强大的学习动力与对经验的反思进行结合，才可能不断提升和拓展自己的专业实践能力。

拓展阅读　　课前预习提升小组合作学习品质

小组合作学习因其对学生主体性的关照而被认为是一种十分有效的学习方式，我们班学生三年级时我就开始将之运用于语文教学，经过一年的练习和适应，学生能做到以较快的速度分派任务，迅速投入学习，也能展开热烈的讨论。但是当面对有一定思维力度的问题时，小组合作常常会出现把握不住重点，甚至跑题，从而导致效率不尽如人意的现象出现。沪教版四年级第二学期课文《揭开雷电之谜》教学时的小组合作学习便是这样一次失败的经历。

这篇课文讲述的是美国科学家富兰克林冒着生命危险，通过一个吸引雷电的风筝实验从天空摄取闪电，从而揭开雷电之谜的事情。为了让学生深切感受富兰克林严谨缜密的科学态度，我在课堂上开展了一次预设为十分钟左右的小组合作学习，要求：1）根据课文的描述，画一幅简易的风筝图；2）在每个零件的旁边标明该零件的用途。十分钟过去了，五个小组中三个小组未能在规定时间完成任务，其他两个小组虽然勉强完成任务，但所画出来的风筝图存在诸多问题，很难体现富兰克林严谨缜密的科学态度。面对这一意外，课后我做了专门的调查，发现小组合作中存在这样一些问题：首先是小组分工简单随意，没有让小组成员都得到思维的训练；其次是小组讨论主次不分，纠缠于一些无关紧要的东西，如有的学生认为风筝应该画成三角形，有的认为应该画成菱形，从而浪费了宝贵的时间；最后是没有形成高质量的讨论与碰撞，如小组成员未能围绕风筝每个零件及其用途这一需要着力解决的问题展开深入讨论。通过进一步分析背后的原因，我认为导致此次小组合作失败的关键是时间因素，让四年级学生在课堂里画出一幅简易风筝图，十分钟时间是远远不够的，会导致学生的注意力主要放在画图而不是小组高质量的讨论上。

这次失败的小组合作学习，让我意识到时间的重要性，进而想到了事先准备的必要性。我事后反思，如果我让学生在课前预习中先自行完成简易风筝图，在小组讨论的时候主要围绕"画得是否按照要求""每个零件标注的用途是否正确"这样的关键问题展开，高质量的讨论与碰撞就有可能发生。同时，也能实现通过预习培养学生质疑的能力和根据课文提出有质量问题的能力的目标。基于上述考量，我开始有意识地将课前预习与小组合作学习结合起来，大大提升了小组合作学习的效果。四年级第二学期课文《颐和园》的教学便是成功一例。

《颐和园》是一篇游记，主要介绍了长廊、万寿山、昆明湖等颐和园的主要景点，跟随作者的游览路线介绍每个景点是这篇游记写作方式的重要特点。基于此，我的教学设计凸显了基于课前预习的小组合作学习特征，主要分"两步走"：第一步，布置课前预习作业，让同学们课前根据作者的游览路线，画一幅颐和园的游览地图；第二步，在课堂上，让学生拿出各自的游览地图，小组讨论，看看谁画得最贴近课文内容、最合理。这一次小组合作学习，学生很快进入状态，有效规避了前述小组合作学习中的诸多问题。特别是学生对"昆明湖到底在什么地方"这个问题的讨论非常激烈，有的同学根据"从万寿山下来，就是昆明湖"这句话，认为昆明湖应画在万寿山前面，有的同学认为"昆明湖应该在长廊的左边，因为课文中有这样的提示——'微风从左边的昆明湖上吹来，使人神清气爽'"。对四年级的学生而言，能够根据课文中的蛛丝马迹，做出有理有据的判断，这样的讨论能够起到训练思维品质的作用。

通过对这两次小组合作学习的反思，让我对小组合作学习品质的改进有了更加明确的认识，目前基于课前预习的小组合作学习还处于初步摸索阶段，希望能在后期开展更为深入的研究。

资料来源：邵欢. 课前预习提升小组合作学习品质. 上海教育科研，2016（7）.

拓展阅读中的教师便是这样一位善于对日常教育教学实践进行反思的优秀教师，这样的教师善于从自身的失败经验和成功经验中进行反思，从而让自己的专业能力获得快速提升。那么，教师如何反思自己的经验？什么时候反思？反思些什么？用什么方法反思？……当我们把反思当成提升教师专业发展的重要路径，将成为反思型教师视为教师专业发展的目标时，这些都是必须思考和回答的问题。

首先，针对什么时候反思的问题，基利昂和托尼姆的研究可以给我们提供启示。他们将反思分为行动后的反思、行动中的反思和为行动反思。对教师而言，三种类型的反思都是反思性实践必不可少的元素，但在教师职业生涯的各个阶段，三种反思性实践表现为重要性上的差别。新手教师能够做到在行动前和行动后反思，而专家型教师则表现出更多的行动中反思的能力。通常这种反思出现在教师遇到一些出乎意料的困难或独特情境时，通过行动中反思，教师有可能找到看待和解决问题的新观点与新见解。

其次，关于反思什么的问题，范梅南提出的多层次反思水平模型值得借鉴。从新手教师到专家型教师的成长历程中，可以看到三种不同层次的反思性实践。第一层次主要是对教学策略的反思；第二层次是对教育实践背后的理论假设和后果的反思；第三层次涉及与课堂相关的道德、伦理等的反思。对于不断提升自身反思性的教师来说，可以从这样几个层次检测自己的反思内容与深度。

最后，关于对日常实践经验进行反思的方法，这方面研究者和实践者都提出了一些有效的建议。比如撰写反思日志被认为是能很好地促进教师自我反思的重要方式。教学日志是教师对自己认为重要的事件的记录，除了对细节的生动描述，更主要的是要记下自己的反应和阐释，通过撰写教学日志，教师能够发现自己惯常的假定，进而对这些假定进行反思，以发现可能存在的问题，促进自身的专业实践能力的提升。除了撰写教学日志，教师还可以采用档案袋方法收集自己的教学、班级管理以及个人成长的资料。通过阶段性地回顾分析，可以总结反思自身的优势和不足，从而有意识地加以调节和改进，扬长补短。教师可以定期给自己录制教学视频，回看自己的视频，教师常常能够发现一些自己之前看不到的问题。比如欧老师是位小学语文老师，在一次与一位大学教授的合作授课中，被告知她讲课时有非常严重的口头禅，并且将一段事先录制的课堂教学录音片段播放给她听，她听后大吃一惊，因为在这之前从来没有人告诉过她关于这个口头禅的毛病，她也没有看过自己的教学录像和录音，从而导致她始终都没发现过自己的这一毛病。和档案袋方法一起使用的另一种促进教学反思的方法是自我监控法。自我监控是教师对自己在教育实践中的特定言行进行有意识地关注与反思，从而不断进行调适与纠偏的方法。比如上面提到的欧老师，在她知道了自己严重的口头禅问题后，在之后的教学中总会有意识地去监控自己的表达，经过不断的自我提示和练习，一段时间后她严重的口头禅问题得到了很好的控制，直至完全消失。

当然，日常实践中反思的方法还有很多，而更为深入的反思方法如教学研究将在下文单独探讨。

拓展阅读　　教学日志撰写指南

布鲁克菲尔德建议在撰写教学日志时可以考虑以下问题，但不要为这些问题所束缚。

1. 作为一个教师，我在这周里感到与学生联系最紧密、最投入或最能确证自己的时刻——这一时刻我对自己说“这就是作为一个教师的本来面目”；

2. 作为一个教师，我在这周里感到与学生失去联系、最不投入或最令人厌烦的时刻——这一时刻我对自己说“我刚才表现非常糟糕”；

3. 让我感到最焦虑、沮丧的情形——在我要入睡时萦绕于我脑海的情形，或者那种我对自己说“再也不能忍受”的情形；

4. 最惊奇的事件——让我震动，让我失去警惕，让我停止前进，让我惊奇或让我感到意想不到的幸福的事件；

5. 在我这周所做的事中，如果给我重试的机会，哪些我会做得更好？

6. 这一周，我最感到自豪的教学活动是什么？为什么？

资料来源：REAGAN T G，CASE C W，BRUBACHER J W. 成为反思型教师. 沈文钦，译. 北京：中国轻工业出版社，2005：3-4.

三、合作对话

对话是人们之间进行经验交流、思想碰撞的过程，对话是学习他人成功经验的方法之一，可以称为“取经”；有些对话则是通过共同探究疑题，理解或解决问题。在教师的专业能力发展路径中，通过与同行进行合作对话，可以突破个体经验的局限性，提高解决教育实践问题的能力。目前，大学、教育行政机构和中小学校为师范生和新入职教师建立了许多与同行进行学习对话的机制，比较有代表性的有“师徒制”“学科教研组制”“名师工作室（站）”“跨界学习共同体”等。

（一）师徒制

师徒制是目前学校为了快速提升新入职教师专业能力的一种非常普遍的学习制度，“以老带新”“师徒结对”“师徒帮带”“青蓝工程”等是这种制度的不同提法。师徒制是让有经验的教师与初任教师结成对子，实施一对一的教学辅导。师徒制借鉴的是古代行会的学徒制，后来发展到其他实践领域，它是通过师傅带徒弟的方式，让徒弟跟在师傅身边观察、模仿，通过“做中学”的方式掌握和提升那些很难言传的知识和技艺。教育实践的复杂性决定了教育教学活动不是简单地将教育理论知识套用到实践中的过程，而是根据教育情境的特殊性创造性地解决问题，真正实践教育既是科学也是艺术的理念。这种教育教学的艺术可以从许多经验丰富的专家型教师身上看到，这也正是学校实施师徒制的价值所在。

师徒制在发达国家现代学校中也非常普遍，只是在做法上稍有不同。日本要求初任教师都参与校内研修，并为之配备相应的指导教师，在校长及教导主任的指导下，为初任教师的校内研修制定年度计划，对其参与研修进行指导和提供详细评论。在美国，尽管因其分权式的教育管理体制而形成了各州独特的教师在职培训方式，但是“师徒结对带教”却是被各州中小学广为采用的新教师培训方式。它通常由有经验的专家型教师担任指导教师，他们具有很强的教学能力，同时非常精通于问题诊断，能够深入地评估新任教师的教学工作，帮助其发现问题和解决问题。英国针对已经取得教师资格的人设置“入门指导年”，在他们受聘学校工作一年内接受该校专业指导教师的监督和指导。指导教师资历较深，拥有丰富的知识技能和经验，也非常了解他们的需求，通常一名指导教师可以指导一到多名初任教师。

我国中小学校一直有师徒带教的传统，教师入职后会有意识地跟着老教师随班听课、边学边教，老教师也会经常进入新教师的课堂听课，对他进行指点，帮助他们快速提升教育教学能力。随着教师教育制度的健全，师徒制逐渐成为我国中小学正式的在职教育制度。1994 年国家教育委员会颁布了《关于开展小学新教师试用期培训的意见》，提出集中培训和分散培训两种方式，其中分散培训是指新教师所在学校为其安排有经验的指导教师，围绕备课、说课、听课、评课、检查作业批改、考核教学效果等方面，发挥指导教师的“传、帮、带”作用。目前师徒制也变得越来越完善，如规范师傅的任命与培训、举办正式的师徒结对仪式、对师徒带教效果进行定期总结评价，并建立相应的激励机制，鼓励师傅投入对徒弟的指导活动。

师徒制的普遍实施非常有利于新任教师迅速提升自身的专业能力，因为借助于师傅的“言传身教”，徒弟能够在较短的时间内积累非常丰富的应对实践难题的经验，特别是当师傅不但能够将如何处理复杂的情境化的教育实践问题“做”给徒弟看，而且还能和徒弟交流他如此做的原因时，徒弟受益会更大。很多新任教师都非常认可入职初期师傅在其成长过程中发挥的关键作用，但值得注意的是，师徒制能否产生实际效果也有一些前提条件。比如，徒弟对师傅的学习和请教是否虚心和主动，反之师傅是否能够和徒弟平等沟通，甚至能接受徒弟提出的不同意见，总之，师徒之间能否建立起相互尊重、相互信任的关系是师徒制成功的重要基础。

拓展阅读　　师傅引领我前行

2000 年我刚毕业就当了班主任，同时教四年级两个班的数学。学校这样安排，一方面是要照顾老教师，另一方面也是要锻炼我们年轻人。我本来还很担心自己能否胜任这些艰巨的任务，但学校很快为我们所有新入职的老师每人安排了一位师傅，还举行了隆重的师徒结对仪式，我们为师傅敬上一杯茶，师傅给我们赠书。我的师傅是数学学科教研组长，教学能力很强，同时她的班主任管理经验也很丰富。师傅非常有耐心，我是一个不懂就问的人，她总是会竭尽全力帮助我。我接手新班，最困难的就是不会和家长沟通，家长们也对我这个新手教师充满不信任，但是在师傅的指导下，我首先做到尽心尽责地工作，对学生好，关心学生，就这样慢慢地得到了家长的认可，还和很多家长处成了朋友。而在数学教学上，我更是虚心向师傅求教，师傅认可我的好学，很乐意帮助我，给了我很多指点，我的课上得越来越好。师傅是我成长的引路人，我一辈子都感激她。

资料来源：改编自湖南长沙市某小学数学名师谈自身专业成长的访谈。

（二）学科教研组制

在我国，学科教研组制也是一种备受认可的能快速提升教师教学能力的对话机制。这种组织制度的原型是苏联的“学科教学法小组”，苏联 1947 年修订的《中小学校教学法研究工作规程》规定，小学在每年级至少有三个教师的情况下，按年级设立“各年级联合教学法小组”，教学法小组的基本任务是：系统地提高教师思想政治水平；用新的、更完善的对儿童进行教学和教育的方法去丰富教师的经验（尤其在教学方法上帮助缺少经验的新教师)；研究和宣传优秀教师与教导员的工作经验；经常给教师介绍新出版的教育学、教学法、儿童文学及通俗科学的读物；培养教师在理论问题上独立钻研的熟练技巧。[①] 受苏联教学法小组制度的影响，我国教育部在 1952 年颁发的《小学暂行规程（草案）》中提出要在小学建立类似教学法小组的“学科教学研究组”，之后又颁布了相关工作条例，进一步明确了教研组的性质是教学研究组织，不是学校行政组织，具有专业性和研究性。此后，我国各地中小学校都陆续建立了教研组。1978 年教育部修订《全日制小学暂行工作条例》，对学校教研组制度提出了原则要求，如“组织教师研究教材和教学方法，注意组织有经验的教师，帮助水平较低、经验较少的教师提高教学质量，交流教学经验”等。教研组制度在长期的实践中发展得越来越完善，教研组开展的集体备课、听评课、观摩示范课、研讨课以及其他主题研讨等活动，对教师业务上的帮助和水平上的提升起到了其他组织无法比拟的作用。

集体备课。备课是教师上课前的教学准备活动，通常包括学期教学设计、单元教学设计和课时教学设计（教案）。传统上，备课强调三备：备教材、备教法、备学生。教研组最开始的定位主要是钻研教材和教法，钻研教法也就离不开对学生学情的研究，因此事实上教研组演变到后期开展的核心活动就变成了集体备课。集体备课的基本做法是：分配主题—个人主备—集体研讨—完善教案。通常备课组长在学期初根据教材专题（或单元、章节）落实分配每位教师的主备课任务，主备教师拿出一个教学草案供大家讨论分析，包括教材分析、课时安排、教学设计和检测设计等，教研组集体研讨，对草案进行调整充实，制定出适合全组应用的教案，各位教师再结合本人和本班实际，进一步调整和修改形成自己的教案。集体备课在实施过程中，如果把握好集思广益的原则，不但能够实现以老带新的作用，而且也能充分发挥年轻教师的智慧，不断生成新的有创意的教学，所有教师都能在此过程中提升教学能力。

示范课与研讨课。教研组开展的另一类重要活动就是上示范课和研讨课，这两种课都属于公开课，即课堂教学向全体教师甚至家长开放。最初，公开课是为了给到学校实习的师范生提供课堂教学观摩，通常邀请经验丰富、教学水平高的教师进行教学示范，后来因为在职教育的兴起，这种示范就扩大到初任教师，再后来就成为同行之间进行交流学习的重要方式。作为师范性质的公开课，一开始主要是听课观摩，能让实习教师和新任教师模仿套用，快速提升他们的教学能力。但仅仅通过简单模仿不利于教师专业的长远发展，如果在听示范课之后进行评课和研讨，不仅可以更深入地理解每一个教学设计的依据，挖掘示范课的优点，同时也可能发现示范课存在的不足和问题，更科学地评估教学的实际效果，达到改进和提升的目的。因此，随着评课和研讨的加入，公开课在示范观摩功能基础上，慢慢发展成了另一种类型——研讨课，而且变得常规化，有些学校的教研组每周都会举行 1～2 次研讨课，研讨方式也更加丰富有效。每一位老师都可能成为公开课的主角，其他老师随堂听课，听完课后由教师陈述自己的教学设计、教学过程感受与反思，之后由

① 中华人民共和国教育部翻译室，北京师范大学教育学教研室翻译室．苏联普通教育法令选译．北京：人民教育出版社，1956：324-329.

听课者进行评课和研讨，在吸收各方教学建议的基础上，形成新的教案，如果有条件则再一次实施教学。由此形成了上课—听课—说课—评课—再上课的研讨课基本流程。

专题教研。除了针对课堂教学进行研讨外，一些学校还会针对教育教学中存在的问题开展一些专题研讨活动。如：语文教学中如何渗透生命教育，语文教学中如何发展学生的思维，数学教学如何生活化，等等。部分学校根据小学阶段的特点，开展了基于课程整合的主题教学改革，针对改革推进的专题研讨活动不再局限于某一学科的教研组，而是不同学科教师的共同研讨，这种在全新的挑战中进行的教学研讨和改革实践能够激发出教师的创造活力，极大地提升教师运用理论于教学以及从教学实践中升华理论的能力。

（三）名师工作室（站）

名师工作室或名师工作站是依托名师建立的教师专业学习共同体，是有效发挥名师对骨干教师、青年教师的辐射引领作用的教师教育形式，且对名师本人的成长也有促进作用。最早的名师工作室成立于2002年的上海，宝山区教育局命名了首批18个名师工作室，之后北京东城区、重庆北碚区、杭州上城区、昆明五华区等都相继尝试创办名师工作室，现在名师工作室（站）已如雨后春笋般在全国各地广泛成立。

名师工作室一般由一位名师主持人和7～10名来自不同学校的骨干教师或青年教师组成，有些名师工作室还会聘请1名高水平专家作为顾问。名师工作室引领成员快速成长的方式丰富多样：有以课题研究为纽带的共研共读活动，大多数名师工作站都会定期举办读书会，撰写读书笔记和交流读书心得；有以同课异构为核心的备课观课磨课活动，重点提升教学能力水平；有以讲述自我生命故事的成长交流活动；等等。从实际效果看，参与名师工作室的教师在名师人格魅力的感召下和出色专业引领示范下，在与成员的深度互动交流中成长得非常快，与此同时，老师们还能够把在名师工作站的所学所获尽快带回自己的学校，传达给身边有需求的老师，实现更大范围的辐射引领。

拓展阅读　　名师工作室的同课异构主题研修

课堂是每个教师成长的真正舞台，名师工作室把围绕主题的课例研修作为工作室成员提高教育教学水平的主要手段，扎实开展同课异构活动。

选定同一课题后，工作室成员分组分别备课，分别磨课观课，分别录像研讨，分别召开发布会，形成了同一课题下的不同路径的研究形式。在同课异构过程中，每个小组都经历了“前测访谈—备课—上课观课—后测评估—会议研讨—调整备课—再上课观课—再后测评估—再会议研讨……”这样一个循环往复的过程，每一步都用录像记录，并根据录像资料召开会议研讨。每个成员都深度参与其中，既是课堂展示老师，又是评课研讨专家；既是老师，又是学生；既是参与者，又是评判者，这种课例研修形式，每一个主题对每个成员都是一种真正的历练，这种脱胎换骨式的历练大大促进了教师的专业成长。

资料来源：任光升，李伟．名师工作室运行机制的探索．当代教育科学，2011（14）：31.

（四）跨界学习共同体

跨界学习共同体是一种由大学教师、专业研究人员、中小学一线教师、学校领导等来自不同活动群体的人组成的学习共同体，他们可以通过工作坊、课例研究、行动研究等一起开展相关的学习探究活动。跨界学习共同体将教师的学习从同质群体拓展到异质群体，实现了由参与学习模式到拓展学习模式的转化。因为有不同活动群体的成员加入，增加了一些新的外部视角，冲击教师的思维和行动惯性，能一定程度上改变同行交流的局面。政府和学校应积极创造条件让更多的教师有机会在跨界学习共同体中成长。

四、科学研究

通过自身的实践和与同行的合作对话，教师能够积累和丰富的经验，通过日常的反思将经验系统化，变为可以迁移的经验，这些都有助于教师专业能力的提升。而将科学研究与日常的教育教学实践相结合，则能够帮助教师更好地进行理论与实践的对话，提升教师将理论运用于解决实践问题的能力以及将实践经验升华为理论的能力，增强反思的深度和高度，使其成长为具有创造力和改革精神的新时代的教师。

研究型教师的培养应贯穿于教师的职前和职后。在职前阶段，师范生就应该学习并掌握扎实的科学研究方法，并通过见习和实习深入教育实践，发现问题和探究问题，培养良好的反思习惯和研究思维。因此，高校在师范生的课程设置、实习制度以及考核方式上都应以培养反思型、研究型教师为导向。在这方面，芬兰的教师教育实践是很好的典范，有两点特别值得我们借鉴：一是研究方法的学习贯穿于教师培养的全过程，尤其是师范生通过“做中学”的方式学习和掌握研究方法，为其理性思考打下基础；二是师范生在多阶段的实习中，不断练习在行动研究中通过观察、反思做出教学决策，调整教学方案，由此探究和解决教学中的问题。通过这样的活动不但可以培养师范生学会研究教学，更重要的是可以培养他们以研究的态度对待教学，形成研究导向的专业习惯。①

拓展阅读　　对芬兰师范生实习的观察

我曾深入芬兰坦佩雷大学附属小学进行课堂观察。学期伊始，师范生通常几人一组进行课堂观察，填写课堂观察记录，与学校授课教师进行交流。经过几个星期之后，师范生开始独立上课，上课前与班级授课教师和自己在大学的指导教师一起商定教学内容，进行教学设计。师范生实际授课时，班级教师和大学的指导教师都听课，课后对师范生进行指导，提出反思的理论框架，对课堂表现进行评价，指出不足，指明下节课的努力方向。师范生在实习期间，还要完成一项研究课题，课题主题自选，在实习期间进行研究，研究结束后进行汇报，实习学校教师和大学教师组成团队倾听汇报并给予评论。我在听该小学研究报告会时发现，其研究选题都与教师的日常教学紧密相关，如 Ipad 在写作教学中的运用、历史教学中教材插图的作用等，师范生在全科教师和大学教师的指导下，通过研究有

① 周钧，公辰．培养反思-探究型教师：芬兰研究取向教师教育探析．比较教育研究，2016，38（11）：34-35．

意识地发现问题，运用所学研究方法解决问题，进行真实的研究体验。

资料来源：张晓光. 研究取向的中小学教师职前教育探析：以芬兰为例. 教育研究，2016(10)：146.

对于师范生和在职教师，以下几种研究方法类型值得关注：教师的自我研究、教育行动研究和教育叙事探究。

（一）教师的自我研究

教师的自我研究出现于20世纪90年代前后，被认为是教师教育研究领域一个意义重大的发展。教师的自我研究不是一种具体的研究方法，而是研究方法论。阿纳斯塔西娅提出了自我研究的五大方法论要素，帮助我们理解什么是自我研究。这五大方法论要素分别是：(1) 个人情境化探究。这意味着自我研究直接来自教师课堂上的个人体验，不是研究他人的个人探究。但需要注意的是，自我研究不是只关乎自我，还涉及与之有相同教学情境的他者的研究，因此要求教师能对研究情境深入描述，以帮助他人从你的经历中再现你的课堂情境，从你的研究中获取经验。(2) 自我研究是批判性协同探究，它强调研究是人与人之间的学习、思考和认知过程，来自协作和他人的反馈意见，有助于拓展个人的理解。诤友在自我研究中是非常重要的角色，在这里指我们信任的同事，研究者向他们寻求针对研究的支持和评价，以便从不同视角来理解和重构对研究的诠释。诤友团队是一个能在智力和情感上同时给予支持和关爱的团队。(3) 自我研究提高教师学识，同时对教师行为产生影响。通过研究自己的教学，了解什么有效，什么无效，提高对教学如何影响学生学习的认识，以便于对教育实施改革。(4) 自我研究是一个透明、系统化的研究过程，要求公开、坦诚且清晰地描述如何提出问题、架构研究、回顾研究资料和重构研究者的诠释，对外界的观点、质疑和批评保持开放的态度。自我研究不仅仅是教师的独自反思。(5) 自我研究涉及知识生产和表达。自我研究不仅增长个人知识，而且拓展教育教学的基础知识，自我研究对个人、课程和学校发展都能产生广泛的影响。

自我研究属于质性研究的范畴，在研究过程和方法上有较大的灵活性，但也包含必需的研究环节，比如提出研究问题、进行研究设计、遵循研究伦理、收集资料、分析资料、撰写研究报告并发表等。自我研究的学者创建了各种自我研究方法，其中被认为具有较大价值的方法有进展档案袋式自我研究、个人史式自我研究、动态教育理论、集体式自我研究、基于艺术的自我研究、记忆式自我研究等。

（二）教育行动研究

教育行动研究是一种以教育实践者为研究主体，以改进实践为取向的研究路径、研究模式。行动研究的创始人勒温强调由人构成的世界的特殊性与实践情境的复杂性，主张社会变革的关键是社会成员的行动参与。受其思想和实践的影响，美国哥伦比亚师范学院的密尔等人最早开始关注和进行教育行动研究的实践，并在20世纪50年代形成了行动研究的第一个高潮期。70年代，英国成为行动研究的后起之秀，伦敦菲利普学院的斯滕豪斯以及后来的埃利奥特、凯米斯等都是著名的代表人物，他们最先提出“教师即研究者”的口号，认为如果没有教师亲自研究他们自己的实践，教育就不可能发生持续有效的真正意义上的变革。在实践中人们发现：行动研究不仅可以改善教学，而且也能提高实践者的适应性，提高其问题解决的技能，改善他们对专业发展与变化过程的态度。参与行动研究能够促使信心的增加和自我尊重，引发接受研究的意愿，释放从教育者转化为行动研究者所需的创造潜能。①

行动研究的先驱们提出了一些典型的行动研究模式，比较有影响的有勒温-科利模式、凯米斯模式、埃利奥特模式、埃巴特模式、米尔斯模式等，后来者都在前者提出的模式上有所改进。不管哪种模式都体现了行动研究的基本思想，这些基本思想主要包括有意义问题的界定与修正，行动方案的实施、评估与改进，循环开放螺旋上升的行动进程等。一般将行动研究概括为下述八个步骤：发现问题、分析问题、拟定计划、收集资料、分析资料、批判与修正计划、试行与验证、提交研究报告。其中，试行与验证之后要不断地收集新的资料和证据，进一步验证假设，改进现状，直到能够解决问题消除困难。在行动研究的过程中，研究者可以采用任何达成研究目标的方法，包括各种定性和定量的资料收集与分析手段，如观察、访谈、问卷、实物分析等，行动研究在具体方法的使用上保持非常开放的姿态。②

（三）教育叙事探究

教育叙事探究是质性研究中的一个重要路径，康奈利和克兰迪宁先后分别发表的《经验的故事和叙事探究》（1990 年）、《叙事探究：质的研究中的经验与故事》（2000 年）等系列研究成果标志着叙事探究成为一种教育研究方法，这种方法之后被广泛运用于教育研究领域。教育叙事探究方法兴起的意义不仅仅在于它赋予了教师言说其经历的方式以及强调教师的观点在教育研究中的重要性，更重要的是它提供了一种帮助教师面对疑难问题时进行深度反思的方法，成为有效提升教师专业能力的手段。

我国自 20 世纪 90 年代末出现“教育研究的叙事转向”以来，教育界呈现出多种叙事研究类型，这些不同的叙事研究类型在促进教师专业成长上发挥的作用不尽相同。第一种是“传记式”的教育叙事，其主体是专业研究者或者教师自己来讲述自己的教育生活故事，探究故事背后的教育理念和意义，其目的是用来指导教师自身或者为其他教师提供可借鉴的实践性知识，这种类型的教育叙事不自觉地持有一种客观主义的立场。作为“教育自传（他传）”，教师在讲述自己的故事时有可能产生“自我反思”“自我唤醒”的效应，但这种反思或唤醒如果不借助特定的方式很难走向深入。而这一不足恰恰是我们要介绍的第二种教育叙事类型的优点，即康奈利和克兰迪宁所倡导的叙事探究，二人将叙事探究界定为一种理解和研究经验的方式，是研究者和参与者在某一段时间内，在一个或一系列地点，与周围环境进行社会性互动的合作。这种叙事探究是生活、讲述、重新生活和重新讲述那些经验故事的过程。克兰迪宁以杜威的实用主义哲学特别是其经验观为基础，认为叙事探究的理想性目标不是生成独立于其知者的、对现实唯一忠实的表达，而是生成一种人与其环境（生活、社区、世界）之间新的关系。关系性思维是叙事探究思维的重要部分，

① PARSONS R D. 反思型教师与行动研究. 郑丹丹，译. 北京：中国轻工业出版社，2005：3-6.

② 杨小微. 教育研究的理论与方法. 北京：北京师范大学出版社，2008：217.

叙事探究是对处于关系中的人的研究。[①]“三维生活空间”（时间、社会、地点）被作为叙事探究的概念框架，借助于这种关系性思维，叙事探究完成了对生命故事的重新谱写，也为故事的讲述者打开了一扇重新生活的窗。我们称第三种为叙事行动研究，这种类型的叙事探究承袭了康奈利和克兰迪宁等人的思想，坚持以实用主义哲学为基础，将关系性探究作为核心，但在此基础上加入了行动研究的要素，强调研究者面临疑题时，采取行动干预并保持对行动的回话，在此过程中解决疑题或者达成对经验故事的多视角理解，解除困扰并实现自身的专业成长。国内的陈向明等学者倡导并实践了这种叙事探究类型，在2019—2020年北京德育研究院举办的叙事行动研究工作坊中，20多位小学老师经过一年的学习，不仅撰写了主题鲜明、故事生动、反思深入的叙事探究报告，也不同程度地实现了心智、认知、能力等多方面的专业成长。

上述介绍的几种研究路径，其共同之处都在于强调教师在实践过程中的反思，但这种反思借助于科学的研究方法，比如强调对证据资料的科学收集与分析，运用系统、复杂思维等建构问题的多元诠释框架与解决路径等。教师通过开展这种与教育教学实践紧密结合的研究，不仅能提升理论思维素养，更能提升自身的创造性和行动力。

第四节　小学教师专业能力发展的条件保障

小学教师专业能力的发展建立在实践、反思、研究以及学习共同体合作交流的基础上，需要大学、小学和相关教育管理部门为此提供相应的条件保障。目前制约我国小学教师专业能力提升的主要因素是教师教育体系呈现的割裂、分离状态：职前、职后教育的分离，理论学习与实践训练的分离，教师指导者（学科和专业教师）间的分离，教学、教研、培训的分离，等等。为了改变这些分离割裂的状态，创造有利于教师专业能力发展的环境和保障条件，可以考虑从以下几个方面着手。

一、加强教师指导者团队建设

教师指导者包括负责职前教育阶段指导师范生的大学教师、职后教育阶段小学中负责初任教师指导的师傅、名师工作室（站）中培养骨干教师和年轻教师的名师、各类教师发展中心的教师培训者等。这些不同类型的教师指导者担负着促进教师职业能力发展的重任，但是目前却存在两个突出的问题：一是理论知识与实践知识脱节的现象依然严重。相当数量的承担着师范生教育的大学教师常年不去中小学教学一线，不了解学校开展的轰轰烈烈的各类教育改革，无法将鲜活的教学实例引入课堂教学，进而无法帮助师范生积累丰富实践案例，提升师范生反思和解决实际教育问题的能力。而一线工作的小学教师同样存在问题：在各类教师培训中，专家教授们介绍的教育理论过于抽象、高深，和学校实际问

① 克兰迪宁．进行叙事探究．徐泉，李易，等译．重庆：重庆大学出版社，2015：7，16.

题缺乏关联，因而无法产生相应的理论兴趣，理论素养的提升也出现瓶颈。二是缺乏交流的平台，不同类型的教师指导者缺乏沟通，在师范生和在职教师的指导上各自为政，降低了指导的成效。

为了改变现状，可以考虑采取下述措施：一是建立整合了高校学科教师、教育专业教师、中小学名师、信息教育专家的教师指导者团队，建立定期的交流研讨制度。二是在师范生的培养和初任教师的指导上建立大学教师和小学教师合作指导制度。初任教师的“师徒制”可以采取“双导师制”。三是建立大学教师和小学教师双向交流制度，大学教师应该分批分段进入小学蹲点，优秀的小学教师也可以进驻大学担任师范生的校外导师，并与大学教师合作为师范生开设一些实践性课程。

二、培育崇尚反思的学校文化

一所学校如果能够使自己的教师在专业能力上得到快速提升和成长，那它一定是崇尚反思、推崇探究的学校，因为只有在这样的文化氛围中，教师们才可能是不安于现状、积极向上充满活力的。具有反思探究文化的学校，教职员工会形成一个基本的共识：反思探究是教育过程中一个必不可少的环节，是非常有意义和价值的，是推动学校前行的重要内驱力。要在学校中培育反思探究的文化，需要创造一些基本的条件。首先，要时刻保护和重视师生的好奇心，乐于尝试新观念、新举措，并对不可预见、意想不到的事情保持开放的心态。其次，学校的领导层应该具备民主、开放、包容的气质，能够与教师们分享愿景、激发热情，还能和教师们建立合作的伙伴关系。有些学校每周都定期举办领导和教师代表共同参与的反思研讨活动，并积极吸纳对学校有价值的建议，长久坚持就会将这种反思的传统习惯渗透到学校生活的方方面面。然后，学校可以经常性地邀请外来专家、兄弟学校的老师以及本校老师、学生以一种平等的身份一起投身于有实质意义的课程教学改革专题的探究活动。最后，学校还可以定期组织教师外出考察学习交流，为学校引入新鲜的思想和文化，激发教师们的改革热情。总之，反思探究文化的培育需要全员的参与、时间的积淀，这种文化一旦形成，对教师专业成长的促进作用是不可估量的。

三、建立鼓励合作的晋升机制

在小学，教师之间的合作对于教师自身专业能力的发展具有重要意义，每位教师都有各自的优点，也必定存在某些不足，教师们需要在师傅的带领下，在专业学习共同体中得到锻炼和提升。但我国目前的学校体制过于强调竞争文化，比如设置名目繁多的竞赛和奖项，且这些奖项成绩与教师的薪酬待遇和职称晋升密切挂钩，为了鼓励教师从事教学科研，教师的职务职称晋升还与论文发表和课题挂钩。不管是奖项还是论文发表，在目前的社会环境中都属于稀缺资源，上述做法容易引发教师之间的矛盾和相互排斥的心态，直接影响教师之间的和谐合作。从对芬兰的考察中可以发现，其成功的教师教育与其强调合作的教师文化直接相关。芬兰教师的薪酬待遇高且非常稳定，芬兰教师在达到一定资历后就能够直接实现晋升。政府对学校和教师没有不必要的考核，对学校和教师的工作报以完全的信任态度，相信他们可以提供高质量的教育。因此，我国政府部门可以借鉴芬兰成功的经验，建立鼓励合作的晋升机制，给予教师充分的信任，让教师们能拥有一个更和谐的生存环境。当然，我们也要关注一个前提，要严把教师入职关，特别是严格把控师范生的选拔和培养环节，从而保障教师队伍的纯洁性和高水准。

四、赋予教师充分的自主权

教师需要在教育实践中发现问题、反思问题、研究问题，而且还要能将教学与研究结合起来，在教学中研究，也要能将研究的结果运用于教学。这里需要解决两个前提性问题，即教师在多大程度上能够将自己的研究成果，特别是将自己的构想运用于教学实践；教师是否被赋予了充分的自主权去尝试自己想要的课程教学改革。对上述问题的回答无疑将直接影响教师投身于实质性的教学科研的兴趣和热情。如果教育部门和学校能够赋予教师对自身的课程教学更多的自主决策权，无疑将会极大提升教师的能动性和创造性。

具体来说，首先，要在教什么、怎么教、用什么样的教科书和教材上给予教师一定的自主权，政府部门可以给出国家核心课程的纲要，但纲要应该只是起一个框架性的作用，在具体的内容选择和教法选择上教师可以根据学生的实际情况进行决策。其次，政府部门和学校应该取消对学生的各种评比和排名，只有这样才可能不会因一些过于标准化的指标将教师束缚在应试的内容上，也才不会因一些标准化的考试和答案扼杀学生的创造性。美国著名的教育专家达科沃斯认为儿童智力发展的实质是其精彩观念的诞生："如果教师觉得他们的班级必须像教科书所说的那样做事情，并且他们作为教师的优异程度依赖于此，那么，他们是不可能接受儿童思维的发散性和创造性的。"① 可以说，儿童的成长与教师的成长是相互促进的。

除了上面提到的几个方面的条件，大学还应该改革现行的师范生实习制度，增加师范生见习、实习时间，为师范生将反思训练、课题研究与课程学习、教育实习相结合创造条件。此外，充足的经费保障也是必不可少的，这可以为师范生的实习和课题研究以及指导教师的全力投入提供保障。

【探究运用】

- **小组交流**

有人批评当前教育部门和各级学校举办的竞赛活动太多，妨碍了教师的日常教学活动，也不利于教师在真实教育教学情境中提升专业能力。请与你的小组同伴交流：应如何看待参与教育教学竞赛活动对提升教师专业能力的作用？教育行政管理部门在组织竞赛活动中应该遵循一些怎样的原则才能更好地促进教师专业能力提升？

① 达科沃斯．精彩观念的诞生：达科沃斯教学论文集．张华，等译．北京：高等教育出版社，2005：13.

- **推荐文献**

1. REAGAN T G, CASE C W, BRUBACHER J W. 成为反思型教师. 沈文钦, 译. 北京：中国轻工业出版社，2005.

2. 萨马拉斯. 教师的自我研究. 范晓慧，译. 重庆：重庆大学出版社，2015.

- **自我评价**

第四章　小学教师专业能力的发展			
通过本章学习，我有如下新的收获：			
1.	☺	Θ	☹
2.	☺	Θ	☹
3.	☺	Θ	☹
通过本章学习，我还需要复习如下内容：			
1.	☺	Θ	☹
2.	☺	Θ	☹
3.	☺	Θ	☹
通过本章学习，我还有一些新的反思：			

说明：
☺表示“我能够完全理解该内容，并在小组讨论中能表达清楚”。
Θ表示“我能够完全理解该内容，但较难向他人表达清楚”。
☹表示“我不能够完全理解该内容”。

第五章

小学教师专业情感的发展

本章导读

本章将介绍小学教师专业情感的发展。首先，基于当代教育对人的情感素养的关注，介绍国际国内教师专业发展对教师情感素养的关注点和要求。其次，将从概念、结构要素、主要特点等方面介绍小学教师专业情感的基本知识。再次，聚焦教师情感素养的提升，介绍小学教师专业情感的发展路径。最后，具体介绍小学教师专业情感在教育教学环境中的支持条件。

学习目标

- 认识当前国际、国内小学教师专业发展对情感素养关注的基本趋向，理解教师专业情感的政策、理论和实践背景。
- 基于教师专业发展的需求，了解小学教师专业情感的概念和基本结构，理解小学教师专业情感的主要特点和价值。
- 了解小学教师专业情感的发展路径，思考并探索如何提升自身的情感素养。
- 了解小学教师专业情感在教育教学环境中的支持条件。

第一节　教师专业情感概述

20 世纪以来，国际教育在人文主义教育观的影响下，不断反思现代教育在社会技术发展和工具理性影响下的缺失，开始关注人的情感态度和价值观层面的发展。这也成为越来越多国家和地区教育政策以及课程改革的一个重要方面。在我国，自 20 世纪 80 年代以来，教育理论和实践不断反思和探讨唯科学主义、功利主义对学校教育的影响，90 年代中期以后从国家层面不断推进素质教育，21 世纪以来的课程改革更在目标层面凸显人的情感、态度和价值观。在这样的教育发展背景下，教师专业发展和教师教育面临更多的挑战和要求，其中，教师的情感素养被纳入教师专业发展的范畴，教师专业情感的发展成为教师专业发展的重要方面。

一、当代国际教师专业发展对情感素养的关注

在国际层面，无论是像联合国教科文组织一样的国际组织，还是一些西方国家，都将教师的专业化发展视为改善教育质量的重要力量，而对教师专业发展的关注，凸显出对教师情感素养方面的要求。

（一）联合国教科文组织对教师情感素养的关注

20 世纪以来，联合国教科文组织在国际范围内倡导人文主义的教育观念，不断推进全民教育运动、终身教育和国际理解等。其中，1996 年的《德洛尔报告》提出“终身学习”的观念，认为人的未来发展的四个重要支柱是学会求知、学会做事、学会共处和学会做人。教育的关注点正发生变化，相对于面向书本的知识习得，如今更加强调面向开放世界、与他人互动中的学习态度与学习能力，如求知欲、探索欲的激发，认知能力的发展以及能够与他人相处、在活动中合作、融入所处环境并能影响环境的能力等。这给传统的知识传递的教师定位和教师教育带来了挑战。

拓展阅读

自中小学开始，教育就应致力于迎接这些新的挑战：参与发展，帮助每个人理解并在某种程度上掌握国际化这一现象，促进社会团结。教师在培养积极的或消极的学习态度上也起着决定性的作用。他们应激发好奇心，培养自主能力，鼓励思考的严谨性，并为正规教育和继续教育的成功创造必要的条件。教师作为变革的因素，在促进相互理解和宽容方面，其作用的重要性从未像今日这样不容置疑。这种作用在 21 世纪将更有决定意义。

……

我们无论怎样强调教学质量亦即教师质量的重要性都不会过分。学生的学习态度以及对自己的想象，在基础的早期阶段即基本形成。在此阶段，教师起着决定性的作用。学生要克服的障碍——贫困、困难的社会环境、身体残疾——愈是繁重，对教师的要求就愈多。教师为有效对付这一切，只能展示极为多样的教学才能以及表现出不仅是权威的，而且也是情感同化、耐心和谦虚等人文品质。如果一个儿童或成年人遇到的第一位老师是一位未经过充分培养且缺乏积极性的老师，那么他们未来进行学习的基础就缺乏坚固性。

资料来源：联合国教科文组织．教育：财富蕴藏其中．联合国教科文组织总部中文科，译．北京：教育科学出版社，1996：134-139.

面向国际化、面向未来的教师专业发展诉求，表达了对教师情感素养的关注。联合国教科文组织在 2015 年的报告《反思教育：向“全球共同利益”的理念转变》中更明确地指出：“教师需要接受培训，学会促进学习、理解多样性、做到包容、培养与他人共处的

能力以及保护和改善环境的能力。教师必须营造尊重他人和安全的课堂环境，鼓励自尊和自主，并且运用多种多样的教学和辅导策略。教师必须与家长和社区进行有效的沟通。教师应与其他教师展开团队合作，维护学校的整体利益。”①

（二）西方主要国家教师教育对教师情感素养的关注

美国在20世纪六七十年代兴起了情感教育，开始重视教师的情感人文素质，80年代曾提过情感师范教育、人文师范教育的教育改革思想和探索。后来随着“社会-情感教育”的不断发展，关注培养学生反思能力、灵活解决问题能力、创造性学习能力的同时也对教师的情感素养提出要求，例如：强调教师要能够创设安全并能进行积极反应的学习环境，能建立学校-家庭-社区间的合作共同体。此外，美国自20世纪80年代兴起的关怀伦理及其教育理论，强调学校要培养“懂得关怀的儿童”，教师首先要成为一个关怀者，关注学生的真实需要并做出相应的支持行为。

在俄罗斯的教育传统中，教师的情感人文素质一直备受重视。21世纪初，俄罗斯制定并实施了旨在促进师范教育转型的现代化战略，颁布了多个发展纲要。在其促进“师范教育根本现代化”的举措中，一个重要方面是“创新人才培养模式，突出师范教育的人文性、专业性和实践性取向”，师范教育通过增加人文课程和实践环节的比重来提高师范教育质量，例如制定关于大学生教育实践的条例，培养学生教学、德育、组织实施、设计、心理咨询和交际创新的能力；初等学校教师培养除主要课程外，还要按照音乐、美术、戏剧、技术、应用和民间创作方向选择至少1～2个专业。②

日本在21世纪的教师教育政策方向上也有明显的转变，提出了以“提高教师的素质能力”为目标的政策，在《面向新时代改革教师教育方针和策略》中提及“新时代所需求的教师素质能力”的具体方案。如“对教师职业的使命感、热爱、自豪感”以及以此为基础的知识技能被认为是教师必须具备的任何时代都要求的素质能力，此外还有当今社会所需的诸如全球视野、适应社会变化等能力。近年来，在教育实践领域，教师教育的“教育类的课程”比例越来越大，其中也突显出培养师范生“实践指导力”和“使命感”的趋向，例如教育实习的时间被延长，启动了让大学生与社区儿童一起活动的“友谊事业”，一些大学还将其编入课程。

二、中国小学教师专业发展对情感素养的要求

（一）中国教育理论研究对教师情感素养的关注

20世纪80年代以来，我国关于教师情感素养的研究一直持续不断，总体来看，呈现出不同的研究特点。一类研究大多遵循心理学的理论基础，将情感视为教师个人的内心体验，采用心理动力学的方法论，通过标准化的量表来分析教师的压力、倦怠等情感心理状况。第

① 联合国教科文组织. 反思教育：向“全球共同利益”的理念转变. 联合国教科文组织总部中文科，译. 北京：教育科学出版社，2017：47.

② 杜岩岩，朱小蔓. 俄罗斯师范教育政策调整的动因、策略与措施. 教育研究，2009（3）：68.

二类是研究者应用社会学的理论与方法，认为教师情感是社会文化的产物，在学校和课堂环境下的社会互动中构建而成，具有社会属性、情境属性和文化属性。这方面的研究强调人的情感受到社会规范、文化习俗和人际互动中语言实践的共同作用，一些概念诸如“情感规则”“情感劳动”“表层行为”“深层行为”等组成现代社会学中“情感”研究的概念框架，并在教师情感研究领域得到广泛应用。还有一些学者借鉴了女性主义和后结构主义的观点或互动论的理念来审视教师情感，不再将情感局限于单一的个体心理现象或社会文化产物取向，尝试超越二者之间的界限，强调教师情感在个人层面、人际层面以及其他元素之间的互动关系。此外，教师情感研究的理论视角不断横向拓展，例如，有学者以生态系统模式为理论框架，探究教师在各层次生态系统中的情感体验以及内外部系统之间的互动作用。①

在理论研究中，一些学者对教师情感素养的学术研究影响较大。如朱小蔓教授是我国当代情感教育研究的开拓者、奠基者。她自20世纪90年代中期就提倡在我国师范教育体系中创建有中国特色的情感师范教育，并提出了较为具体的操作思路。随后，她又提出教师的“情感人文素质”这一概念，以情感的视角更为广泛地探讨教师的专业发展。

拓展阅读　　关于情感师范教育的操作思路

建立情感师范教育既有办学体制、制度、规划、招生改革、课程设置、教材更新、师资培训方面的硬件建设，又有办学思想、价值观念、校园文化气氛等方面的软件建设，它们都必须围绕情感师范教育的具体目标来进行。

情感师范教育的目标可以分解为两个主要方面。

其一，强调师范生本人的价值观、人生态度和个性气质应有以下特征：

（1）着重精神文化价值，尊重知识，乐于做传播人类精神文化财富的工作。

（2）有积极的自我观念，能以积极的态度正视自己。

（3）有广博的、增进的及过程导向的理想、志向与个人兴趣。

（4）能以善意、信任、友谊等态度对待他人。

（5）具有自我坦露及喜诚、率直的人格特点。

（6）善于了解别人的知觉情绪、愿望，分享其情感并进一步依此来引导其行为之参照结构（the primary frame of referenee）。

概括说来，情感师范教育注重培养未来的教师应当充满教育爱，具有温情、理解、接纳之态度，积极之自我观念，善于了解并导向学生之价值等思想人格素质。

其二，强调师范生有情感交往的能力与技巧，具体表现为：

（1）善于观察识别学生的情绪反应，要恰当地对这些情绪做出应答。

（2）善于倾听学生的情绪表达，灵活地处置其情绪宣泄。

（3）能够自然地与学生平等相处，进行情感交流。

（4）善于用语言、体态、手势等鼓动和激起学生的积极情感，引导学生的情感方向和情绪强度。

① 胡亚琳，王蔷．教师情感研究综述：概念、理论视角与研究主题．外语界，2014（1）：42.

(5) 用语上与有关交往模式相匹配，善用鼓励性语言，慎用惩罚性语言。

(6) 善于营造良好积极的情感氛围，并用幽默机智调节情感气氛。

(7) 能够初步诊断学生的情感病症，并给予初步的教育治疗。

卢家楣教授从心理学角度研究教学过程中的种种情感表现，探讨"情感性教学"，他发展和扩展了情绪心理学在教学中的应用，其团队通过问卷调研、实验室实验、现场干预实验，对中小学班主任情感素质进行了深入的研究，提出中小学班主任情感素质包括道德情感、理智情感、审美情感、人际情感、生活情感、情感能力等六大维度和十九种情感。

资料来源：朱小蔓. 创建情感师范教育. 江苏高教，1994 (3)：41；卢家楣，贺雯，刘伟，等. 中学教师在教学中运用情感因素的情况调查. 教育研究，2001 (8)：34-39.

(二) 中国教育政策对小学教师情感素养的要求

20 世纪 90 年代中期以来，我国在国家层面大力推进素质教育，重视人的思想道德素质、能力培养、个性发展、身体健康和心理健康等，其中隐含着对教师情感素养的要求，教师不再仅仅是知识的传递者。2001 年开启的第八轮基础教育课程改革，将知识与技能、过程与方法、情感态度与价值观定为课程的"三维目标"，人的情感态度的发展成为育人目标的重要方面，每一门课程的标准中都基于课程特点明确规定了相应目标，对人的情感层面的关注进入教师教学的内容层面。

2011 年教育部颁布的《小学教师专业标准（试行）》中进一步强调了教师情感素养方面的内容，例如"师德为先"明确规定小学教师要"热爱小学教育事业，具有职业理想……关爱小学生，尊重小学生人格，富有爱心、责任心、耐心和细心"，在具体内容要求中，多个条目明确体现着情感素养的要求（见表 5-1）。

表 5-1　《小学教师专业标准（试行）》基本内容中的情感素养要求

维度	领域	基本要求
专业理念与师德	(一) 职业理解与认识	2. 理解小学教育工作的意义，热爱小学教育事业，具有职业理想和敬业精神。 3. 认同小学教师的专业性和独特性，注重自身专业发展。 5. 具有团队合作精神，积极开展协作与交流。
	(二) 对小学生的态度与行为	6. 关爱小学生，重视小学生身心健康，将保护小学生生命安全放在首位。 8. 信任小学生，尊重个体差异，主动了解和满足有益于小学生身心发展的不同需求。 9. 积极创造条件，让小学生拥有快乐的学校生活。
	(三) 教育教学的态度与行为	12. 引导小学生体验学习乐趣，保护小学生的求知欲和好奇心，培养小学生的广泛兴趣、动手能力和探究精神。
	(四) 个人修养与行为	15. 富有爱心、责任心、耐心和细心。 16. 乐观向上、热情开朗、有亲和力。 17. 善于自我调节情绪，保持平和心态。

续表

维度	领域	基本要求
专业能力	（十）组织与实施	40. 建立良好的师生关系，帮助小学生建立良好的同伴关系。 41. 创设适宜的教学情境，根据小学生的反应及时调整教学活动。 42. 调动小学生学习积极性，结合小学生已有的知识和经验激发学习兴趣。 47. 妥善应对突发事件。 48. 鉴别小学生行为和思想动向，用科学的方法防止和有效矫正不良行为。
	（十一）激励与评价	49. 对小学生日常表现进行观察与判断，发现和赏识每一个小学生的点滴进步。
	（十二）沟通与合作	53. 使用符合小学生特点的语言进行教育教学工作。 54. 善于倾听，和蔼可亲，与小学生进行有效沟通。 55. 与同事合作交流，分享经验和资源，共同发展。 56. 与家长进行有效沟通合作，共同促进小学生发展。 57. 协助小学与社区建立合作互助的良好关系。

（三）中国实践探索对小学教师专业情感的要求

在素质教育的推动下，我国当代小学教育实践中不断涌现鲜活的实践模式，其中包含着不少以情动体验为基础，以情感-态度系统为核心，以情感与认识相互影响、促进而发展为过程，从情感素质层面支持人的整体发展的教育模式。例如南通师范二附小的情境教育模式、无锡师范附小的乐学教育模式、南京行知小学的欣赏教育模式、江苏丹阳师范附小的情智教学模式、四川大邑北街小学的情趣教育模式等。这些实践模式的成功离不开教师情感素养的发展和教育支持（见表 5－2）。

表 5－2　国内小学实践模式及其教师情感素养的体现

小学实践模式	教师情感素养的体现
无锡师范附小的乐学教育	教师爱学习、乐于学习的情感，儿童快乐学习。
上海闸北六中的成功教育	教师善于鼓励，使后进学生发生积小步为大步的改变。
南通师范二附小的情境教育	设置多样化情境引发积极学习的情感，促使智德相容。
南京行知小学的欣赏教育	教师耐心与胸怀，欣赏儿童、静待花开。
江苏丹阳师范附小的情智教学	教师以情智相融的智慧提高教学质量。
四川大邑北街小学的情趣教育	教师以情致趣，关注学生的学习兴趣、情趣爱好，践行情趣课堂模式，引领情趣发展。

此外，在教育实践领域还存在着以项目为依托的合作研究和实践探索。例如，2015年北京师范大学与香港田家炳基金会合作，推进了“全球化背景下的道德人培养——教师

情感表达与师生关系建构”项目，项目包含两所种子学校（北京中学、南通田家炳中学）以及多所过程参与学校（如中关村四小、大邑北街小学等），该项目致力于关注、观察教师在教育教学过程中的情感表达，探索建立良好的师生情感应答关系对学生发展的影响。

第二节　小学教师专业情感的结构与特点

人的情感是一个发展的连续体，它关联着人生理层面的情绪、社会层面的情感和精神层面的情操，可以说，情感是人的整体生命的一种表征。因此，从教师专业发展的角度来看，将情感素养的提升视为教师专业发展的重要方面，并不意味着它只是专业素养的某个内容或可以割裂看待的一个部分，而是教师专业素养（整体）的一种表征，即通过对某位教师情感素养的观察和判断，可以认识和推断这位教师在教育教学中的专业状态。

一、小学教师专业情感的概念认识

（一）情感与教师情感

关于情感，不同的学者从不同视角有不同的界定。有的学者基于生物学视角，提出了情感演化理论，认为情感是人类固有的生理模式，是适应环境的结果。有学者从社会学的视角出发，将情感定义为一种复杂过程，涵盖评价、主观体验、生理变化、感情表达和行为趋向五大因素。“情感”既指主观层面的体验与表现，即外在的行为表现，也指心理特征；既可以看作静止状态，又可以看作动态的变化过程。在《心理学大辞典》中，“情感”被界定为“人对客观事物是否满足自己的需要而产生的态度体验”。在西方哲学的理性主义中，情感往往被认为是一种非理性。这种认识在现代受到挑战，如德国哲学家伽达默尔认为情感不是非理性，只是一种非逻辑理性，基于这种观点，人的情感也表征着人对世界的认识和把握。我国当代教育家朱小蔓基于学者们已有的认识，认为人的情感是标志人的情感发展的连续体，包含着人的情绪基调、情绪表达方式、情趣爱好、情感体验性质与水平、价值倾向乃至于人格特征、精神情操等。这里的“情感”可以视为是英文“affectivity”、“emotion”与“feeling”的总和，包含人的行为表现和身体感觉两个方面的状态。“feeling”强调内心感受，有些感受是短的，有些感受反复出现并且要反思体验。“emotion”一般伴随生理反应，有外在表现。“affectivity”则是一个复合词，这个词不仅包含外部表现、内在体验，还包含情绪、情感在其中起着明显作用的一些范畴，如内驱力、动机、自我评价、个人由于自我评价而构成的在情境中的特定反应等。①

基于此，教师情感可以视为由教师的自然性情、生活经历（包含职业经历）中正负面情感经历积淀而成的情感性素质，它包含教师的情绪基调、情绪表达方式、情趣爱好、情感体验性质与水平、价值倾向以及人格特征、精神情操等。换言之，它不是教师生命的某

---

① 朱小蔓．情感教育论纲．3版．南京：南京师范大学出版社，2019：196.

个方面，而是教师整体生命的一种情感性的表征。教师情感既与个体的先天禀赋、自我意识有关，也与个体在社会交往中的人际互动、关系处理相关，它在应对内外部交往事件时表现为教师的情感能力。

（二）教师情感与教师专业情感

总体来看，“教师情感”的概念既包含着教师个体的情感领域，也包含着教师群体的情感特征，前者是个体化的、多元的、零散的，而后者是群体性的、规范性的。例如，一个人是有爱心的、喜爱儿童的，她的个体情感中含有亲近学生、关爱学生的特质，可以认为这样的人更适合当教师，但不能因此认定她有了教师的专业情感。对此，日本学者曾指出：“教师工作与情感相关主要包括两个方面：一是理解学生们的发言或行动中所包含的情感；二是教师作为专家能够控制自己的情感，不被情感所左右，能够在不同场景中有意识地表达情感，并根据情感来调整与学生的距离，从而做出专家的行为。”① 可以认为，教师的专业情感体现着教师职业身份的专业化要求，需要经过专门的教育和培训学习而形成，并在职场中不断发展。

（三）小学教师专业情感

小学教育是早期基础教育，它既不是以专门化的学科知识传递为主，也不是为了升学“选拔”或为某种职业做准备，而是以促进小学儿童生命健康发展为目的的综合性教育。因此，小学教育具有基础性、生活性、经验性、教学复杂性等特点，它更侧重于儿童的生活经验、生活常识教育，更多的是借助一些生活事件、学科知识、生活常识来培养儿童良好的行为习惯、学习习惯和品德。因此，小学阶段的教师不仅需要了解小学儿童的身心发展特点，更要明白其专业情感的特殊性，即更强调对儿童的关爱，能敏锐地察觉到儿童情绪情感，持对儿童发展的多种可能性的信念和对儿童个体差异的包容态度以及自身情感的积极和丰富，对知识领域和生活世界的开放态度，能在多种教育关系中建立积极的情感应答，等等。要满足这些方面的要求不能仅仅依靠教师个人的自然性情，还需要有专业化的师范课程学习和教育实习指导以及专业化的职后培训。

二、小学教师专业情感的基本结构

小学教师专业情感是小学教师素质的内在支撑性条件。那么，如何把握教师的专业情感呢？朱小蔓教授曾将其描述为一个由以教育爱为核心的教育价值观、教育思维方式、教育行为技艺以及教育风格类型等组成的综合体。基于这一认识，小学教师的专业情感的基本结构就是由教育价值观及其影响的教育思维方式、外显的教育行为技艺和最终形成的具有个体特征的教育风格类型（见图 5 - 1）。

一般来说，人们可以通过一个教师长期较稳定的、风格化的教育语言、行为，窥见他的教育思维方式，看到他的教育关注点，认识他的教育价值观，了解他的教育理想和信念。教师的这些方面是以浓厚的情感性而不是认知性做表征，它们不是彼此割裂的，而是

① 秋田喜代美，佐藤学. 新时代的教师. 陈静静，译. 北京：教育科学出版社，2013：11.

一个有着内在关联的整体。

图 5-1　小学教师专业情感的基本结构

（一）教师以教育爱为核心的教育价值观

教育价值观是教师在教育教学活动中对学生的主体认识以及对自身教学的认识，它直接影响着教师的教育觉知和判断。教师的教育价值观是教师个体化的、独特的观念，但它也是职业认同、职业信念、职业理想的个体化体现，它具有显著的情感性以及情感所包含的价值指向性，因此它会影响教师的评价和选择。

鲁迅曾说教育是植根于爱的。作为一名小学教师，最根本也最重要的是要有一颗爱心。在小学阶段，教育爱是教师专业情感的教育价值观的核心。教育爱是一种内蕴丰富、淳厚的具有道德价值取向的复合性素质，教育爱是人性美善之爱、职业道德之爱、公民责任之爱等的集合。例如教师在日常教学过程中面对全体学生，不分家庭、不分性别、不分贫富、不分学习成绩，对每一位学生都是爱护的、关心的、平等的。教育爱还表现为教师要发自内心地认可、热爱并执着于自己所从事的职业。

（二）教师的教育思维方式

教育思维方式一般是指教师从事教育工作所特有的思维方式。在教育生活中，不同的教师因教育价值观念的差异，在教育互动中的关注点不同、在教育关系中的需要不同，这会通过不同的思维特点体现出来。比如相信儿童、等待儿童的教师会有更多的理解和包容，其面对儿童的成长时的教育思维可能具有非连续性、非控制性的特征；相反，急功近利的教师更关注显性效果，教育思维方式体现出更多的连续性、控制性等特征。

从教师的专业情感来看，教师的教育思维方式与教师的情感人格有着内在的、必然的联系。教育爱需要教师的思维方式具有弹性、不绝对化，既要求教师思维的逻辑性、严谨性、连续性、控制性等，又要求教师思维的幻化性、浪漫性、非连续性、非控制性等。

（三）教师教育行为技艺

教师的教育行为是内在观念和教育思维的外显表达，它体现了教师的情感倾向、情感品质和价值选择。教师的教育行为是多种多样的，从教师专业情感来看，它要求教师的教育行为不是随意的，而是经过专业训练，要体现一定的教育艺术和技术，其中包含着对自己、对学生、对同事等各类对象的情感和技术。例如指向自身，教师要能识别、认识自己的情绪、脾性和趣味等；在具体教育情境中，能够及时地觉察、反思自身的情绪情感状态，善于表达和控制自己的情绪，能够以积极的情绪基调面对生活，遇到挑战或困境能自我激励等。

朱小蔓教授认为教师教育行为技艺上的情感品质和情感能力主要来源于三个条件。一是教师自身情感世界及其情感经验的丰富性，这有助于教师发现和重视学生的情感经验并且帮助其分析、认识情感经验。二是教师的教育技艺往往反映教师的自我监控水平，即根据学生即时即景的情感表现状态，随时灵活调整、运用各种教育、教学手段的能力。三是教师自身的语言修养，包括词汇的丰富性、用词的准确性，修辞手段、体态语言的使用等。①

（四）教师的教育风格类型

具有内质性的情感素养在不同教师个体上显现的风格和类型不尽相同。总体来看，教师的教育风格类型可以分为自然型和表现型。其中，自然型又可以划分为含蓄型、沉稳型、温柔型、强烈型，表现型又可以分为故事型、诗歌型、哲理型等。不同类型和风格适用于不同年龄的受教育对象、不同人格类型的学生，甚至是不同的教育场景。② 教师要对自己的教育风格有悦纳之心，有意识地促使自身不断进步、完善。

三、小学教师专业情感的主要特点

（一）小学教师专业情感的情理性

教师的专业情感不完全是感性的、非理性的，它是情理交融的，具有情理性。在具体的教育情境中，它可能会表现为教师基于长期教育经验积累形成的某种教育直觉和自动反应，也可能是教师理智思考后具体情感倾向的某种价值选择。如下文的拓展阅读中，陶行知先生的四颗糖的故事就反映出教师专业情感的情理性，用泥块砸同学的男生没有受到训斥或严厉的惩罚，反而被陶行知奖励了糖，这里可以看到的是教师的仁爱、基于信任和期待的具有教育性的宽容，而不是一概而论的惩罚教育。

拓展阅读　　陶行知先生的四颗糖

有一个男生用泥块砸自己班上的男生，被校长陶行知发现制止后，命令他放学时到校长室去。放学后，陶行知来到校长室，男生早已等着挨训了。可是陶行知却笑着掏出一颗糖果送给他，说："这是奖给你的，因为你按时来到这里，而我却迟到了。"男生接过糖果。随后陶行知高兴地又掏出第二颗糖果放到他的手里，说："这是奖励你的，因为我不让你打人时，你立即住手了，这说明你很尊重我，我应该奖你。"男生惊讶地看着陶

①② 朱小蔓．教育的问题与挑战：思想的回应．南京：南京师范大学出版社，1999：358.

行知。这时陶行知又掏出第三颗糖果塞到男生手里，说："我调查过了，你用泥块砸那些男生，是因为他们欺负女生；你砸他们说明你很正直善良，且有跟坏人做斗争的勇气，应该奖励你啊！"男生感动极了，他流着眼泪后悔地喊道："陶校长，我错了，我砸的不是坏人，而是同学……"陶行知满意地笑了，他随即掏出第四颗糖果递过来，说："为你正确地认识到自己的错误，我再奖给你一颗糖果，我没有多的糖果了，我们的谈话也可以结束了。"

（二）小学教师专业情感的利他性

教育爱是教师专业情感的核心，它指向学生、社会和国家，具有利他性。爱是一种主动给予的情感，教育为社会和国家培养人才，同时也要培养人的健全人格。教师的专业情感不是狭隘的个人情感，它包含职业认同、职业使命和责任并且具有道德意涵，教师的职业幸福感也是基于这种利他性的实现而获得的。

（三）小学教师专业情感的教育性

教师情感通过教师的教育行为外显化，并或隐或显地影响着教师与学生的关系，影响学生学习的积极性，影响教师与同事的关系等。教师专业情感要求教师对学生产生正向、积极的影响，促进小学生的健康成长，它应具有教育性。同时，教师专业情感本身就是一种隐性的教育力量，学生在师生交往中观察教师的情感表达，学习教师的情感品质、精神人格，感知教师的理想信念，模仿教师的言语行为等，这些都潜移默化地影响着学生的情感发展和价值观念。

第三节 小学教师专业情感的发展路径

对小学教师而言，专业情感包含着教师个人的自然性情，但更多地还需要经过专门化的学习和训练。情感是人的一种内质性的要素，它有时不宜外显，教师专业情感的发展更多地需要教师内在的专业积淀和发展。

一、基于自我理解的教师专业情感发展

关于教师发展，迈克尔·富兰曾提出三种取向：一是作为知识和技能发展的教师发展，二是作为自我理解的教师发展，三是作为社会生态转变的教师发展。其中，作为自我理解的教师发展，关注教师作为一个人的发展，强调教师的个人知识和自我理解是专业发展的关键，这种发展取向体现着人性关怀，不断鼓励教师发展自我。在一定程度上，教师专业情感的发展是一种内生性的发展，它更适合于这种基于自我理解的教师发展取向，教师可以通过自我反思、个人受教育史的写作训练、沉浸内心的冥想训练等方式不断走向自我理解的专业情感发展。

（一）基于自我反思的专业情感发展

教师的自我反思是教师对自身教育工作的审视、分析、批判或对自己的经验总结，反思意味着一种对自身意识的敏感和觉察，它是一种有预期的构成性意识。① 小学教师主动的、积极的反思意识可以使教师在具体的、特定的教育情境中，保持一种对小学生情感及教育机会的敏感和自觉。

美国教育哲学家玛克辛·格林认为，开发教师的敏感性有一个重要方式是让教师保持“清醒”，清醒与道德生活相联系，它要求教师面对自己的教育生活方式询问“为什么”，伴随着“为什么”可能会产生焦虑感、陌生感等一系列面对日常生活矛盾的负面感觉，甚至会遭遇被统治的无力感，但是通过思考自己在现实中的处境，寻找束缚自身的力量，解释这种生活经历然后学会理解身边正在发生的事情，可以逐渐获得自主感。②

一般来说，教师进行反思比较常用的方法是教育现象学的反思日志、日记以及教师的教育叙事写作等，这是教师对自己教学经验和生活经验的描述、再认识和自我理解。这一写作过程也可看作教师的一个自我对话的过程，这样的训练有助于教师专业情感能力的发展。

（二）教师通过受教育史写作训练发展专业情感

小学阶段的儿童，情绪往往具有易感性的特点，情感表达较为丰富多样，具有感官学习的主动性与能力，因此，这一阶段一些对儿童影响较大、记忆较深的教育事件，往往更能触及儿童的情感体验，给予儿童较猛烈的情感撞击。很多成人的童年记忆往往是一种情感记忆，是当时人际交往中具体事件对自身情感影响的记忆。教师通过个人发展回溯，追溯童年记忆，写自己个人的受教育史，唤起自身受教育时的情感记忆。教师的受教育史写作训练是通过串联教师成长过程中的关键事件尤其是引起情感冲突的事件完成的，是在历史的描述中发掘自我情感定式的成长线索。在教师写作的受教育史中，既可以发现映照时代变迁的教育问题，也可以帮助老师换位到学生立场理解和解释事件，引发对当时教师的情感期待，形成对教育的思考和理解。

（三）小学教师可通过冥想训练发展专业情感

在日常生活以及教育教学中，教师难免会遭遇困境、产生负面情绪，那么应该如何面对和处理自身的负面情绪或负面感受呢？冥想训练是当前一些学校和教师所采用的方式，它有助于教师个体负面情绪、感受的排解和释放。这里的冥想并不是对问题进行思考和分析，它也不是幻想、白日梦或是让思绪漫无目的地飘荡。冥想训练是一种借助冥思、观察、想象、节律、语言等个体思维与感受方式的运用以凸显、感受、认识人的意识活动的过程。

在冥想训练的操作过程中，教师可以通过三个关键技能（专注、正念、仁爱）的培养来强化和引导注意力。其中，专注是指关注呼吸，使意识停留当下；正念是指如实明了自

---

① 胡萨. 反思：作为一种意识：关于教师反思的现象学理解. 教育研究，2010，31（1）：96.

② 格林. “清醒”和道德地生活. 张华军，译. 中国德育，2010（1）：32.

己当下的身心状态及其变化；仁爱是指让自己保持对他人美好品质的积极关注。冥想训练有助于将教师的注意力在既定时间内从单一的目标（呼吸）转移到教师自身内心或周围发生的事情上，它可以帮助教师从感官敏感与专注向精神敏感与专注升华，整合世界的动与静，依托投射与移情统整自我，调节自我与外部世界的关系。

拓展阅读　　教师情绪情感的调适训练

活动一：反思与审查自己的情绪情感表达程度

1. 试着回忆一下你讲过的或者阅读过的故事，对每一个故事都尝试问自己以下三个问题。

（1）这个故事是否表达了一些你的感受？

（2）如果有，请描述一下故事中表露了你哪些感受（如惊讶、恐惧、喜悦、脆弱等）？

（3）你每次表露出来的感受是否有重复或者固定的模式？

2. 在以下表格中，我们给出了一些情绪感受，请从中选出符合你实际情况的词语。

情绪表

气愤　喜悦　贪心　快乐　放松　困惑　成就感　无助感　担忧　焦虑　兴高采烈　恐慌　厌倦　烦恼　刺激　兴奋　嫉妒　失望　烦躁　不耐烦		
1. 我希望在学生面前表露过以下感受：	2. 我希望没有在学生面前表露过以下感受，但是有些特殊情况下可能会表露：	3. 我不可能在学生面前表露以下感受：

3. 看看以上表格中的第三列，你不可能向学生表露这些感受的原因是：

你想保持你在学生心目中的形象？你觉得这种情感不利于创设学习氛围？还是你自己本身就对这种情感比较排斥？还是其他原因，请记录。

二、基于师生互动的教师专业情感发展

教育职场是教师专业成长的重要土壤，教师在教育实践中、师生交往中会遇到情况不一、不断变化的、或简或繁的现实问题，直面问题，积极应对，努力探索是教师专业情感发展不可回避的路径。特别是在师生交往中，在一定程度上，教师情感的发展与儿童情感的发展是互为支持、互相滋养的。教师与学生的互动是师生双方在互动交往中获得情感关系，如教师尊重、关爱学生，学生信任、爱戴老师，师生间乐于互动交流。这里存在一种

共生关系，师生健康、和谐的互动有利于师生的共同成长。

拓展阅读

班里有个高高瘦瘦的男生叫小陈，在学校的表现一直都属于乖巧内向型，从不主动跟老师搭腔。那几天总是傍晚下雨，小陈的爸爸早上把孩子送到校门口，打开后备厢一看，忘记带伞了，但是之前答应了孩子，会把伞带来。可事已至此，也没有办法。小陈的爸爸说："爸爸忘记带伞了，放学来接你的时候再送来。"孩子一听，犟着不肯进校门，不依不饶地跟爸爸说："没有伞，我不上学。"也不肯多说其他话。爸爸对孩子的请求不予理会，只是提高嗓门喊："放学的时候再给你带伞，也一样啊!"小陈一下子就哭了。爸爸束手无策，只得把儿子交给班主任周老师，自己上班去了。

周老师看见哭成泪人的他，蹲下身子轻轻问："爸爸没有给你带伞，你很难过是吗?"他抽噎着，但身体明显没有之前紧绷和僵硬，看来是说中了。"怎么回事？能告诉老师吗?先不哭，好好说。"小陈说道："爸爸明明说过要给我带伞的，可他就是没带。""哦，你觉得爸爸说话不算话是吗?"周老师顺着他的心思说。"小陈，你心里很难过、很委屈，所以才会站在这里哭，对不对？""老师，就是这样啊!""可是，你站在这儿，爸爸也没有办法把伞变出来，对不对?"我语气很柔和。"嗯……""小陈真是个懂道理的孩子!"我赞许，"你想想，你这个时候站在这里哭，有没有什么坏处呢?""嗯……不知道。""也许，爸爸上班会迟到，你上课也快迟到了。"孩子不好意思地笑了。看他的样子平静多了，"你觉得怎么办才好呢"孩子想想，不说话。周老师注意着他的表情，缓缓地说："小陈，你要是把自己为什么难过委屈、把心里想的都告诉爸爸，我想爸爸一定会好好向你解释的。下午和爸爸谈谈好吗?""我怕……""别害怕，老师会在旁边帮助你。"周老师笑着鼓励他，小陈不一会就放松了下来。

面对突发的负面情绪，是"堵"还是"疏"，如果你是当时的那位老师，你怎么处理负面情绪事件?

三、基于同事合作的教师专业情感发展

在新时代发展背景下，合作精神是教师专业的应然要求和时代赋予的必然使命，合作文化是教师专业发展和创新的持久动力。而同事互助的合作方式更能促进每个教师的专业情感发展，在教师群体合作的氛围里，鼓励构建具有专业意识和专业认同的学习共同体，共同反思，相互研究，从而使每个教师都能在情感专业化的道路上越走越远。

（一）构建具有专业意识和专业认同的学习共同体

构建具有专业意识和专业认同的学习共同体，凸显专业研究与探索中的教育爱指向。基于学校教师之间的同事互助式的合作研究，在学校场景中的教师，同一教研组或备课组的教师可以相互参与到彼此的教学过程以及教后的反思中。教师之间的同事互助

式合作就是一种真实的对话、一种即时的交流、一种情趣的共享。构建具有专业意识和专业认同的学习共同体，有利于教师更好地了解学生的情感能力，也有利于教师情感能力的提升。

（二）教师互助式研究

教师互助式的研究还为每个人发展自己的教育观念明确了方向。除了社会教育观念外，每个教师都有个体的教育观念。教师的个体教育观念可以说是教师的教育哲学，或是教师的教育理想。教师个体所拥有的知识以及思想多少会有一定的缺陷，而教师身在其中无知无觉。只有在同行相通的情况下，通过别人的参照，在同事间合作精神的支持下，其中的奥秘才会不言自明。唯有如此，教师的个人教育观念才会不断趋于完善。

拓展阅读

同事合作活动：倾听与表达的互助训练

1. 选择一位你信任的同事，希望能帮助各自的专业发展。

2. 你坚信你们能在问题的解决和探索上互相学习、互相帮助。

3. 如果可能，形成一个有规律的探讨时间。

4. 决定在某一个时期内谁当听众、谁当讲述者。比如，在前半学期一个人讲述、另一个人听，后半学期互换角色。

倾听者需要注意的事项：注意力集中；做出回应并帮助讲述者探索这件事，给讲述者留出时间探索这件事；包容讲述者一些较大的情绪反应；不要给予直接的引导或者建议，而是帮助讲述者不断去探索事情的解决方式；不要评价好坏。

讲述者需要注意的事项：运用倾听者的专注来帮助自己解决问题，不要觉得自己一定要快速提出问题解决方式，不要刻意避免谈论自己的疑惑或不确定的地方。

四、基于生活理解的教师专业情感发展

教育离不开现实生活，教师也不是封闭于校园中的教书匠，教师专业情感的发展需要教师面向生活世界，以开放的、接纳的、审视的态度认识和理解当下的生活，把握时代发展的脉络。可以说，只有从个体走向社会、国家、世界，从人们可以把握的当下走向具有诸多未知与可能性的未来，教师的教育爱才可能深厚、宽广并不断充盈着。

阅读能打开认识世界的窗口、拓展内在的精神世界，是教师专业情感发展的一个重要的途径。阅读应成为教师生活的一个重要方面。小学教师通过阅读书籍，丰富着自己的精神阅历。通过阅读，教师不仅可以扩充知识，还可能受到启发，对自身教育工作进行自觉或不自觉的关联和反思，将阅读所得整合到自身对教育的理解和实践中，从而使自己在教育生活中、在与他人经验的不断交流中获得一致的、持续的、整合的内在意义，逐渐形成

自身的教育价值和信念。

读万卷书，行万里路。教师对生活的理解，还需要从书本走向现实。积极参加社会实践活动、社会志愿活动、社会团体活动等，可以了解社会生活发展和价值倡导的新现象、新动向，接触更多不同身份、不同角色的社会人，增加教师个人的社会生活阅历。此外，各种博物馆、展览馆、戏剧院等也蕴含着社会精神文化的养料和教育教学的资源，教师要善于利用社会生活多方面的资源不断充实自己，助力教育。

第四节　小学教师专业情感发展的条件保障

小学教师的专业情感及其发展是教师专业成长的重要体现，它直接影响着教师的日常教育教学工作，同时也体现在教育教学生活的各个方面。在教育职场中，具有专业情感的小学教师往往能够以情传理、寓理于情、情理交融地展开教育工作，从而得到学生的认可和喜爱。本节将从学科教学、师生交往以及教育管理三方面具体介绍小学教师专业情感在教育教学环境中的支持条件。

一、学科教学中的教师专业情感

教学工作是教师教育工作的一项核心内容，它不仅仅传授知识，还包含着情感、态度和价值观念的传递和影响。因此，从教师的教学中可以看到教师专业情感的状况，教师教学的提升离不开教师专业情感的发展。

（一）教师对学科的情感与职业认同

在小学，一名教师往往任教一门或多门学科课程（也可能是跨学科或多学科的综合课程），教师对所任教学科的情感态度，即对所教学科真挚的热爱与兴趣、执着的情感，是教师专业情感在教学上的首要反映，体现着教师的职业认同。例如，一位小学教师痴迷数学，她认为数学是一门简洁、严谨而又具理智美感的学科，她善于用数学的眼光认识身边事物、探索外部世界，数学探究成为她日常生活中的一种乐趣，这种热情也影响到她的数学教学。在她的数学课上，大部分教学案例来源于生活，她还鼓励孩子们在生活中多观察，从学校公共活动区域的地板排列中寻找数学规律、从博物馆里的器皿上寻找数学规律等。当被问及她希望教给孩子们什么时，她自豪地说："我最想让孩子们感受到数学的美！"

（二）教师对学科内容的情感挖掘与价值教育

知识镶嵌价值。不同的学科知识、学科思维以及学科教学方式等都隐含着一定的认识世界的态度和价值取向（见表 5－3、表 5－4），因此，学科教学不仅仅是知识教学，还是价值教育，教师需要充分挖掘学科内容中所包含的情感态度与价值要素，以开放的态度较广泛地开发和利用生活中的课程资源，善于发现其中蕴含的情感价值资源。

表 5-3　人文学科中蕴含的价值

学科			素材形式		蕴含的道德价值	教与学的方式
分类	特征	学科	学科内容	学科方法		
人文学科	伦理、正义、情感、关爱、审美	品德	伦理、价值观、人物、情操……	榜样示范、体验、讨论、思考……	真诚、孝亲尊师、感恩、五伦十义	讲述 生命叙事 讨论交流分享
		政治	经济政治社会原理、人物、事件、价值观……	分析、论证、推理、批判、独立思考、辩证思维……	平等、尊重、正义、同情	
		语文	字词句章、人类文化、人物、情感、伦理……	榜样示范、阅读、审美、情感、语词的敏感……	伦理、正义、同情	
		历史	典籍、人物、事件、价值观……	批判性、独立思考、历史感、辩证思维……	正义、宽容、理解	
		外语	语言、文字、文化风俗……	情景、交流、对话、语感……	尊重、倾听、国际理解、宽容	

资料来源：朱小蔓．情感德育论．北京：人民教育出版社，2005：267.

表 5-4　自然学科中蕴含的价值

学科			素材形式		蕴含的道德价值	教与学的方式
分类	特征	学科	学科内容	学科方法		
自学学科	理性、秩序、对称、工整、和谐、复杂性、有机性	数学	公理、公式、原理、计算、数学家、发现……	推理、演绎、归纳、计算……	严谨、理性、坚韧	案例分析 角色扮演
		物理	定律、原理、公式、计算、物理学家、发明……	实验、观察、实证、计算、设计……	严谨、理性、坚韧、求实	
		化学	定律、原理、公式、计算、化学家、发明……	实验、观察、实证、计算、设计……	严谨、理性、坚韧、求实	
		地理	天文、地质、气象、风土人情、人物、发现……	观察、实证、描述……	严谨、理性、坚韧、报国、感恩、审美	
		生物	物种、生命成长、人类、定律、生物学家、发现……	实验、观察、分析、描述……	严谨、生命尊严、感恩、有机性	
		自然	物种多样性、环保组织、志愿者、发现……	观察、分析、描述、感受……	多样性、和谐、敬畏、感恩、审美	

资料来源：朱小蔓．情感德育论．北京：人民教育出版社，2005：267.

这方面的要求，在新一轮基础教育课程改革中已经明确化。在教学实践中，各学科都在不断探索基于自身学科特点的情感态度和价值观教育。以数学为例，在义务教育阶段的数学教学中，体现情感态度和价值观的主要有三类目标：一是数学兴趣的培养，如在小学1～3年级要求“对身边与数学有关的事物有好奇心”；二是基于数学的基本态度的培养，如在小学4～6年级要求“初步养成乐于思考、勇于质疑、言必有据等良好品质”；三是数学学习信念的培养，如在小学4～6年级要求“有克服困难的勇气，具备学好数学的信心”。

拓展阅读

小学语文总体目标与内容中的情感、态度与价值观

- 在语文学习过程中，培养爱国主义、集体主义、社会主义思想道德和健康的审美情趣，发展个性，培养创新精神和合作精神，逐步形成积极的人生态度和正确的世界观、价值观。
- 认识中华文化的丰厚博大，汲取民族文化智慧。关心当代文化生活，尊重多样文化，吸收人类优秀文化的营养，提高文化品位。
- 培育热爱祖国语言文字的情感，增强学习语文的自信心，养成良好的语文学习习惯，初步掌握学习语文的基本方法。
- 在发展语言能力的同时，发展思维能力，学习科学的思想方法，逐步养成实事求是、崇尚真知的科学态度。
- 能主动进行探究性学习，激发想象力和创造潜能，在实践中学习和运用语文。

…………

小学道德与法治中的情感、态度与价值要求

小学低段（1～2）年级：

- 爱亲敬长，爱集体、爱家乡、爱祖国。
- 珍爱生命，热爱自然。
- 自信向上，诚实勇敢，有责任心。
- 喜欢动手动脑，乐于想象与创造。

小学中高段（3～6）年级：

- 珍爱生命，热爱生活，养成自尊自律、乐观向上、勤劳朴素的态度。
- 爱亲敬长，养成文明礼貌、诚实守信、友爱宽容、热爱集体、团结合作、有责任心的品质。
- 初步形成规则意识和民主、法制观念，崇尚公平与公正。
- 热爱家乡，珍视祖国的历史与文化，具有中华民族的归属感和自豪感，尊重不同国家和民族的文化差异，初步形成开放的国际视野。
- 具有关爱自然的情感，逐步形成保护生态环境的意识。

资料来源：中华人民共和国教育部于2011年12月28日颁布的《义务教育语文课程标准（2011年版）》、《义务教育品德与生活课程标准（2011年版）》和《义务教育品德与社会课程标准（2011年版）》。

（三）教师创造具有情感化特征的教学案例

教学中的教师专业情感还要求教师在教学过程中善于创造具有情感化特征的教学案例，即教师能够基于学生的情感体验和生活实践，创设教学情境，以真情带动情感，帮助学生利用“场景记忆”来展开学习。这在小学阶段的教学中尤为重要。在一些教师的课堂上，有的学生会觉得讲授内容枯燥无味，教学内容很难打动学生，原因往往在于没有很好的情境创设，缺乏情境性，难以让学生切身感受，难以引起学生的学习兴趣。

例如，一位教师带领三年级的学生学习道德与法治《119 的警示》一课时，通过多媒体的音响效果，设计了一些日常生活中的常见场景，让学生身临其境地思考和讨论怎样保护自身安全，然后再进一步讨论哪些原因会诱发火灾、如何预防火灾发生等问题。这位教师的情境创设激活了学生的现场感，联系到学生的生活经验，使教学过程变得真实、生动、有趣。

二、师生交往中的教师专业情感

在教育交往中，师生关系是最主要的教育关系，教师专业情感对师生交往有直接的影响。

（一）教师对学生情绪情感状态的敏感与关注

在师生交往中，小学教师要对儿童具有高度的敏感性，特别是对儿童的情绪情感的教育敏感，细心的教师会从学生的表情、神态、肢体状态中觉察到可能的问题，发现并把握教育契机。这就意味着教师不仅要从理论上认识小学儿童的情感发展特点（见表 5－5），一般性地了解所教学生的性格特征、兴趣爱好、受教育经历和家庭背景等信息，还要关注具体交往情境中学生的情感状态，给予及时、积极的情感支持和帮助。

表 5－5　不同年龄儿童的情感发展特点及教育关注

年龄特点	关注要点	教育策略
依恋的 0 岁	依恋感	重视关注性的满足
好动的 1 岁	安全感	重视安全性的保护
可爱又“可怕”的 2 岁	信任感	重视支持性的参与
“听话”的 3 岁	秩序感	重视尊重性的引导
模仿的 4 岁	自主感	重视榜样的示范
好问的 5 岁	探求感	重视积极的鼓励
合群的 6 岁	认同感	重视合作性的互动
规范的 7 岁	成长感	当一名小学生自豪感的教育
好学的 8 岁	勤奋感	培养学习兴趣、鼓励刻苦学习、进行磨砺教育
友谊的 9 岁	友爱感	培养相互交往中的友爱感
上进的 10 岁	进取感	培养天天向上的进取感

续表

年龄特点	关注要点	教育策略
迷惘的 11 岁	自爱感	培养自我认同的自爱感
冲突的 12 岁	自尊感	培养自我肯定的自尊感
闭锁的 13 岁	自立感	培养自我要求的自立感

资料来源：朱小蔓．情感德育论．北京：人民教育出版社，2005：75-76.

拓展阅读　　苏霍姆林斯基的教育故事

我从五年级学生彼嘉身旁走过，偶然地看到了他的脸。我停下来了，感到极为惊奇：这孩子的眼里流露出一种巨大的、绝望的、不是儿童应该有的痛苦神情。事情的起因在成年人看来可能是微不足道的：生物老师要每个学生把搜集到的植物标本交上来，彼嘉晚交了一天。老师说，没有按时交，现在不要了。这孩子还向我诉说了他的其他一些不幸和烦恼，我听了心里很不安：原来这孩子在家里还遭到那么多痛苦！屈辱和痛苦接踵而来，而生物老师的严厉态度更是火上浇油。这件事教会我要时常留心周围的人特别是儿童的内心状态。

（二）教师对学生的情感激励

情感激励是一种情感关怀驱动，给予对方情感上的支持、激发和鼓励，其关键在于唤起和维持人的内在驱动力。在师生交往中，教师给予学生的情感激励，有助于学生获得较大的安全感，形成对教师的信任感、依恋感，师生之间也可以相互鼓励、相互悦纳。《小学教育指导纲要（试行）》中明确表明，学生情感教育需要联系学生的日常生活，需要从多方面展开教育，将情感教育活动有效地融合到学生的日常生活当中，特别是针对那些态度恶劣、性格较差的学生应注意给予情感激励。例如，引导学生将自己的玩具分享给其他的学生，并且引导学生说出礼貌性的话语，同时还需要对这些学生给予相应的精神表扬与物质鼓励。

三、教育管理中的教师专业情感

（一）教师对班级文化与情感氛围的营造

教师在教育管理中的专业情感，首先体现在营造班级文化与积极良好的情感氛围，有学者称之为一种“情感场”。教师应注意积极引导，致力于师生共同营造良好的班级文化，在班级中形成积极的情感氛围。这在教育实践中有多种做法，如教师可以借助班会、队会开展多种形式的情感活动，加强班集体建设，增强学生之间的联系感、友谊感、信任感，增加学生对班级的归属感、集体感、荣誉感等。此外，教师还应特别注意自己对待班级中处境不利的学生的情感态度，这会影响到班级其他同学对待这位学生的态度，以及每位同学对班级生活的感受。

（二）教师的人性化的教育管理

在班级管理中，小学教师专业情感更多地体现为实行人性化的管理，体现出人情味。对此，苏霍姆林斯基曾强调，教育的情感氛围、道德氛围是建立在人道主义关系的基础上，而人道主义的关系是建立在教师对儿童的人道主义态度的基础上，“人道主义教育教学要求在良好的背景下，在孩子们情感愉快、嘴在笑、眼睛神采明亮的情况下开展教育教学活动”。因此，在教育管理中，教师要更多地尊重、信任与激励学生，教师的情感表达要建立在尊重学生人格的基础上，当学生犯错时，教育惩戒要以教育爱为情感价值导向。

【探究运用】

- **小组交流**

请回顾自己的成长经历，与你的同伴交流：在与学校教师交往的过程中，有哪些事件是你记忆深刻的？你在这件事中有怎样的情感体验？这件事对你产生了怎样的影响？

通过本章的学习，你对教师专业情感有哪些新的认识？还有哪些疑惑？

- **推荐文献**

1. 朱小蔓. 关注心灵成长的教育：道德与情感教育的哲思. 北京：北京师范大学出版社，2012.

2. 诺丁斯. 学会关心：教育的另一种模式. 于天龙，译. 北京：教育科学出版社，2003.

- **自我评价**

第五章　小学教师专业情感的发展			
通过本章学习，我有如下新的收获：			
1.	☺	Θ	☹
2.	☺	Θ	☹
3.	☺	Θ	☹
通过本章学习，我还需要复习如下内容：			
1.	☺	Θ	☹
2.	☺	Θ	☹
3.	☺	Θ	☹
通过本章学习，我还有一些新的反思：			

说明：
☺表示“我能够完全理解该内容，并在小组讨论中能表达清楚”。
Θ表示“我能够完全理解该内容，但较难向他人表达清楚”。
☹表示“我不能够完全理解该内容”。

第六章

小学教师专业认同的发展

本章导读

作为小学教师专业发展的核心内容之一，专业认同是小学教师自我成长的内在动力机制，缺乏良好的专业认同，丢失理想与激情，很难实现专业发展。积极关注教师的专业认同对于教师专业发展的理论研究和具体实践都有重要意义。因此，提升教师专业认同已成为教师教育的重点任务。

本章首先从哲学、社会学、心理学以及教育学的视角探索“认同”的含义，依据对这一核心概念的理解对教师专业认同下定义。其次，分析小学教师专业认同的结构、特点以及发展路径。最后，从宏观、中观和微观三个层面阐述小学教师专业认同发展的保障机制。

学习目标

● 通过溯源“认同”一词，了解不同视野下“认同”的含义，进而理解小学教师专业认同的概念与意义。

● 基于小学教师专业发展的需要，从小学教师专业认同的结构、特点以及发展路径等维度了解其专业认同。

● 通过阐述小学教师专业认同的保障机制，启发学生关注专业认同，体悟专业认同，形成专业认同。

第一节 教师专业认同概述

一、认同的含义

“教师专业认同”概念的核心之一是“认同”。欲对教师专业认同的概念内涵进行清晰的界定，须弄清楚认同的含义。

（一）“认同”的词源学释义

从词源上讲，东西方不同文化下的“认同”概念略有不同。在汉语语境下，认同是一个复合词，其意义是由“认”和“同”复合而成的。其中“认”在古代汉语中是指“认识”、“认为”或“承认”，在现代汉语中有“认识和分辨”、“没有关系的建立某种关系”、“同意、承认”和“认吃亏”四种意思。“同”在古代汉语中指“相同、一样”、“一同、共同”以及“参与”，在现代汉语中有“相同”“共同、一起”的含义。《汉语大词典》中将“认同”界定为承认是同一的或表示认可和赞同。① 汉语语境下的认同话语注重归属感、身份感和同一性，承认、认可、赞同自己所归属的某一群体特征。

英文中的“identity”主要包括五层含义：完全（无任何区别的）的等同于、身份（我是谁）的回答、某一性质的稳定性（在不同方面或不同情形下保持不变）、人格统一和具有标识意义的独有特征。从“identity”的字面意思中可以归纳出三个特点：统一性（主体与客体的统一）、稳定性、具有标识意义（identity 标识了类似于事物“本质”的属性，从而将一个事物与其他事物相区别，使其身份得以确立）。② 由此可见，英文中的“identity”不仅强调“统一性”，也强调“差异性”。

综上，不管是汉语中的“认同”，还是英语中的“identity”，其基本含义都与主体对客体的“认可”“承认”“接受”“赞赏”，主体与客体的“同一性”“一致”“符合”等相关。

（二）“认同”的学科性理解

学科领域或立场不同，会导致学者们对“认同”理解存在差异。哲学、社会学、心理学、教育学等学科各自对“认同”进行了界定。

1. 哲学视野中的认同

哲学界普遍认为人的本质不是指人类特有的生物学和心理学特征，也不是社会学意义上的角色、身份，而是指对人生的总体理解：“谁”是一个总称，不是问人的某一方面特质，也不是问人的偶然所是，而是问人发展的最终“目的”——人的最好的活动状态。它是一个伦理问题和价值问题，我认为“我”是什么人就会把自己塑造成什么人。

古希腊哲学家亚里士多德提到过，事物的本性就是目的，每一个事物是什么，只有当

① 罗竹风. 汉语大词典：11. 上海：汉语大词典出版社，1993：251.

② 朱旭东，张华军，等. 教师专业精神研究. 北京：北京师范大学出版社，2017：20-21.

其完全生成时，我们才能说出它们的每一个本性。“我是谁”这一问题代表对自我完善的途径和状态的探寻，或者说，是对真实自我的发现。基于此，“自我认同”是指人的向善性，是认识自我能够生成的最佳状态和完成状态。

查尔斯·泰勒将自我认同作为与人的自我完善相关的、探讨人性的道德特征和确定自我价值意义的概念。他在《自我的根源：现代认同的形成》中说：“与我们对认同的需要相关的自我概念，意指突出人类主体性的这个关键的方面，在没有趋向善的某种方向感的情况下我们无法获得这个概念，正是依靠它我们每个人本质上（即至少特别是规定我们自己）拥有立场。”① 这种主体性的理解是一种应然维度的探讨，是对自我发展应当朝向何种方向的辨析，它意味着自我完善。

泰勒认为，“认同（identity）一词在这里表示一个人对于他是谁，以及他作为人的本质特征的理解”②。此外，自我认同意味着自我是一个过程，而不是保持恒定不变的状态，自我是开放的，永远处在改变自己的途中，自我塑造和完善是个体的宿命。改变是有目的的，本质也就是人发展的目的。“我这里使用的认同概念，某种程度上的确可以这样理解：我的认同的定义就是确认为了充分地发挥我作为一个人的作用而必须如何交往的含义，特别是判断、区别和确认在一般意义上和对于我个人来说，哪些是值得做的和有重要意义的事情。”③ 认同就是“知道我在道德空间中站在何处”，有了它，人们才能知道什么是好的和坏的，什么是值得做和不值得做的，什么是重要的和次要的，什么是有意义的和浅薄的。因为认同是人们去认知外界、确认自我存在意义的立场和背景；认同就是发现一个公共空间，在其中自我与他人通过语言和对共同客体的关注而建立一种相关性，在这种经验中个体才能明白自己的行为、感受是为了什么，有何价值。

所以，哲学的“自我认同”关乎人的自我完善，是生活意义和生活目标的判定，它是一个伦理和价值论题。

2. 社会学视野中的认同

与追问“我是谁”“去往何处”的哲学深思不同，社会学者从个人经历、生活或社会结构等角度研究“认同”。

社会学家吉登斯在《现代性与自我认同》中写道：“自我认同是个人根据个人的经历，反思性地理解到的自我。”④ 它是一种“反思性觉知”，也就是一种反思性地组织起来的活动，是一种个体在反思活动中被惯例性地创造和维系的东西（在社会场景中的自我首尾一贯但持续修正的个人经历的维系）。自我以及“自我认同”是在社会中形成与发展出来的，自我状况的执行功能也同样只有通过社会才能揭示出自我与自我认同发生作用的机制。

符号互动理论者米德认为，个人经验到的自我本身，并非直接地经验，而是间接地经验，是从同一社会群体其他个体成员的特定观点，或从他所属的整个社会群体的一般观点

① 泰勒．自我的根源：现代认同的形成．韩震，译．南京：译林出版社，2001：46．
② 泰勒，董之林，陈燕谷．承认的政治：上．天涯，1997（6）：49．
③ 泰勒．现代认同：在自我中寻找人的本性．求是学刊，2005（9）：15．
④ 吉登斯．现代性与自我认同．赵旭东，方文，译．北京：生活·读书·新知三联书店，1998：58．

来看待自我的。[①] 认同即“自我”社会化发展的过程，认同主体在这个过程中不断认可和同化社会规范，并调整自身的行为以适应社会。

由此可见，社会学家们对认同概念的理解强调认同主体与社会的互动。教师的专业认同是不断重建的，是受环境、他人或者某些特定事件不断影响的。历史因素、社会因素、心理因素和文化因素都会影响到教师自我的“教师感觉”。

3. *心理学视野中的认同*

心理学家则从个体的心理过程或群体心理机制等方面研究“认同”。心理学家詹姆斯和弗洛伊德最早提出“认同”概念，他们认为，认同是一个心理过程，是个体模仿他人或团体的态度和行为，使其成为个人人格一部分的心理过程。

马斯洛谈到自我同一性是通过“高峰体验”来定义的。他认为，“人们在高峰体验时有他们最高程度的同一性，最接近他们真正的自我，最有特异性”。[②] 高峰体验作为一种同一性体验，人在其中比其他时候更感觉自己是整合的，自我的各个部分之间更多的是和谐和结构协调的活动，而较少有分裂和内部摩擦。自我同一性的发现需要倾听我们内在的声音——自我的深层动机，是个体的“始发创造性”，它是深蕴于无意识之中的自我，是“新思想之源”，它不需要依赖后天的控制、训练和计划，它就是我们内在天性的声音。

埃里克森对“同一性”的定义是：“自我同一性就其主观性方面而言，乃是对于这一事实的觉知，即自我的进行综合的方法亦即一个人个性的风格存在着一致性和连续性；而且这种风格是与一个人在本社区内在意义上与其有密切关系的别人的一致性和连续性是相符合的。”[③] 这里的自我同一性不仅是指个体存在的时空一致性和连续性，还是与他人的同一性。具体阐释如下：首先，自我同一性是对自我的“预期层次”的“证实”，也就是儿童自己预期长大以后成为什么样的人以及现实自我认知的一致性。埃里克森不认为对同一性的询问是用“我是谁”这样的问题，而是用“我想要使自己成为什么样的人?”这一“内部动机”的问题，自我同一性取决于一种“历史的真实感”，是理想自我与现实自我的统合，它需要儿童对成长过程中不同自我形象的概括，而理想自我也不同于弗洛伊德所说的“超我”（一般不能达到的目标），而是“在社会现实范围内确实达到了的却永远需要修正的一种自身的现实感”。[④] 其次，埃里克森强调个体的同一感依赖于与之有密切联系的“集体同一感”[⑤] 的支持，集体与个人承认之间是相互作用的。

由此可见，心理学家们认为：认同是自我内外部达到整合的连续性发展过程；认同强调个体人格的自我完善性，强调个人内部动机，强调个人与集体之间的相互承认。

4. *教育学视野中的认同*

教育学视野中的“认同”，强调个体与他人、群体在情感和心理上的趋同过程，侧重于主体如何在社会互动中建构对身份认同的过程。结合到教师，“认同”是教师个人对

---

① 米德．心灵、自我与社会．赵月瑟，译．上海：上海译文出版社，2008：9-23.

② 马斯洛．存在心理学探索．李文湉，译．昆明：云南人民出版社，1987：94.

③ 埃里克森．同一性：青少年与危机．孙名之，译．杭州：浙江教育出版社，1998：38.

④ 同③201.

⑤ 同③75.

"专业的教师"这一身份的认知与情感，是教师在课堂实践与学校社群的语境下，经由与"教师"所处社会关系中的他人（如学生、家长等）互动，与其所赋予的"专业教师"的期待进行磋商建构，体现了作为"人"的教师和作为"教师"的人的统一。①

有研究者认为"认同"涉及两个方面：一方面是主体本人对自身的理解，一方面是他者对自我的界定。② 认同可以分为自我认同和客体认同。自我认同即"我是谁"，也就是个体对于自己在时空跨度中整体性、连续性、一致性、独特性的认同。客体认同是指认识主体对于主体之外的事物的支持、赞美或追随。客体认同根据认识主体与客体之间的关系，又可分为自我相关客体认同和完全客体认同。其中，自我相关客体认同，是指对与自己关系密切的对象（比如自己身为其中一员的群体）的认同，表现为认同主体在对认同对象"接受"或"赞赏"的基础上，以认同对象"自居"，把认同对象内化到自我概念中，比如"国家认同"、"民族认同"、"组织认同"和"职业认同"等。完全客体认同，是指对与自己关系不密切或与自己没有关系的对象的认同，表现为"认可"、"接受"或"赞赏"，比如对"××观点""××现象""××行为"的认可和接受。所以，"教师专业认同"是教师个人对与自己密切相关的（处于教师这个行业之中）认识对象（教师专业）的一种"认同"、"接受"和"赞美"，应属于自我相关客体认同的一种。

综上，不同学术视野的学者对"认同"的概念界定不同，或强调个人意识的自我觉醒，或强调个人与环境的互动。总体来看，认同强调个人内部动机，关乎人的自我完善，是个人生活意义和生活目标的判定，同时强调认同主体与集体或社会的互动，是一个动态发展着的过程。

拓展阅读　　认识你自己

"认识你自己"，相传是刻在德尔斐的阿波罗神庙的三句箴言之一，也是其中最有名的一句。另外两句是"你是"和"毋过"。或说这句话出自古希腊七贤之一、斯巴达的喀隆，或说出自泰勒斯，或说出自苏格拉底。传统上对这句话的阐释，是劝人要有自知，明白人只是人，并非诸神。根据第欧根尼·拉尔修的记载，有人问泰勒斯："何事最难为？"他应道："认识你自己。"尼采在《论道德的谱系》的前言中，也针对"认识你自己"大做文章，他说："我们无可避免跟自己保持陌生，我们不明白自己，我们搞不清楚自己，我们的永恒判词是：'离每个人最远的，就是他自己。'——对于我们自己，我们不是'知者'……"

资料来源：路淑英．"认识你自己"：一个贯穿古今的哲学命题．新视野，2006（3）：53-54，67.

二、教师专业认同的概念

专业认同（professional identity），也被译为"职业认同"。教师职业认同首先在国外

① 宋萑，张文霄．教师专业认同：从专业角色走向身份认同．全球教育展望，2012（3）：56-62.

② 魏淑华．教师职业认同研究．重庆：西南大学，2008：3-4.

兴起，使用最多的表述是“teachers’professional identity”。由于“professional”本身具有职业的和专业两层含义，而且国外教师专业化程度较高，所以“教师职业”与“教师专业”基本含义等同。[①] 近年来国内对于教师专业发展的研究也越来越多，我们认为教师可以成为一项“专业性职业”。而专业认同是“专业性职业”的共同特征，教师专业认同是研究教师专业发展的重要维度。

国内外对于教师职业认同的定义有“张力说”、“过程说”和“动态说”等，体现了不同研究者对于教师职业认同的不同理解（见表6-1）。

表6-1　教师职业认同概念

界定分类	界定者	表述
张力说	Goodson and Cole，1994	教师的认同发展是确立在个体和职业的共同基础之上的。
	Volkmann and Anderson，1998	职业认同是个体自我意象和个体感觉到必须扮演的教师角色之间的复杂的动态的平衡。
	Coldron and Smith，1999	指“能动性”（教学的个人维度）和“结构性”（社会假定）之间的张力，作为一名教师即在他自己看来和在别人看来像（是）一名教师。
动态说	Sugrure，1997	职业认同是持续被重新界定的论述的一部分，而不是所有教师都拥有的一系列本质特征。
	Kerby，1991	职业认同是对经验进行解释和再解释的动态的过程。
	Conway，2001	提出预想反思的功能，把职业认同看作是一个进行着的过程，意味着它是动态的，而不是稳定的、固定的。
	Melucci，1996	教师的职业认同会依据情境、个体因素及紧急事件而多次改变。认同必须永远处在重建和磋商中。
感知说	Samuel and Stephens，2000	职业认同是对根植在形成中的自我的生活经验中的一系列充满争论的有时是矛盾的价值、行为和态度的总的理解和接受。
	Foucault，1988	职业认同概念包含了对自我与特定实践环境之间的关系的丰富的理解。
	Kelchtermans，2000	教师是一种高度自我涉入的职业，教师的职业认同就是教师个人对自己身为教师的概念。
	Dworet，1996	教师认同即指个体对自己作为教师的整体看法，以及这些看法如何在不同的脉络中随着时间而改变。
	吴慎慎，2003	教师个人对自己身为教师的概念，是教师知觉工作情境、给予意义并采取行动的核心。
	于慧慧，2006	教师职业认同是指教师从心底接受这个职业，并能对职业的各个方面做出积极的感知和正面的评价。

① 魏淑华．教师职业认同研究．重庆：西南大学，2008：21.

续表

界定分类	界定者	表述
过程说	Dillabough，1999	职业认同从来不是固定的、预设的，而是在各种社会情境和环境中解释行为、语言、日常实践，或从为它们赋予意义的人之间的关系中发展而来的。
	Van den Berg，2002	职业认同是教师的个体经验与他们所处的社会环境、文化环境和制度环境之间相互作用的结果。
	魏淑华，2005	教师职业认同，既指一种过程，也指一种状态。"过程"是说，教师职业认同是个体自我从自己的经历中逐渐发展、确认自己的教师角色的过程；"状态"是说，教师职业认同是当前教师个体对自己所从事的教师职业的认同程度。
特征说	Paechter and Head，1996	职业认同类似于教师们自己所认为对他们的职业重要的东西。
	Graham and Young，1998	职业认同是用来刻画理想教师的特征的东西。
	Sachs，2001	教师职业认同就是由别人及教师自己加在教师职业上的一系列特征。它规定了一系列可以把一群人与其他人区分开来的共有的特征和价值。
意义说	Beijaard，1995	某人是谁或是什么，人们能够归到他们自己身上的各种意义，或由别人归结的语义。
	Sleegers and Kelchtermans，1999	教师的职业认同是教师通过与其所处环境的互动，认识到的教师职业的意义。
信念/承诺说	van Huiun，van Oers，and Wubbels，2005	教师的职业认同集中体现为教师对教学形象的承诺，即指教师专业知识和技能的进一步发展。
	Bullough and Baughman，1997	教师对教与学以及作为教师的自我的信念。
	Mayer，1999	教师认同是建立在个体有关教学和作为一名教师的核心信念之上的：这些信念是通过经验持续被塑造和再塑造的。
	Steeley，2005	在教学职业中，职业认同涉及了与职业的意义和个体在此职业中的角色相关的个体信念和实践。
角色说	Preuss and Hofsass，1991	职业认同类似于用教师需要获得的知识和技能来解释的角色。
	Ten Dam and Bolm，2006	涉及了个体对教育和对在教育实践中作为一名教师的自己的解释的框架。

资料来源：魏淑华. 教师职业认同研究. 重庆：西南大学，2008：5-6.

综上，教师专业认同是指在特定情境中、多因素共同作用下的一个不断进行着的动态过程，是一个教师不断发现自己、不断认同专业活动的积极态度体验。"张力说"、"动态说"和"过程说"表明其形成过程可能伴随教师个人内部因素与外部环境因素的动态作用；"感知说"、"意义说"以及"信念/承诺说"指出教师专业认同动态发展过程中伴随着的价值、态度和意义等主观体验；还有"角色说"，从"教师"这一社会身份出发来阐述对专业认同的理解。

本书认为，教师专业认同主要包括两个方面：一方面包括教师对于自己是什么样的教师（身为人师的“我”的意识），自己想要成为什么样的教师以及未来要如何发展才能达到自己目标的认识和理解，是作为教师的个人在角色上的前后一贯但持续修正的连续性发展过程，这是教师对专业产生认同的基础；一方面是指教师在所处特定情境下对自己所从事的专业活动的不断发展的认识、情感态度和行为倾向性。

有研究者强调教师职业认同是当下教师个体对自己所从事的职业的认同程度，表现在职业的认识、情感、期望、意志、价值观及对自己职业技能的感知等方面。① 也有人认为教师职业认同包括教师对所从事教师职业的认识、职业的情感、职业的意志、职业的期望、职业的技能、职业的意义以及工作动机。②

教师专业认同具体来说包括很多方面，而且不同的研究者有不同的看法。本书认为教师专业认同主要包括教师对所从事专业身份的认同、专业本身的认同、专业活动的情感、专业活动的行为倾向性四个维度。

专业身份的认同是指教师个体对“教师身份”、对自我的重要程度等的积极认识和评价，表现为教师个体以“教师”自居并用“教师”角色回答“我是谁”、“我想成为谁”以及“如何成为理想中的教师”等问题的意愿。教师身份的认同不是一种强制性认同，而是一种自主性认同，是对自身教师身份的一种理性确认，它决定了教师对自身生命意义的认识和觉解。③

专业本身的认同指教师个体对“教师”这一专业的特征、地位、作用等的积极认识和评价。教师个体对“教师”专业的科学认识是形成专业认同的基础之一。

专业活动的情感是指教师在入职前后对其专业的认识、认可、接受和赞美，是教师在与专业交互作用过程中体验到的较高的愉悦感和自我实现需要的满足，是忠诚于教育、愿意主动为教育活动奉献的意志体验；并且教师个体意识到自己属于教师群体，经常有与教师职业荣辱与共的情感体验。

专业活动的行为倾向性是指教师表现出完成工作任务、履行职业责任必需的行为的倾向。它区别于教师的行为，反映为教师某种指导行为的思维习惯。专业认同让教师可以通过观察自身行为的倾向，更加有意识地对阻碍教学的行为倾向进行反思，从而使教学行为的习惯向有利于学生发展的方向转变。

三、教师专业认同的意义

教师专业认同不仅对教师个体自我完整性具有重要的意义，而且在教师专业发展构成中更有其独特的作用和价值。通过理解教师专业认同，我们可以看到教师工作的心理动因和内在激励机制。较强的教师专业认同感对教师专业技能、专业精神等的发展有积极的促

① 魏淑华．教师职业认同与教师专业发展．曲阜：曲阜师范大学，2005：4-8.
② 张文峰．小学教师职业认同对专业发展影响的研究．上海：上海师范大学，2018：15-18.
③ 徐继存．教师身份的伦理认同．教育科学，2020，36（4）：38-43.

进作用，也有利于教育教学，促进学生发展，为国家教育事业发展做出贡献。

（一）促进教师自我完整性

无知的人并不是没有学问的人，而是不明了自己的人。[1] 教师的内心不是良心的呼唤，而是自我认同和自身完整的呐喊。心声告诉我们，“这工作适合你，或这工作不适合你”，“这是真正的你，这不是真正的你”，“这赋予你活力，或这扼杀你的心灵——使你觉得生不如死”。[2] 具备专业认同的教师明确身为人师的“我”的意识，了解自己想要成为什么样的教师以及未来要如何发展才能达到自己的目标。

首先，教师专业认同形成的过程是明确自己是什么样的教师的过程，了解自己作为教师的真我和身份到底是什么样的问题，这是对我们“身为人师的真实自我意识”的基本认识，是从事教育工作所需要的基础资源。其次，教师专业认同在于教师形成自己对理想教师的认识，关注自己的内心需要和教育价值观念。最后，教师在认识自我身为人师的真实状态和理想状态之后，会积极思考未来如何发展才能成为理想中的教师。在这个过程中，教师积极识别那些能整合到自己身份中的东西，分辨哪些适合自己、哪些不适合自己，找到与自己本性最契合的教学方式，达到教学方式与自身之间的一致性，进而联合多方面的影响力量，使教师自身完整协调、生机勃勃。

教师专业认同无疑是教师发现自我内部景观、形成自我角色认识、促进自我完整性的重要途径。

（二）促进教师专业发展

教师专业认同与教师自我专业发展意识和教师专业发展关系密切，增强教师专业认同程度，是促进教师专业发展的有效途径。

有研究者认为成为一名教师并不仅仅涉及将教学技巧加到已经建好的个体认同上，它意味着将教师认同融入个体生命。注重教师专业认同需要，关注教师专业认同的潜在性价值，对教师专业发展具有内在激励作用。教师专业认同是教师个人专业发展的重要方面，也是教师良好适应教育教学的体现之一。

教师专业认同在实践中表现为教师对待专业活动的一种态度，这种态度在很大程度上决定了教师专业发展的水平和潜力。教师对本职业的认同越强烈，他们越会以主动、积极的态度投入工作，积极化解工作中产生的各种矛盾和压力，并从内心喜欢教师这一职业，并把这一职业当作崇高的事业。反之，教师若对自身需要和动机等缺乏认同和了解，自然会缺乏为专业发展而奋斗努力的激情和动力。

教师专业认同关系到他们自身的专业发展和自我价值的实现。教师对自己职业的认识，对自己工作的意义的理解，能使自己产生光荣感、责任感，同时也促使自己思考以什么样的状态来完成工作，怎样完善自己的专业素养，加快自己的专业成长等问题。

---

① 克里希那穆提．一生的学习．张南星，译．深圳：深圳报业集团出版社，2010：15.

② 帕尔默．教学勇气：漫步教师心灵．吴国珍，译．上海：华东师范大学出版社，2005：32.

（三）促进学生健康成长

帕克·帕尔默曾指出：当与学生面对面交流时，唯一能供我立即利用的资源是我的自身认同，我的自我的个性，还有我身为人师的“我”的意识——如果我没有这种意识，我就意识不到学习者“你”的地位。① 若教师不能形成良好的专业认同，则无暇关注学生的需要。

好的教师来源于教师良好的专业认同。一方面，教师这份工作强调与学生之间的交流和交往，强调与学生进行情感互动的过程。教师专业认同最直接和明显的体现就是教师对于教育的热爱和渴望，随之而来的是教育行为的情感性和精神性，这会潜移默化地影响学生学习的情感体验。教师以积极的、接纳的、亲切的态度对待学生，可以使学生喜欢学校、喜欢老师，进而喜欢学习，愿意接受学校的教育。也就是说，良好的教师专业认同感，会给学生带来愉快充实的学习感受。另一方面，教师专业认同会促使教师反思个人教学过程，自主发展个人教学专业技能，以适应社会、学生等对教师的要求。在这个过程中，教师会积极主动地寻找适合自己的教学风格、教学方法等，这不仅利于教师自我成长，更利于学生知识技能等各个方面的学习，促进学生的健康发展。

拓展阅读　　自我认同感量表

心理学家奥克斯和普拉格编制了一个自我认同感量表。看一看这些问题是否符合你的情况，根据标准给自己打分：1＝完全不符合；2＝偶尔符合，或者基本不符合；3＝比较符合；4＝非常符合。

1. 我不知道自己是怎样的人
2. 别人总是改变他们对我的看法
3. 我知道自己应该怎样生活
4. 我不能肯定某些东西在道义上是否正确
5. 大多数人对我是哪类人的看法一致
6. 我感到自己的生活方式很适合我
7. 我的价值为他人所承认
8. 当周围没有熟人时，我感到能更自由地成为真正的我自己
9. 我感到自己生活中所做的事并不真正值得
10. 我感到我对我生活的集体适应良好
11. 我为自己成为这样的人感到骄傲
12. 人们对我的看法与我对自己的看法差别很大
13. 我感到被忽略
14. 人们好像不接纳我
15. 我改变了自己想要从生活中得到什么的想法
16. 我不太清楚别人怎么看我

① 帕尔默．教学勇气：漫步教师心灵．吴国珍，译．上海：华东师范大学出版社，2005：10.

17. 我对自己的感觉改变了

18. 我感到自己是为了功利的考虑而行动或做事

19. 我为自己是我生活于其中的社会一分子感到骄傲

计分：

先将1、2、4、8、9、12、13、14、15、16、17、18题的回答结果的分数转换一下，如选择的是1，就计4分；选择2，计3分；选择3，计2分；选择4，计1分。其他问题则保持不变。然后把19个问题的得分相加。

奥克斯和普拉格曾用此表测试个体是否通过了埃里克森所阐释的自我认同危机，并对南部非洲15～60岁的人施测。他们的平均得分在56～58分之间，标准差在7～8之间。明显高于此分的人，说明他已形成很好的自我认同感；明显低于此分的人，则说明他的自我认同感还正在形成中。

资料来源：BURGER J M. 人格心理学：第八版. 陈会昌，译. 北京：中国轻工业出版社，2014.

第二节　小学教师专业认同的结构与特点

一、教师专业认同的结构

学者们普遍认为教师职业认同的形成受多种因素的影响，教师职业认同不是由单一的结构组成，而是由多维结构、多个子认同共同组成。

克雷默和霍夫曼认为教师职业认同包括四个次认同①：向心性（centrality），是指它的重要性、意义以及互相连接；价值（value），是指它的价值和吸引力；团结（solidarity），是指与其同事分享共同命运的准备；自我表现（self-presentation），是指被别人认同为职业者（教师）的意愿。向心性和价值通常是共变的，但这不是必需的。

贝加德等人认为教师从学科、与学生关系、教师角色三个方面确立教师职业认同。在后续研究中，贝加德等人认为，教师个体将从学科专家、教育学家、教导专家这三种交叉的角色中感受到自己的教师职业认同。② 教师对其职业认同，包含了对学科专家、教育学专家和教导专家三个方面的认同，但每个教师的职业认同在这三个方面所占比重不一样。

布里克森提出了教师认同的三因素模式，认为教师认同形成和确立从理论上可以区分为个人的、集体的和相互的三个维度，并认为每个维度中又包含了认知、情感、行为和社

① KREMER L，HOFMAN J E. Teachers professional identity and burnout. Research in education，1981（34）：89-93.

② BEIJAARD D，VERLOOP N，VERMU J D. Teachers' perceptional identity：an exploratory study from a personal knowledge perspective. Teaching and teacher education，2000，16（7）：749-764.

会四个方面。①

卡尔和纳丁认为准教师的职业认同包含教学承诺、职业取向、任务取向和自我效能。②

凯尔克特曼斯（Kelchtermans）将教师的专业认同划分为五个部分：自我形象（self-image），即“我是一个怎样的老师”；自尊（self-esteem），即“我是不是一个好老师”；工作动机（job motivation），即“我为什么要做这个工作，或我为什么不想做这个工作了”；工作知觉（task perception），即“我为什么必须要做一个称职的老师”；未来的展望（future perspective），即“我的努力的方向是什么，我的未来会如何”。③

有研究者将教师职业认同做了如下划分：职业意义感知、职业能力认同、职业特征认知、对学生的认同、对领导的认同、对工作背景的认同、对工作回报的认同以及所在学校有归属感或集体感的判断。④ 也有研究者认为，教师职业认同是一个由价值认同、情感认同、能力认同、持续认同和投入认同五个因子构成的多维度结构。⑤ 以这五个因子为基础编制的教师职业认同量表，有较好的信度和效度，符合心理测量学的规范，可以作为测量中小学教师职业认同的工具。还有研究者运用实证的方法，发现中小学教师职业认同包含职业认知、职业情感和职业价值三个维度。⑥

有研究者对职业认知、职业情感和职业行为进行了区分，通过二阶验证性因子分析，提出教师职业认同由职业价值观、角色价值观、职业归属感、职业自尊感、要求行为倾向、额外行为倾向组成（见图 6－1）。⑦ 这也给我们提供了一定的参考。

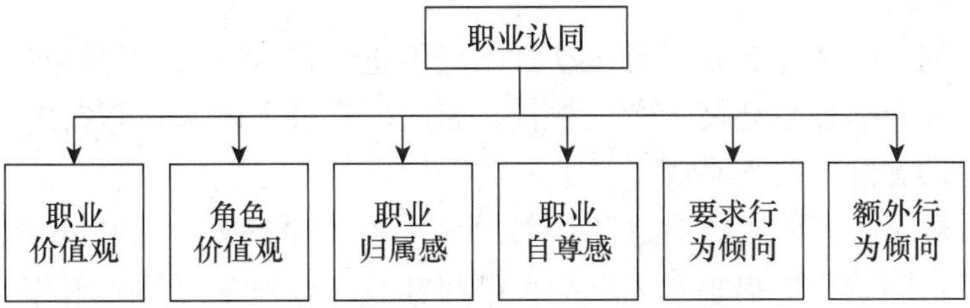

图 6－1　教师职业认同的理论构想结构

职业认知方面，与教师职业认同的两个认同对象——教师职业、内化的职业角色——相对应，包含职业价值观和角色价值观两方面。职业价值观是指教师个体对教师职业的意

---

① BRICKSON S D. The impact of identity orientation on individual and organizational outcomes in demographically diverse settings. Academy of management review，2000，25（1）：82－101. 转引自：沈之菲．近十年西方教师认同问题研究及启示．上海教育科研，2005（11）：10－13.

② Carl L，Nadine E. The development of student teachers' professional identity. European journal of teacher education，2010，33（1）：3－18.

③ 朱旭东，张华军．教师专业精神研究．北京：北京师范大学出版社，2017：26.

④ 于慧慧．中学青年教师职业认同现状研究．长沙：湖南师范大学，2006：133.

⑤ 周珂，王崇喜，周艳丽．体育教师职业认同的结构与量表编制研究：以中学体育教师为例．北京体育大学学报，2012，35（3）：93－98.

⑥ 孙利，佐斌．中小学教师职业认同的结构与测量．教育研究与实验，2010（5）：80－84.

⑦ 魏淑华．教师职业认同研究．重庆：西南大学，2008：26.

义、作用等方面的积极认识和评价。职业价值观在以往的研究中也有人对其进行了强调，“所谓‘职业认同’，是指一个人对所从事的职业在内心里认为它有价值、有意义，并能够从中找到乐趣”①。角色价值观是指教师个体对“教师角色”、对自我的重要程度等维度的积极认识和评价，表现为教师个体以“教师”自居并用“教师”角色回答“我是谁”的意愿。

职业情感方面，与教师职业认同的两个认同对象相对应，包含职业归属感和职业自尊感两方面。职业归属感反映的是教师个体对自己与其职业的关系的积极感受和体验，是指教师个体意识到自己是教师群体中的一员，经常有与教师职业荣辱与共的情感体验。职业自尊感则反映教师的角色感受和体验，是指教师对自己作为一名教师具有的价值、重要性、效能等方面的积极感受和体验。

职业行为倾向方面，根据教师工作的性质和内容，又可以分为要求行为倾向和额外行为倾向。要求行为倾向是指教师表现出完成工作任务、履行职业责任必需的行为倾向。额外行为倾向是指教师个体表现出没有在职业责任中明确规定但有益于提高职业工作效能的行为倾向。

二、教师专业认同的特点

根据现有对教师专业认同的研究，教师专业认同的特征可以归纳为以下四点。

（一）动态平衡性

教师专业认同与教师专业发展是运动且不会停止的，可以看作与终身学习的观点相一致。教师专业认同会随社会环境、学校教育、家庭因素及个体认知等诸因素的变化而不断重构和改变，是动态的，而不是固定的。

教师专业认同是教师的主体观念不断被唤醒，在整个职业生涯中不断加深自我认识、专业认识、专业认同感和幸福感，力求让自己与社会对教师专业的要求相契合，是一个教师不断与专业相互接近和融合的过程。同时，教师专业认同会受到学校、家庭环境、历史文化传统、政府政策导向、社会舆论等各种因素的影响，并且这些因素之间存在相互影响、相互作用的动态发展过程。另外，教师专业认同发展也不是一次性就能够完成的，不同的时空背景下，教师的专业认同感会因个人发展不同阶段所积累的新经验而有所改变。当教师遭遇“认同危机”，就是再一次认同的开始。

教师专业认同是一个认识主体与客体之间相互建构的、复杂的、持续的、不断重构的动态平衡过程。

（二）个体独特性

教师专业认同作为一种心理过程，其实质是教师个体对专业活动的认识和情感体验，是一种个人主观的反映。教师被期望思维和行为专业化，但这并不能仅仅通过采用规定好的包括知识、技能、情感和态度等的职业特征来实现。教师根据价值观的不同，在处理这

① 杨宏. 和谐校园文化与教师职业认同. 教学与管理，2007（21）：20-21.

些特征的方式上是不同的，是极具个人特点的。

每一个教师都是有着价值追求和内在丰富性的独特个体，教师个体在专业认同的形成过程中可以利用的资源各异，因为他们的经历各异、体验各异，由此得到的关于角色认知、专业认知和情感体验均有强烈的个人性和不可复制性。

（三）主观能动性

教师个体是专业认同的重要因素，这意味着教师在职业发展的过程中必须是积极主动的。依据建构主义理论，个体的主观建构是养成专业情感和习得相关技能的基础，也是个体主观能动性和积极性充分发挥的前提。因此，教师专业认同的发展也是个体主观能动性发挥的过程，是在学习与实践中不断反思、审视与选择的过程。教师专业认同的发展受家庭、学校、社会、个体自身等内外部多种因素的影响和制约，但一切外部因素都需要通过个体内因才能有效发挥作用，所以教师形成专业认同的关键在于发挥个体的主观能动性。

（四）文化情境性

印度哲学家克里希那穆提说过，我们不仅受到环境条件的限制，而且我们即是“环境”——我们并非环境外的东西。① 教师专业认同是教师内外因素共同作用的结果。其中学校的教育教学活动、家庭环境和期待、历史文化传统、政府政策导向、社会舆论宣传、社会变迁引起的职业变化、重要他人以及个体自我反省等因素对教师专业认同发展起着重要影响。影响专业认同发展的因素可分为内部因素与外部因素，但内因与外因是交互发挥作用的，教师专业认同发展受到诸多因素共同作用和影响。这些因素共同影响着教师专业认同的发展水平。教师专业认同从未脱离自身的直接经验和所在环境的组织文化或人际关系的影响。因此，教师专业认同具有情境性和历史性。

第三节　小学教师专业认同的发展路径

小学教师专业认同的发展易受到周围环境以及教师个人经历的影响，其过程伴随着教师教学反思和心理调适。其发展路径主要有以下四条。

一、基于学校与社会的教师专业认同发展

环境既指教师的生活场地，也指教师所处的文化场域，环境对教师有很大的潜移默化作用和限定作用。教师专业认同的发展是内外因素共同作用的结果，其发展过程不可避免受到社会和学校文化环境的影响。

在不同时期，小学教师所面临的环境和应对环境的能力是有差异的，其建构的结果与需要解决的任务也自然有差别。总体来看，教师专业认同是教师与学校、社会环境相互作用的过程，体现在以下几个方面：

---

① 克里希那穆提．一生的学习．张南星，译．深圳：深圳报业集团出版社，2010：60.

第一，社会期望与自我形象。这里的社会期望是指家长、学校领导、社会民众对教师的整体期望。社会中对教师的期望是教师形成专业认同的重要影响因素。要达成专业认同，需要教师将社会期望纳入自己的认同结构中，实现社会期望与自我形象之间的平衡。在这个过程中，社会期望与教师自我形象之间的差距，可能会导致教师心理压力大、焦虑、自我效能感和认同感低等结果。不少教师这样说："我觉得就是整体对老师的期望很高"，"社会的期望值比较高，第一点是家长对教师的期望比较高，第二点就是学校领导特别是一把手对教师的要求也比较高"。社会期望与自我形象的矛盾冲突是教师专业认同形成过程中不可避免的难题，每一位教师在形成专业认同的过程中都经历着将社会期望纳入自我形象的过程。

第二，社会传统与教师信念。这里的社会传统既指社会中有关技艺、伦理、艺术和科技等方面的思维模式，也包括教师群体文化。一方面，教师的专业认同往往反映了其所处社会的传统观念。丰富这些传统概念的内涵有助于教师建构更科学的教师专业认同。另一方面，教师群体文化会在一定程度上影响新手教师的专业认同。教师群体文化包括一所学校内教师团体的信念、价值、态度、习惯以及行为规范等，反映出教师之间的状态和结合方式。教师文化整体上反映了教师这一社会阶层的价值观和行为规范。[①] 在我国中小学中，不同的教师群体有着不同的群体文化，不同的群体文化对个人也有不同的影响。新手教师刚刚进入教学岗位，其发展仍处于"养成"阶段，会受到所在年级组或教研组等群体文化的影响。

第三，学校环境与教师适应。学校的制度、文化、人际关系等各种环境会影响教师专业认同。宽松、有爱的学校环境，有利于专业认同；紧张、冷漠的学校环境势必会令教师执教压力大，幸福感和价值感低。良好的学校生存环境给予教师宽松自由的空间、和谐友爱的人际合作和学校支持的归属感。

教师专业认同不仅仅是自身内部的认同建构过程，同时也是个人与社会和学校的互动甚至是冲突中产生的自我理解和认识。

二、基于教师人生经历的教师专业认同发展

萨缪尔和斯蒂芬认为，学生时代的经历影响教师对教师角色看法和自我教育信念的形成。当教师进入实习或实际教学阶段时，这些看法或信念和现实会产生冲突。[②] 在教师个人的教育经历中，十多年的亲身体验，他们心中已经形成了"教师"的标准形象，这种形象在很大程度上影响着教师对自己角色的扮演，也在一定程度上描绘了教师意识中对于"教师应该是什么样的"系统的底色。所以说，由个人经历形成的潜在理论比学校教育更能影响教师的专业认同。

理解教师专业认同的形成过程，除了考察教师所处的社会和学校环境，还不能忽视教

① 仇多维，罗志华. 中小学校的教师群体文化现象剖析. 当代教育论坛（学科教育研究），2007（9）：62-63.
② 朱旭东，张华军. 教师专业精神研究. 北京：北京师范大学出版社，2017：30.

师过去的人生经历，特别是家庭和对其特别重要的人物、事件的影响。

拓展阅读　　重要他人

"重要他人"是指在个体社会化以及心理人格形成过程中具有重要影响的具体人物。教师专业发展中的"重要他人"是对教师专业发展有重要影响的个人或群体。考察有关教师专业发展的案例可以发现，教师专业发展中的"重要他人"可以是学校同事、学科领导和学术大师，或者是各级行政领导、青蓝工程中的师傅和自己的教育对象，也可以是自己的家人，而且随着教师工作生活环境的变化和专业发展阶段的不同也有所不同。所以，教师专业发展中的"重要他人"具有多元性、阶段性和选择性等特点。实践表明，教师专业发展中"重要他人"的促进作用主要表现为行政领导的保障作用、领袖教师的引领作用和合作伙伴的支撑作用等几个方面。

资料来源：彭云. 重要他人：教师专业发展的促进者. 当代教育科学，2012.

三、基于教学反思的教师专业认同发展

教学反思是实践反思的一种，指教师以自己的教学活动为思考对象，对自己的行为、做出的决策以及由此所产生的结果进行审视和研究的过程，是一种通过提高参与者的自我觉察水平来促进能力发展的途径。[①] 不少学者认为，教学反思是教师自我分析和批判的过程，是专业认同发展的重要途径。

就反思的内容而言，教学反思不仅包括教师对自己的认识和了解，回答"我是谁"的问题，还包括教师对自己专业观念、专业知识、专业能力和教学风格等方面的反思，寻求自己对专业的充分认识，找到自己与专业的契合点，实现"我想成为什么样的老师"的目标。

就反思结果而言，教育叙事是教师反思结果的一种反映。它是指教师以"讲故事"的方式把自己经历过的看似平凡的专业活动重新咀嚼、回味和审视，从而发现自己从事专业活动的价值和意义。对自己的教育生活进行审视的过程就是教师对自己所叙事件的深入分析和思考，全面了解教育事件发生的起因，领会隐藏于教育实践中的教育思想和理念，进而提出解决的问题的策略和方法，解决教学中的矛盾，达成专业认同的过程。教育叙事具体包括教师教学日志、工作档案、反思随笔、观察记录和访谈记录等多种形式。

小学教师教学反思的过程可以概括为反思问题、解决问题、达到认同、反思问题的螺旋式发展过程，这个过程也可以称为教师专业认同发展的主要路径。通过反思，教师可以发现自己教学中存在冲突的原因，并"对症下药"找到适用于自己专业认同发展的道路，在教学实践中不断提升专业认同感，从而实现自己的职业生命价值。

---

① 朱旭东，张华军. 教师专业精神研究. 北京：北京师范大学出版社，2017：27.

四、基于教师心理调适的教师专业认同发展

认同危机是每个教师发展过程中不可避免的问题，而认同危机同时孕育着新的更合理的认同。教师专业发展中的认同危机表现为教师价值认同危机和自我意义感的丧失，表现为教师自我身份感的困惑与归属感的缺失，表现为教师专业角色的冲突与困惑。[①] 在认同危机的状态下，“伴随这些问题而来的是烦心的焦虑、极度的苦恼”[②]。教师在社会的高期望、学校的严要求以及自我约束等各种因素压力下难免会产生焦虑、烦躁和苦恼等情绪。过度的焦虑和消极的压力，不仅会使教师产生消极的情绪反应，而且会使教师丧失自我价值感、归属感，加剧自我认同危机。

因此，教师专业认同是教师心理不断进行调试的过程。这个过程需要教师不断关注自我情绪状态，正确认识焦虑情绪，尽力调整自己的心理，找到情绪的最佳点，形成健康的专业认同。

第四节　小学教师专业认同发展的条件保障

我们可以把小学教师专业认同发展保障机制分为宏观层面、中观层面和微观层面。其中，宏观层面的保障机制主要指政府和社会的政策支持、公民意识增强和文化环境建设等；中观层面的保障机制主要指学校的制度体系、氛围建设等；微观层面的保障机制主要指教师内在动力的激发和主观能动性的发挥。

一、宏观层面——加强顶层设计，形成支持性社会环境

众所周知，教育是兴国强国之大计，社会的发展离不开教育。而教育要想发展，关键在于教师，教师担负着为国家培养下一代的重任。因此，助力教师专业发展，关注教师专业认同越来越重要。

（一）加强顶层设计，提高教师地位

首先，要提高全社会对教师专业性的认识，形成“尊师重教”的社会氛围。改革开放以来，尽管党和政府一再强调尊师重教，但由于教师劳动效果的长期性和滞后性，社会对教师职业的认同仍较低。[③] 有些人对小学教师抱有偏见，轻视小学教师的劳动，认为小学教师是“人人都能干”的简单劳动，殴打教师等现象也时有发生。若要真正形成尊师重教的社会氛围，无疑需要提高全社会人们对于教师专业性的认识，认识到教师专业的不可替代性。

---

① 孙二军．自我认同视域下的教师专业发展．北京：社会科学文献出版社，2016：148.

② 马斯洛．人的潜能和价值．林方，译．北京：华夏出版社，1987：400.

③ 杨翠娥．走向生命关怀的教师专业发展．北京：知识产权出版社，2015：177.

其次，教师需要受到社会的尊重和支持，同时也需要物质奖励。2018 年 8 月，国务院办公厅印发了《关于进一步调整优化结构提高教育经费使用效益的意见》，要求健全中小学教师工资长效联动机制，实现与当地公务员工资收入同步调整，确保中小学教师平均工资收入水平不低于当地公务员平均工资收入水平，使教师能够安心在岗从教。虽然教师的工资有所提高，但是在市场经济快速发展的今天，小学教师深感自己的经济收入与同期毕业或没有考上大学从事其他行业的同学相比仍有很大的差距。这也是教师专业认同感低的一个重要原因。所以，要真实保障教师权益，增加教师工资收入，使其与教师劳动等值，减轻教师的生存压力，让广大教师能够安居乐业，才是提高教师专业认同感的重中之重。

拓展阅读

中共中央 国务院

关于全面深化新时代教师队伍建设改革的意见（2018 年 1 月 20 日）

（节选）

五. 不断提高地位待遇，真正让教师成为令人羡慕的职业

20. 明确教师的特别重要地位。突显教师职业的公共属性，强化教师承担的国家使命和公共教育服务的职责，确立公办中小学教师作为国家公职人员特殊的法律地位，明确中小学教师的权利和义务，强化保障和管理。各级党委和政府要切实负起中小学教师保障责任，提升教师的政治地位、社会地位、职业地位，吸引和稳定优秀人才从教。公办中小学教师要切实履行作为国家公职人员的义务，强化国家责任、政治责任、社会责任和教育责任。

21. 完善中小学教师待遇保障机制。健全中小学教师工资长效联动机制，核定绩效工资总量时统筹考虑当地公务员实际收入水平，确保中小学教师平均工资收入水平不低于或高于当地公务员平均工资收入水平。完善教师收入分配激励机制，有效体现教师工作量和工作绩效，绩效工资分配向班主任和特殊教育教师倾斜。实行中小学校长职级制的地区，根据实际实施相应的校长收入分配办法。

22. 大力提升乡村教师待遇。深入实施乡村教师支持计划，关心乡村教师生活。认真落实艰苦边远地区津贴等政策，全面落实集中连片特困地区乡村教师生活补助政策，依据学校艰苦边远程度实行差别化补助，鼓励有条件的地方提高补助标准，努力惠及更多乡村教师。加强乡村教师周转宿舍建设，按规定将符合条件的教师纳入当地住房保障范围，让乡村教师住有所居。拿出务实举措，帮助乡村青年教师解决困难，关心乡村青年教师工作生活，巩固乡村青年教师队伍。在培训、职称评聘、表彰奖励等方面向乡村青年教师倾斜，优化乡村青年教师发展环境，加快乡村青年教师成长步伐。为乡村教师配备相应设施，丰富精神文化生活。

23. 维护民办学校教师权益。完善学校、个人、政府合理分担的民办学校教师社会保障机制，民办学校应与教师依法签订合同，按时足额支付工资，保障其福利待遇和其他合法权益，并为教师足额缴纳社会保险费和住房公积金。依法保障和落实民办学校教师在业

务培训、职务聘任、教龄和工龄计算、表彰奖励、科研立项等方面享有与公办学校教师同等权利。

24. 推进高等学校教师薪酬制度改革。建立体现以增加知识价值为导向的收入分配机制，扩大高等学校收入分配自主权，高等学校在核定的绩效工资总量内自主确定收入分配办法。高等学校教师依法取得的科技成果转化奖励收入，不纳入本单位工资总额基数。完善适应高等学校教学岗位特点的内部激励机制，对专职从事教学的人员，适当提高基础性绩效工资在绩效工资中的比重，加大对教学型名师的岗位激励力度。

25. 提升教师社会地位。加大教师表彰力度。大力宣传教师中的“时代楷模”和“最美教师”。开展国家级教学名师、国家级教学成果奖评选表彰，重点奖励贡献突出的教学一线教师。做好特级教师评选，发挥引领作用。做好乡村学校从教30年教师荣誉证书颁发工作。各地要按照国家有关规定，因地制宜开展多种形式的教师表彰奖励活动，并落实相关优待政策。鼓励社会团体、企事业单位、民间组织对教师出资奖励，开展尊师活动，营造尊师重教良好社会风尚。

建设现代学校制度，体现以人为本，突出教师主体地位，落实教师知情权、参与权、表达权、监督权。建立健全教职工代表大会制度，保障教师参与学校决策的民主权利。推行中国特色大学章程，坚持和完善党委领导下的校长负责制，充分发挥教师在高等学校办学治校中的作用。维护教师职业尊严和合法权益，关心教师身心健康，克服职业倦怠，激发工作热情。

资料来源：中共中央、国务院关于全面深化新时代教师队伍建设改革的意见.（2018-01-31）[2021-11-23]. www.gov.cn/zhengce/2018-01/31/content_5262659.htm.

（二）改善社会环境，给予合理的期望值

中庸之道，过犹不及。适当的期望对教师专业发展具有激励作用；过高的期望会导致高压、混乱的环境，使人产生低价值感。我们要认识到教师也是普通人，也有正常人的心理和需要，教师的能力也有限，而非无所不能，社会对于教师角色的期待不能过于神圣化，对于教师的要求不能过于苛刻。社会媒体对于优秀教师的宣传不宜夸大事实，对于个人教师示范案例的报道也不宜过度渲染。

总之，社会应对教师抱有合理期望，以减小教师不必要的心理压力。合理的社会期望在一定程度上会降低教师的焦虑感，使教师的职业幸福感、自我价值感有所提升。

（三）改革教师培训，提升培训时效性

首先，教师具备良好的专业技能是其发展的基础需要。定期开展跨区域、跨省市教师评课活动，举办大型教师技能大赛有利于提升教师教育教学技能，增强教师的自信心。

其次，当今教育变革是信息化、智能化的，复杂的教育技术环境让很多教师觉得难以应对。因此，安排相应的教育技术培训是必不可少的。

再次，对职前和在职的教师进行职业生涯规划教育，关注不同发展阶段教师的成长需要，为他们提供及时而有效的方法指导，让他们有面对未来的计划，有目标不迷茫。开展职业生涯规划教育讲座，关注教师规划设计中的难点，采取对应措施帮助教师，让教师感受到被支持、被重视。

拓展阅读

教师教育振兴行动计划（2018—2022年）

教师教育是教育事业的工作母机，是提升教育质量的动力源泉。为深入认真贯彻习近平新时代中国特色社会主义思想和党的十九大精神，根据《中共中央 国务院关于全面深化新时代教师队伍建设改革的意见》（中发〔2018〕4号）的决策部署，按照国民经济和社会发展第十三个五年规划纲要及国家教育事业发展“十三五”规划工作要求，采取切实措施建强做优教师教育，推动教师教育改革发展，全面提升教师素质能力，努力建设一支高素质专业化创新型教师队伍，特制定教师教育振兴行动计划。

一、指导思想

以习近平新时代中国特色社会主义思想为指导，全面学习贯彻党的十九大精神，紧紧围绕统筹推进“五位一体”总体布局和协调推进“四个全面”战略布局，坚持和加强党的全面领导，坚持以人民为中心的发展思想，坚持全面深化改革，牢固树立新发展理念，全面贯彻党的教育方针，坚持社会主义办学方向，落实立德树人根本任务，主动适应教育现代化对教师队伍的新要求，遵循教育规律和教师成长发展规律，着眼长远，立足当前，以提升教师教育质量为核心，以加强教师教育体系建设为支撑，以教师教育供给侧结构性改革为动力，推进教师教育创新、协调、绿色、开放、共享发展，从源头上加强教师队伍建设，着力培养造就党和人民满意的师德高尚、业务精湛、结构合理、充满活力的教师队伍。

二、目标任务

经过5年左右努力，办好一批高水平、有特色的教师教育院校和师范类专业，教师培养培训体系基本健全，为我国教师教育的长期可持续发展奠定坚实基础。师德教育显著加强，教师培养培训的内容方式不断优化，教师综合素质、专业化水平和创新能力显著提升，为发展更高质量更加公平的教育提供强有力的师资保障和人才支撑。

——落实师德教育新要求，增强师德教育实效性。将学习贯彻习近平总书记对教师的殷切希望和要求作为教师师德教育的首要任务和重点内容。加强师德养成教育，用“四有好老师”标准、“四个引路人”、“四个相统一”和“四个服务”等要求，统领教师成长发展，细化落实到教师教育课程，引导教师以德立身、以德立学、以德施教、以德育德。

——提升培养规格层次，夯实国民教育保障基础。全面提高师范生的综合素养与能力水平。根据各地实际，为义务教育学校培养更多接受过高质量教师教育的素质全面、业务见长的本科层次教师，为普通高中培养更多专业突出、底蕴深厚的研究生层次教师，为中等职业学校（含技工学校，下同）大幅增加培养具有精湛实践技能的“双师型”专业课教师，为幼儿园培养一大批关爱幼儿、擅长保教的学前教育专业专科以上学历教师，教师培养规格层次满足保障国民教育和创新人才培养的需要。

——改善教师资源供给，促进教育公平发展。加强中西部地区和乡村学校教师培养，重点为边远、贫困、民族地区教育精准扶贫提供师资保障。支持中西部地区提升师范专业办学能力。推进本土化培养，面向师资补充困难地区逐步扩大乡村教师公费定向培养规模，为乡村学校培养“下得去、留得住、教得好、有发展”的合格教师。建立健全乡村教师成长发展的支持服务体系，高质量开展乡村教师全员培训，培训的针对性和实效性不断提高。

——创新教师教育模式，培养未来卓越教师。吸引优秀人才从教，师范生生源质量显著提高，用优秀的人去培养更优秀的人。注重协同育人，注重教学基本功训练和实践教学，注重课程内容不断更新，注重信息技术应用能力，教师教育新形态基本形成。师范生与在职教师的社会责任感、创新精神和实践能力不断增强。

——发挥师范院校主体作用，加强教师教育体系建设。加大对师范院校的支持力度，不断优化教师教育布局结构，基本形成以国家教师教育基地为引领、师范院校为主体、高水平综合大学参与、教师发展机构为纽带、优质中小学为实践基地的开放、协同、联动的现代教师教育体系。

三、主要措施

（一）师德养成教育全面推进行动。

（二）教师培养层次提升行动。

（三）乡村教师素质提高行动。

（四）师范生生源质量改善行动。

（五）“互联网+教师教育”创新行动。

（六）教师教育改革实验区建设行动。

（七）高水平教师教育基地建设行动。

（八）教师教育师资队伍优化行动。

（九）教师教育学科专业建设行动。

（十）教师教育质量保障体系构建行动。

资料来源：2018 年 3 月 22 日发布的《教育部等五部门关于印发〈教师教育振兴行动计划（2018—2022 年）〉的通知》。

二、中观层面——重视教师发展，提供发展性学校平台

一直以来，中共中央、国务院都非常重视出台相应的政策方针支持教师全方位发展，为全国教育事业振兴提供了有力保障。那么，在教育政策指导下，各类学校应如何进一步保障教师专业认同的发展呢？

（一）营造和谐氛围，建构学习型学校

一方面，学校领导和管理者应坚持多方参与的原则，积极为教职工创造参与学校管理的环境，鼓励教师参与到学校建设中来。学校制定规章制度、制定学校发展规划、做出有关重大问题的决策，都应通过校务会议、教研组会议、教职工代表会议或其他形式的座谈

会，广泛听取教职工意见后，才能做出决议和决定，努力营造一种领导者与教师者之间相互尊重、心理相容、感情和谐的氛围，增强教师的主人翁意识和自尊感。

另一方面，学校是教师生活和工作的重要文化场域，对教师形成专业情感、专业价值观等各个方面起着重要作用。学校要能够合理制定、实施、调整学校发展规划，并能设计有关教学组织的方案，构建学习型学校。制定校本培训计划是构建学习型学校的方式之一。校本培训计划是学校根据自身发展的状况与本校教师的专业发展需要制定的全体教师专业发展计划。各个学校有自己的教育理念、资源与方式，要突出自己的个性特点，应在满足共同需求的基础上，重视教师的个性特点，促进不同教师自身教学风格与特色的形成。每位教师都是作为一个独特的生命个体参与活动的始终，应当让他们在这个过程中闪烁创造的火花和人性的光辉，显现出独特的风貌。同时，学校领导不但要善于选择与使用教师，还要善于和教师对话、沟通。

（二）重视教师发展，为其提供充分条件

重视教师全方位发展，尽力提供满足教师发展的条件。学校是管理者大展宏图的天地，也是教师大显身手的舞台。学校领导者要善于为教师搭建走向成功的平台，帮助教师更好地成长。为满足教师提高专业能力的需求，学校应从时间、经费上支持教师参加相关进修；根据课改实验的需要，学校可以派教师参加省、市、县的新课程培训学习，这样可以使每一位教师产生强大的内驱力，不断促进自身专业发展。

另外，学校还可以创建专业发展共同体，给教师提供经验共享、交流沟通的机会，当教师对自我认识不清时，可以与他人交流分享，在与他人经验思想的碰撞中发现自我，形成专业认同。教师专业发展共同体是指教师以学校为基本场域，基于共同愿景及共同价值导向，秉持民主、平等、共生的观念，通过特定专业活动构建共享机制，形成共同体文化，最终达到成员共同发展的专业组织。[①] 但是，教师专业共同体并非“一群教师”那么简单，其形成的内在规定在于拥有相对一致的价值观；教师在共同体中以自我完善为己任。[②] 长期以来，独善其身、文人相轻的不良文化观让教师认为专业发展是自己的事，使教师之间缺乏合作和交流。联合国教科文组织在 1996 年发表的《教育：财富蕴藏其中》提出“为实现共同目标而努力”，当人们为一些能使自己摆脱日常习惯、值得一做的项目共同努力时，人与人之间的分歧甚至冲突就会减弱，有时就消失了。[③] 教师之间为实现专业发展的目标而共同努力时，教师之间形成基于特定场景下的共同认识并继续强化认识，将其纳入自己的专业认同当中，无疑是教师专业发展的重要途径。在实践中，教师专业共同体可以通过专业沙龙、同课异构、课程开发、案例研究等方式，提高教师凝聚力，形成全员发展新气象。

（三）关注教师生活，加强人文关怀

随着人们对教育的关注和期待的攀升，教师承受的压力也越来越大。特别是新课改的

---

①② 王帅．教师专业发展标准、内容与向度．北京：科学出版社，2018：205．

③ 联合国教科文组织．教育：财富蕴藏其中．联合国教科文组织总部中文科，译．北京：教育科学出版社，1996．

全面推进，使得小学教师自身的教育理念、专业知识与技能都受到了前所未有的挑战。再加上教师角色本身所固有的“责任感”与“自律”等特点使教师身心承受着极大的压力，若不注意疏导、调整，必将阻碍教师素质的提高和自身的发展。

积极心理学研究取向下的教师心理健康促进模式强调要关心教师的优秀品质和美好心灵，关注其积极地认知加工、情绪体验和社会行为，培养积极健康的人。积极健康是教师专业发展的基础，而这需要学校领导加强人文关怀，关心教师生活，创建良好的人际关系，对教师的实际困难，要善于换位思考，在力所能及的范围内要尽力帮助。必要时可设立教师心理咨询室，为教师提供一个给心灵减压的地方。

三、微观层面——激发内部动力，形成科学的专业认同

唯物辩证法告诉我们，事物的发展是内外矛盾相互作用的结果。教师专业认同的形成需要社会和学校等外部因素的关心与支持，但更需要教师个人主观能动性的发挥，才能形成更科学更健康的专业认同。

（一）正确认识自我及职业，树立积极职业价值观

哲学家雅斯贝尔斯说过，人只有在面对痛苦、衰老、死亡、心理困境、道德冲突的时候才会思考人生的意义。很多教师不知道自己是一个什么样的教师、想要成为什么样的教师。这就是很多教师感受不到幸福的原因。一个认识自我、了解自我的教师是自信、自我悦纳、自我规划和负责的人。因此，首先，教师应正确认识自己。通过对自己的认识和了解，可以对自身及自身发展有清晰的自我认知或定位，从而审视自己的专业发展，追求切合实际的生活理想、工作期望，在自己力所能及的范围内，找到理想与现实的最佳结合点。其次，教师要客观地了解自己所从事的职业，既不能自卑，也不能有过高的期望值。尤其是不能盲目地跟别人或别的职业进行简单的比较，要看到自己所从事职业的价值，树立积极的职业价值观。

作为小学教师，要树立积极的职业价值观，可以从以下三方面入手：第一，努力转变自身观念，充分认识到教育工作的深远意义，提高自身的职业动机。小学教师应将自身职业价值的追求引向实现自我才能的发挥、促进学生的成长发展、促进课程改革、满足社会需要等更远大的奋斗目标上。通过提升自我的专业认同，增强对自身工作的责任感和自豪感。第二，加强自身职业道德修养，树立爱岗敬业精神。人才的培养、教育的发展离不开教师兢兢业业地工作。爱岗敬业诠释了教师对自身职业的热爱和重视，反映了教师对自己所从事的职业的认同程度。小学教师应努力化解工作中的不如意，把精力放在对教育事业的奉献上，本着为社会负责、为学生负责的理念，以积极乐观的工作态度和高度的责任感投入工作，在工作中不断取得进步，获得成就感。第三，忠于教育事业，坚定职业意志。教师不同于其他任何职业，教师肩负着为国家培养人才的重任，寄托着亿万家庭对未来的期盼。面对国家的未来与家庭的期望，小学教师要增强投身教育事业的使命感与责任感，严格要求自己，忠于教育事业。

（二）积极进行自我反思，确立合理的自我期望

教师反思与专业认同紧密相关。教师通过反思可以将自己与社会要求相联系，将社会要求整合到自己的发展中去。教师专业认同也可以看作教师在社会空间中对自己进行定位的过程。人们通过识别自己与别人的特定关系来确认自己在哪里和自己是谁。

反思是解决问题的一种特殊形式，它是对于任何信念或假设性的知识，按其所依据的基础和进一步结论而进行的主动的、连续的和周密的思考。教师在社会空间中的定位过程离不开教师的反思。

教师反思的重要形式是自我叙述。这种自我叙述是教师关于他们的职业活动和生活经历的自我再现，个体对自己及别人对自己的理解的反映。这是个体在与别人及与自我的相互作用中可以利用的重要资源。自我叙述为教师职业认同提供了方法，为更新教师专业化提供依据。

自我叙述可以是一种语言叙述，也可以是一种思维活动，还可以是书面形式的自我记录，比如说写教育日记。教育日记，即对一天中或一段时间内所发生的各种教育行为、自己的思想变化进行的记录，并反思其合理性、提高可能性等方面的自我叙述。有必要积极倡导教师写教育日记。

不管是采用哪种形式，把反思的结果进行公开很重要。对反思结果进行交流的过程，本身也是一种再反思的过程。它为教师之间交流关于学校教育、学科知识、教育学等方面的想法提供了机会。而且它可以生成关于政策和实践的更加积极、更加活跃的辩论，可以引发教师职业认同和教师专业发展新的生长点。

建立专业团体是自我反思结果交流、对话的重要方式。推崇尊重、互惠、合作等价值观的专业团体能为教师之间交流与合作提供情境和条件。

（三）制定科学发展规划，主动寻找成长契机

教师职业生涯规划是教师对自身职业发展的各个方面进行的设想和规划，是教师自我完善和发展的重要内容，是教师自我追求的动力、方向和路径。良好的职业生涯规划可以给教师提供经常性的动力和切实的目标，增进教师的持续发展和成长，增强教师的职业成就感和认同度。

长期以来，很多教师由于缺乏对职业生涯发展的规划，每日陷在琐碎繁杂的日常教学事务中。这种没有规划的教师，由于缺乏聚焦的目标，缺乏对自身全面透彻的审视，往往会产生压迫感，进而严重影响专业认同。

因此，教师应充分认识自己的发展现状，反思自己自身专业发展的各个方面，包括自身素质、成长的环境、成长的经历等，引导自己认识自身的个性特质、现有和潜在的能力甚至存在的不足。在反思的基础上，教师可进行目标设计。首先，需要明确“我到底想成为一个什么样的教师”这一总目标。另外，教师也可通过寻找精神标杆的方式去找到“总目标”，但是，运用这种方式的前提在于充分认识自己。其次，在教师成长的不同阶段，目标存在着差异性，如新教师、中年教师以及临近退休的教师关注点各不相同，这就需要根据自身所处的不同阶段设计阶段目标；在不同阶段目标下，还要做一些具体的目标规

划，比如某个问题的研究或科研、教材开发及进修提高等。最后，教师须对整个成长阶段进行统筹设计，可以从以下几个方面具体考虑：要达到所制定的目标，需要经过几个阶段，需要一些什么样的素质和客观条件；然后根据这些考虑和分析设计出每个阶段的发展任务和大体时间；成长中所需要的条件措施以及大体上自己可能会采取的应对方案；等等。

良好的职业生涯规划在促进自身发展的同时能够让教师更从容、更富创造性地从事教育教学工作，增加教学中的专业魅力，使其在逐步实现目标的道路上充满自信和期盼，而这就是教师专业认同的重要体现。

【探究运用】

- **小组交流**

你将来想成为什么样的教师？为了成为理想中的教师，你将会怎么做？请认真思考后与你的同伴谈谈。通过本章的学习，你对教师专业认同有哪些新的认识？还有哪些疑惑？

- **推荐文献**

1. 克里希那穆提. 一生的学习. 张南星，译. 深圳：深圳报业集团出版社，2010.

2. 帕尔默. 教学勇气：漫步教师心灵. 吴国珍，译. 上海：华东师范大学出版社，2005.

- **自我评价**

第六章　小学教师专业认同的发展			
通过本章学习，我有如下新的收获：			
1.	☺	Θ	☹
2.	☺	Θ	☹
3.	☺	Θ	☹
通过本章学习，我还需要复习如下内容：			
1.	☺	Θ	☹
2.	☺	Θ	☹
3.	☺	Θ	☹
通过本章学习，我还有一些新的反思：			

说明：
☺表示"我能够完全理解该内容，并在小组讨论中能表达清楚"。
Θ表示"我能够完全理解该内容，但较难向他人表达清楚"。
☹表示"我不能够完全理解该内容"。

第七章

小学教师专业文化的发展

本章导读

上一章我们学习了教师专业认同的知识，我们将在本章继续深入探讨教师作为一种群体性的职业在专业文化方面的一些问题。本章将会为读者呈现教师个体专业到教师群体文化的演变，以及教师群体文化在教师个体发展中的作用。我们会从教师专业文化的定义、小学教师专业文化的类型与特点、小学教师专业文化的发展路径以及小学教师专业文化发展的条件保障四个方面入手，帮助大家对教师专业文化的含义、类型、发展路径与未来保障机制形成相对完整的认识。

学习目标

- 掌握教师专业文化的含义、特点等基本概念。
- 了解哈格里夫斯对教师文化的分类，为我国小学教师专业文化发展提供借鉴。
- 基于教师专业发展的需求，了解小学教师专业文化的发展路径。
- 通过构建教师专业文化发展的保障机制，思考如何更好地促进小学教师专业文化发展，如何协调教师个体发展和教师群体发展的关系。

第一节 教师专业文化概述

一、教师文化的概念

谈及教师文化①，首先要了解以下三个概念：

① 在本章，“教师专业文化”与“教师文化”无差别使用。

在何新主编的《中外文化知识辞典》中这样定义文化：从广义来说，指人类社会历史实践过程中所创造的物质财富和精神财富的总和；从狭义来说，指社会的意识形态以及与之相适应的制度和组织机构。① 随着民族的产生和发展，文化具有民族性，随着民族形式的发展，形成民族的传统。文化的发展具有历史的连续性，社会物质生产发展的历史连续性是文化发展历史连续性的基础。一种完整的文化形态一般包含四个层面：（1）物质文化——工具、工艺、技术文明。（2）精神文化——思想、艺术、哲学、宗教等意识形态。（3）社会组织与制度。（4）价值系统——风俗、伦理、道德、法律。

在周德昌主编的《简明教育辞典》中这样定义教师：向受教育者传递人类积累的文化科学知识和进行思想品德教育，把他们培养成满足一定社会需要的人才的专业人员。② 教师在人类社会发展中具有重要作用，教师把人类长期积累下来的社会精神财富传授给下一代，培养人的思想品德，是培养社会主义现代化建设人才的重要力量，是社会主义精神文明的建设者。我国教师的任务不仅在于教书，更在于育人。要按照全面发展的教育方针把年轻一代培养成有理想、有道德、有文化、有纪律的社会主义建设者和接班人。

在何新主编的《中外文化知识辞典》中这样定义专业文化："专业文化"是指由社会中受过教育的一批杰出人士或一批具有创造力的人士所代表的文化，通常是在城市里。它和"离心文化"相近，而且也和"离心文化"一样，属于"动态文化"。③

对于教育文化的概念，国内不同学者给出了不同的解释。在《教育大辞典》中，教师文化被解释为"教师的价值观念和行为方式"。④ 张九洲在《当代教师文化释义》中将教师文化定义为"教师承担的诸种角色及其表现，使得教师的思想、态度、行为、价值取向等有着不同于其他社会群体的特征，成为一种相对独特的文化形式"。⑤ 张九洲与房慧认为教师文化也指在某一学校中，教师群体共同的价值观念和行为规范的总和，既包括教师群体所共享的价值体系以及行为规范，也包括教师之间的关系形式。⑥ 陈永明认为教师文化是教师在长期的教学实践中形成与发展起来的教育理念、思维方式、价值取向、职业意识、态度倾向、行为方式等。⑦ 赵复查认为教师文化是指"教师群体所共有的语言、态度、信仰、价值观和生活方式以及教师间的相互关系"。⑧ 邓涛和鲍传友认为教师文化指"教师在教育教学活动中形成和发展起来的价值观念和行为方式。它主要包括教师的职业意识、角色认同、教育理念、价值取向与情绪的反应。一般分为三个层次：一是教师的理想信念层次；二是价值体系层次；三是行为模式层次"。⑨

加拿大学者哈格里夫斯（Hargreaves）从内容和形式两方面对教师文化做了阐释。他

① 何新．中外文化知识辞典．哈尔滨：黑龙江人民出版社，1989：2.
② 周德昌．简明教育辞典．广州：广东高等教育出版社，1992：52.
③ 同①.
④ 顾明远．教育大辞典．上海：上海教育出版社，1988：179-183.
⑤ 张九洲．当代教师文化释义．中国民族教育，2006（6）：4-6.
⑥ 张九洲，房慧．当代教师文化释义．现代教育科学，2006（3）：25-27.
⑦ 陈永明．当代教师读本．北京：中国人民大学出版社，2008：36.
⑧ 赵复查．现代教师文化：理念、特征与建构．武汉大学学报（哲学社会科学版），2005（4）：570-574.
⑨ 邓涛，鲍传友．教师文化的重新理解与建构：哈格里夫斯的教师文化观述评．外国教育研究，2005（8）：6-10.

认为，教师文化的内容是指在一个特定的教师团体内，或者在更加广泛的教师社区之间，各成员共享的实质性的态度、价值、信念、假设和处事方式。教师文化的形式是指在该文化范畴内的成员之间具有典型意义的相互关系的类型和联系的方式。其划分标准主要是教师与同事之间的人际关系状况。①

根据以上学者对教师文化含义的解读，我们可以发现各学者对于教师文化存在一种共识：教师文化是在某一学校教师群体中产生和发展的，是教师群体共同的价值观念和行为规范，教师文化在一定程度上影响着教师的教学效果和教师的专业发展。

二、教师文化的意义

（一）对教育改革的意义

《国家中长期教育改革与发展规划纲要（2010—2020年）》出台以后，教师影响着教育改革中先进理念的真正落实以及科学方法的具体操作，教师也就成为推动教育改革的关键因素。课程改革成败的关键是教师能否在课堂上转变自己的教学行为与教学方式，然而教学行为与教学方式的转变受到教师观念和教师教学理念的制约。正如叶澜教授所说：教育信念作为教师教育理念现代化的内化环节，是一种文化和习惯，是积淀于教师心智结构中的价值观念，它常作为一种无意识或先验假设支配着教师的教育行为。② 如果在课程改革中不考虑教师文化，先进的教育改革理念就会浮于表面，不会彻底地改变和落实。先进的、符合教育改革理念的教师文化在教师群体中建构起相应的价值体系，先进的价值体系能够影响教师做出与教育改革相符的教育教学行为，才能推动教育改革真正意义上的实践。所以，承认教师文化的存在，承认教师文化对教育改革的影响，有助于教育改革的深入落实。

出台更多的教育改革政策和方案不是解决教育问题的根本所在，在一种保守的、封闭的教师文化背景下，教育改革很难成功。只有教师文化这种内在因素发生转变，教师的教育实践才可能得到发展与改进，才能使教育改革的方针、政策得到落实。因此，明晰教师文化的存在状态及其特质，并对不适合教育改革理念、新课程理念的教师文化开展调整和建设工作，从源头上解决教育改革与教师文化相矛盾的问题，将对教育改革的顺利实施和真正开展起到推动作用。

（二）对学校发展的意义

学校文化是学校发展的核心价值，在如今教育竞争激烈的环境下，如果一所学校没有一种符合自身发展的、符合本学校特色的文化，其学校的发展就如同没有方向的航船，在茫茫大海中漂浮不定，不知驶向何处，注定会在竞争中淘汰。

教师是在学校进行教育教学活动的，学校是教师生活的最大单位，学校文化是教师文化的母体，教师文化又是在某一学校教师群体中产生的，所以教师文化受到学校文化的影

---

① 冯生尧，李子建. 教师文化的表现、成因与意义. 教育导刊，2002，3（4）：18-20.

② 叶澜. 教师角色与教师发展新探. 北京：教育科学出版社，2001.

响，同样地，教师文化直接或间接地反作用于学校文化。如果一所学校的文化是压抑的、缺乏民主的，学校里的每位教师都得过且过、缺乏进取精神，学校的教师文化一旦形成了松散、疏离的状况，就会对整个学校的发展产生消极的影响；反之亦然。

教师文化影响个体教师的工作态度和热情，进而影响着学校的发展。教师文化的核心价值会制约每一位教师，并规范教师的行为。教师文化的核心价值对教师的工作态度、工作作风、工作绩效和教学热情等方面产生直接影响，同时教师文化的核心价值也为每一位教师的专业成长提供一种隐性的环境。教师的工作状况和专业能力等因素又影响着学校的发展。因此，教师文化对学校发展产生的影响是无形的。教师文化作为促进学校发展的隐性因素，学校领导和教师应该重视教师文化对学校发展的影响，形成有学校特色、有利于教师专业成长和学校发展的教师文化。

所以，教师文化与学校文化二者相辅相成、相互依存、相互影响。

（三）对教师个体发展的意义

教师文化是教师个体发展的基础，教师个体发展必须以教师文化为依托。受传统教育思维和陈旧观念的影响，我国教师文化缺乏个性、依赖性强。这一教师文化的特点导致教师个体在专业发展中缺乏动力，自我进步、自我更新意识不强，容易产生依赖性。

教师文化还受到学校文化的影响。如果一所学校的发展目标明确，制度规范，管理合理，教学秩序严谨，那么这所学校的学校文化就会促生一种和谐的教师文化。在和谐的教师文化价值体系的影响下，每位教师都会对学校的发展理念、办学理念、管理模式等产生强烈的认同感和归属感，从而不断地激励自己、发展自己，从而促进教师个体的专业发展。

教师文化对教师个体发展的影响还有另一种视角。从组织行为学的角度来看，教师的专业发展需要基于对知识的管理和组织设计。不同方式的知识管理和组织设计，可能更新教师文化，激发教师专业发展的热情，也可能压制教师文化，导致教师对专业发展持一种旁观漠视的态度。①

第二节　小学教师专业文化的类型和特点

一、教师专业文化的类型

对于教师文化的分类，不同学者有不同的理解和视角，但是影响最大、意义最深远的是哈格里夫斯对教师文化的分类。所以本书重点介绍哈格里夫斯对教师文化的四种分类：个人主义文化、派别主义文化、人为合作文化和自然合作文化。

（一）个人主义文化

个人主义文化是指教师把教学视为自己的事情，很少与其他教师进行沟通、交流和合

① 李静，何巧艳．论教师文化与教师专业发展．辽宁教育研究，2008（4）：92-95.

作，把求助于同事视为自己的无能，也不愿意主动帮助其他教师，把帮助他人视为自以为是或者侵犯他人的隐私。① 从个人主义文化的定义可以看出，个人主义文化具有独立性、排他性的特点。

教师的个人主义文化最具代表性的是洛尔蒂（Lortie），他对个人主义教师文化做了大量的研究。他将教师的典型工作方式归结为三个方面：现时主义的、保守主义的和个人主义的，教师往往坚守着自身业务和学术上的独立王国，不仅不愿意与他人合作互动，而且教师之间往往处于一种竞争的状态。

哈格里夫斯认为，目前教师文化的重要特征之一就是个人主义。在个人主义文化中，绝大部分的教师处于独自进行教学的状态，其所教的班级也处于隔绝式的状态，不受外界的干扰。这种个人主义的教师文化导致教师羞于与同事合作或不愿意接受同事的批评，所以教师们不会互相学习，教师在尝试新的教学实践时也不能够获得其他同事的支持，甚至，其他同事根本不知道这个教师在尝试新的教学实践。简·罗德克曾经写道："教育是你在一个人防范入侵者的安全空间里，仍能通过自己合法工作的最后职业之一。"② 教师在教学中不是"展现自我"，而是只有自我。

个人主义文化也有一定的优点。第一，有利于教师保护教学隐私和回避外界对教学工作的侵扰；第二，保护教师在自己的教室里可以自由地做出决定和判断。当然它也有一些弊端。第一，它切断了教师从外界获得各种支持和评价的通道，不利于教师自身以及其他教师的专业发展；第二，在教师自主做决定时，无法从其他同事或者校领导和专家那里获得有助于他们做出明智和有效判断的重要反馈；第三，个人主义文化中的教师将教育作为自身外在价值实现的手段，普遍忽视了学生的全面发展和自身的主体性发展。

任何文化的形成背后都有它自己的原因。个人主义文化形成的原因主要有以下几点：第一，教师把主要精力用于处理自己课堂里的事务，对自己的要求是独立的成功观，对其他教师态度上奉行不干涉主义，教师之间没有合作共事的要求和习惯；第二，教师可能不是拒绝或者排斥和他人合作共事，只是害怕被其他同事误解，说自己是"王婆卖瓜，自卖自夸"，所以不敢将自己的观念和新的教学实践与同事分享；第三，教师也怕别人剽窃自己的新观念或归功于他们自己，所以不愿意将新观念分享给其他人③；第四，教师的自尊心较强，害怕在向其他同事寻求帮助时受到他人的指责，因此教师不敢与他人交流讨论。洛尔蒂指出教师的个人主义"不是一种狂妄自大和信心十足：它是一种犹豫和不安"④。从上述原因来看，个人主义文化的形成并不完全是教师个人的意愿。

（二）派别主义文化

派别主义文化指学校被分裂成一些不同的派别，而教师分属不同的派别，在派别内部教师联系较为紧密，而在各派别之间教师互不交流、漠不关心或处于竞争状态。

① 王利. 学校课程领导与教师文化. 中国民族教育，2008（11）：26-28.

② RUDDUCK J. Innovation and change. UK：Open University Press，1991：31.

③ HARGREAVES A. Professional capital：transforming teaching in every school. New York：Teachers College Press，2012.

④ LORTIE D C. School teacher：a sociological study. Chicago：University of Chicago Press，1975：210.

派别主义文化具有以下几个特征：第一，派别主义文化是自发形成的。教师派别是由共同需要的教师个体自由组合而形成的，它既不是政府正式发起的，也不需要社会的认可。第二，派别主义文化之间具有低渗透性。主要是指派别与派别之间相互疏离，缺乏沟通、交流与合作，就像“马赛克效应”理论。第三，派别主义文化具有高持久性。主要是指教师派别团体一旦形成，群体的分离及其成员是相对固定的，不会在短时间内发生派别内部成员间的流动现象。第四，派别主义文化的教师具有高度的个人认同感。同派别的教师之间彼此共享价值观念，说话、做事都与集体保持一致，自己的行为和想法也会受到集体的支持，教师的自尊得到满足，自信心增强，获得了更广泛的身份认可，所以教师具有高度的个人认同感。第五，派别主义文化加快了教师之间的信息传递速度。虽然教师的派别规模小，每一派别可能只有几位教师，但是同派别的教师彼此间的感情密切、交往频繁，他们对于来自学校各方面的信息能够在短时间内传递给内部成员。①

派别主义文化在我国中小学普遍存在，但是不同于中学的派别主义文化，我国小学存在的派别主义文化主要是按照年级或年段进行分类，每一年级或年段内的教师之间彼此交流密切，分享本年级的教学和学生的信息。在小学阶段派别主义文化产生的主要原因是学校领导在对教师进行管理上过多地强调同一年级的教师之间的横向管理。这种横向管理也许是出于习惯，或几任领导留下来的学校传统，然而校领导忽视了纵向管理有助于儿童的生活和课堂的连续性；再者，校领导一般都是年纪稍大、资历较深的教师，他们可能不愿接受新的教育理念，从而缺乏一种对于教师管理的宏观教育理念。

派别主义文化导致各派别之间的教师缺乏沟通，形成冷漠的教学氛围，每个派别都朝着不同的方向发展，这样的教师文化势必对学生的发展产生不利的影响，不同派别之间的恶性竞争对教师的个体发展和学校的发展都会产生不良的影响。

（三）人为合作文化

人为合作文化指学校通过一些正规、特定的程序增加教师相互沟通与合作的机会。②

人为合作文化具有以下几个特征：第一，行政控制性，即教师之间的合作关系不是教师自发组织形成的，而是学校行政部门组成的；第二，强迫性，即学校行政部门在组合时很少顾及教师的个性以及所喜好的工作方式，以强制的方式推行团队教学、同伴指导、集体备课等改革项目；第三，实施取向性，即教师人为合作的目的在于实施行政命令，而不在于促进教师个体发展和教师专业发展；第四，特定的时空，教师人为合作的时间和场所均不由教师们自由决定，而是由行政命令来指定，所以教师人为合作的场所一般都是在学校进行；第五，可预测性，即教师人为合作按照学校的特定计划进行，其合作成果具有较大的人为控制性和可预测性。

这种人为合作文化避免了个人主义文化和派别主义文化的弊端，减少了教师团体的认同感，扩大了教师合作的内容，能够使教师合作的焦点更加明确，在一定程度上可以起到

①② 王利. 学校课程领导与教师文化. 中国民族教育，2008（11）：26-28.

桥梁与沟通的作用，是一种为达到在教师之间形成更为长久的协作关系的目的而暂时存在的、过渡性的、初始阶段的文化状态。

但是人为合作文化也有一定的弊端。第一，它不是真正的自然合作文化，而是以一种"速成代替物"来促进教师之间的合作与发展，阻碍教师把探讨、反思和批判自身教育实践的问题视为日常教学生活的核心，使教师处于一种被动的状态。第二，人为合作文化可能造成教师精力的浪费，过多的行政指令有时会破坏教师间形成自然关系的自发性。① 第三，人为合作文化过于强调教师的服从，忽视教师发展的自主性和自愿性，从而削弱教师的个性化和个体性。第四，人为合作文化中教师们的水平参差不齐，尽管能在较短时间内达成一定目标，但只能对合作收益进行整体性的量化评价，无法进行具体的、细节化的深入评价。我国小学学校中存在着大量的人为合作文化，例如有不少小学为了应付上级的检查，实施所谓的教师合作机制，把教师胡乱结对子，没有考虑教师合作需要的实际条件，通常的做法是优秀教师与优秀教师合作，以点带面，以此来通过上级的检查。

（四）自然合作文化

自然合作文化是指教师在学校中自然而然地形成沟通、交流、对话和合作的氛围，教师既公开接受其他教师的观摩，又观摩其他教师的课堂，相互讨论听课的体会，以期共同提高课堂教学质量。②

在哈格里夫斯看来，教师合作文化是教师们在日常生活中自然而然地生成的一种相互开放、信赖、支援性的同事关系，它具有以下几种特征：第一，自发性。自发性指教师之间的合作源于教师自身，而非外力诱发，教师通过建立专业学习共同体来建构彼此间的合作关系，这种共同体能够得到行政上的支持。从这个意义上来说，自然合作文化不是绝对的或完全的脱离行政，而是需要学校行政上的某种支持，但就其本质而言，这种合作是源于教师内部自发形成的专业学习共同体并通过共同体得以维持和发展。第二，自愿性。自愿性指教师之间的合作关系是在一起工作的过程中形成的，其实践既非义务也非强制，是出于教师的经验和兴趣取向，这种合作关系能使教师愉快而有效地工作。第三，发展取向性。发展取向性指教师合作不是为了迎合别人的目标，而是为了教师自己的发展，教师共享发展目标与愿景。第四，超时空性。超时空性指在自然合作的文化中，教师之间的合作时间与合作地点不是固定不变和行政控制的，可以由教师自由决定；也可以以一种不引人注意的、简单而频繁的非正式交流形式呈现，如对话、对视、赞赏、感谢、建议、讨论或互换课堂等。这些合作渗透在教师的日常教学工作中。第五，不可预测性。不可预测性指自然的合作由教师自主掌握和控制发展进程，其合作的结果不一定表现为成果，因而具有不确定性和难以预测性。自然合作文化摆脱了行政控制，由教师自主掌握，合作过程高度情境化，因而合作结果在很大程度上具有不确定性和不可预测性。③

---

① 李玲，段晓明，陈荟．教师文化类型及其对教师发展的启示．重庆教育学院学报，2004（4）：65-67.

② 王利．学校课程领导与教师文化．中国民族教育，2008（11）：26-28.

③ 张菊凤．从实然到应然：教师合作的走向研究．教学与管理，2012（4）：6-8.

在自然合作文化中，每个教师都是独特的个体，发挥着他们自己的主动性和创造性，都在为这个合作小组贡献自己的力量，每一位教师都是这个小组中不可缺少的一员，都需要得到平等的对待。在自然合作文化中教师彼此相互观课磨课、相互帮助，教师进行自由愉快的合作，他们对教育教学过程中遇到的困难和产生的疑惑能够畅所欲言，能够相互交流、学习和讨论，这有利于教师超越个人反思的局限，从其他教师那里获得更多的专业知识，不断优化教育教学过程。在自然合作文化中教师共同合作，形成教育合力，不仅能够使教师自身的专业能力得到提高，同时也可以促进学生的发展。

这四种教师文化形式，个人主义文化、派别主义文化、自然合作文化是现状的形式分类，人为合作文化是为变革而采取的实践形式。① 哈格里夫斯认为，个人主义文化和派别主义文化是学校中最为普遍的教师文化类型，人为合作文化带有较少的政治色彩，必然走向自然合作文化。真正的合作文化是以教师之间开放、信任、对话且相互支援的心态为基础建立起来的，最理想的教师文化是自然合作文化。哈格里夫斯还提出了第五种教师文化模式——流动的马赛克文化，在拓展阅读中简单做出介绍。

拓展阅读　　　　流动的马赛克文化

流动的马赛克文化，是哈格里夫斯对自然合作教师文化的一种形象化的描述。所谓马赛克（mosaic），是指由五颜六色的小块玻璃、砂砾等原料镶嵌而成的一种图画或图案。② 若组成整幅图案的各个部分处于静止状态，则不难看出，各部分之间存在较为明显的分界线，没有交集。马赛克的最大特点是远看是一幅完整的图画，是浑然一体的，近看则是由不同的小块儿组成，每一块儿是独立的、各具特色的，相互之间互不涉及。③ 基本上可以用这种形态来形容学校里教师之间貌合神离的假合作，即表面上看起来各个教师群体组成了学校的一个完整画面，而实际上不同教师群体之间却处于一种假合作状态。但是，如果让马赛克图案的各个部分动态循环起来，则会出现一幅全新的画面，这种文化的最大特点像马赛克。④ 它强调每个个体是独立的、各具特色的、相互之间处于一种松散型的联合状态。哈格里夫斯认为合作的教师文化可以以小规模教师组织的形式存在，这种组织看起来是松散性的，但却构成了教师合作的整体图景。⑤ 这种流动的马赛克文化则反映了组织的松散性和可重组性。但正是这种看起来松散的联合却构成了教师合作的整体图景。这也正是哈格里夫斯所倡导的第五种教师文化新模式——流动的马赛克文化。

①② 邓涛，鲍传友．教师文化的重新理解与建构：哈格里夫斯的教师文化观述评．外国教育研究，2005，32（8）：6-10.

③ 马玉宾，熊梅．教师文化的变革与教师合作文化的重建．东北师大学报（哲学社会科学版），2007（4）：148-154.

④ 陈雅芳．试论当代教师文化的内涵及其建构．江苏教育学院学报（社会科学版），2007（5）：1-3.

⑤ 同③.

二、教师专业文化的特点

教师因劳动对象是具有主体性的人这一特殊性，决定了教师职业具有特殊性。教师具有示范性、长期性和长效性、创造性、合作性等特点，这决定了小学教师专业文化具有持续性、创造性、合作性、开放性、反思性、共享性的特点。

（一）持续性

教师文化具有持续性的特点。文化的形成是一个长期的过程，是在历史的不断积淀中形成的。小学教师对学生的影响不一定是在短时间内完成的，因而小学教师的文化形成也是一个长期、持续、动态的过程。

我国小学教师在工作上是一个连续不断、螺旋式上升的过程。新手教师进入学校需要通过一系列的职后培训才能不断地进步，其中其他教师对新手教师的指导、观课、评课也算一种非正式的职后培训。在这一过程中，新教师不知不觉地就被该学校的教师文化所感染和影响，并且持续地为原有的教师文化蓄力，注入新的活力和新的因素，使该校的教师文化在日常的交流、备课、观课、评课中不断更新。

（二）创造性

教师文化具有创造性的特点。教师文化具有社会历史性，不同的时代、不同的地区、不同的社会背景教师文化都不尽相同，教师文化在一定程度上反映着该地区或者是该学校的教育风格和教育政策。不同地区、不同时代的教师文化不是独立存在的，彼此之间可以相互融合、相互分享。

现在的教师文化是在吸收了传统教师文化的精髓，结合当代教师工作的性质和特点、不同地区对教师管理的政策的基础上创造出来的符合时代发展的新的教师文化。

小学教师因其劳动性质和劳动对象的特殊性决定了小学教师在教学、对待学生等方面具有较高的创造性的特点，小学教师承担着培养社会主义接班人的历史使命，因此小学教师文化也具有这样的历史使命和特点。

同时，教师需要面对千差万别的教育对象、千变万化的教育内容和千姿百态的教育情境，这要求小学教师在课堂教学过程中要具有高水平的教育智慧。小学教师要能够打破常规和传统，根据不同的学生、不同的内容和情景，大胆创新，充分展示自己的创造能力和创造精神。

（三）合作性

教师文化具有合作性的特点。教师文化是一个群体概念，因为教师文化是在两个或两个以上的教师合作中形成的一种文化。教师文化包含了教师群体的价值观和行为规范，体现了教师之间的关系、形态以及教师集体成员的结合方式，因此教师文化具有合作性的特点。尤其是小学教师，这一特点更加明显。

小学课程的学科性不像初高中那么强，很多课程内容都是交织在一起的，比如在小学科学课上就会包含数学课的内容，这就决定了不同学科之间的教师要相互交流、沟通，一起协商合作完成教学任务和实现教学目标。

小学教师多以女性为主，相较于男性来说，女性更偏向于集体，2～3 人就可以形成一个“小团队”，她们之间的沟通内容十分广泛，除了教学方面的内容，还包括日常生活、学生、家长等话题。这样的“小团队”一般以同龄同级的教师为主，在教学过程中如果遇到难处理的问题、难管理的学生、难沟通的家长，“小团队”其他教师就会用自己的经验告诉这位教师该如何做，一起处理问题。当形成新的教学方法和教学理念时，也会与“小团队”成员大方地分享。

在合作的氛围中，教师“同行是冤家”的错误观念将转变为教师之间团结互助、取长补短的观念。只有这样，才能形成良好的学校风气，才能显示出凝聚力和战斗力，促进教师集体专业发展。

（四）开放性

教师文化具有开放性的特点。教师文化是具有时代信息特征的多元开放性文化，这就要求教师在专业发展过程中需要不断地与外界交换信息，适应时代发展的社会主导文化和教育发展的亚主导文化。教师需要以包容的心态接纳新事物、考量新思想，放下自己的个人经验，形成追求胜任与卓越的教育品质。

教师文化的开放性包括教师具有开放的课程观、开放的教学观、开放的学习观和开放的学生发展观。开放的课程观，即课程不仅仅是静态的知识内容，而是包括一系列知、情、意、行的生成；开放的教学观，即教学不是单向的、线性的知识传递，而是统合教学内外的各方面因素通过互动生成知识、情感、行为等的过程；开放的学习观，即学生的学习不是单向地接受，而是在与外界的作用中主动选择和建构；开放的学生发展观，即学生的发展不是单向的知识传递与接受，而是学生多元智力的发展，在教育活动中通过与环境的互动不断发展学生的认识能力、情感道德等。①

教师文化的开放性，强调开辟个体与外在世界信息交换的多重通道，充分利用一切可用的教育资源，拓宽个体视野与实践范围，只有这样才能以理性的眼光正确认知自己的教学行为，实现理论知识与实践知识的生长，实现个人知识与专业知识的融合。②

（五）反思性

教师文化具有反思性的特点。教师是一种实践性的职业，本书认为，教师应该在不断反思的基础上进行实践。反思性也是教师职业的特点之一，同时教师专业发展也要求教师具有反思性。教师反思方式十分丰富，包括观看教学视频、写反思日记、请同事观课磨课等。

教师文化因教师职业特点和教师专业发展的要求具有反思性。尤其是我国小学教师的反思，不仅包括对课堂教育教学行为的反思，还包括对学生的日常管理的反思和对学生的学校生活的反思。教师在与同事进行这些方面的交流时所产生的观点、态度和行为等都体现了小学教师文化的反思性，这可以带动整个小学教师文化群体进行反思，这就是小学教师文化的反思性。

---

① 李德显，韩彩虹．生成教育视野下教师文化的特征分析．辽宁师范大学学报（社会科学版），2009，32（3）：67-70.

② 周大众．教师文化：理想、特征与建设路径．教育科学论坛，2015（19）：59-61.

（六）共享性

教师文化具有共享性。因为小学教师文化是一种群体性的文化，小学教师彼此之间会互相沟通交流、互相学习、互相分享教学资源和教学结果，这就决定了小学教师文化具有共享性。

因学校的类型、规模、办学思路和发展目标的不同，每所学校也有自己的文化特色，形成了各具特色的办学理念，这就决定了每所学校的教师文化也都有各自的特点，有不同的价值体系和行为规范。很多小学彼此间都会有合作的关系，因此每所学校的教师之间也都有交流和学习的机会，教师在合作共事中将具有自己学校特色的教师文化与其他学校共享，学习彼此的优点，为学校和学生的发展服务。这就是教师文化的共享性。

第三节　小学教师专业文化的发展路径

一、基于学校文化的发展路径

教师文化依赖于学校文化，优质的学校依赖于优秀的教师文化。学校文化对教师文化起着精神塑造、价值引领、情感激励、行为调节等作用，教师文化是学校文化发展的第一推动力，教师文化的转型与革新是学校文化发展的关键。有什么样的学校文化，就会有什么样的教师文化，就会有什么样的教育教学行为和学生管理行为。基于学校文化的小学教师文化发展路径如下：

第一，提升教师文化精神力。首先，学校革新教育理念，以教育理念凝聚人心。学校文化的灵魂是学校的价值目标体系，学校领导者要组织引导教师们积极主动地参与到学校的文化建设活动中，让教师们更加认同学校的价值目标体系，更乐于接受学校的文化，从而形成与学校文化一致的教师文化。其次，教师文化的核心是教师要树立正确的职业理想和正确的价值观，并以此来规范自己的教育教学行为。学校可以通过创新教师职业道德教育的形式，丰富职业道德教育活动，通过价值引领，影响教师的价值取向和行为取向，培养为人师表、敬业爱生的教师精神，推进教师文化的建设。最后，学校领导要尊重教师，学校文化也要尊重教师文化。学校要尊重教师的个性、尊重教师的差异、尊重教师的人格和教师的劳动成果，学校领导要真心实意地做服务教师、发展教师、成就教师的管理者和领导者，积极建构教师共同的价值观，促进教师形成与学校文化一致的价值观念和行为规范，推进教师文化的建设与发展。

第二，提高教师文化实践水平。教师文化的实践水平直接影响学校文化道德发展。教师文化的实践水平要求教师有较强的文化自觉意识。让教师的教育教学活动和过程变得更有文化的意义。学校中有不同级别的教师，构建不同层级的教师发展目标，促进教师专业发展。同一层级的教师教育目标一致，让每一层级的教师都有自我发展规划，明确教师自身的发展目标，明确自身发展的措施，将教师的个人发展与学校的发展结合在一起，将教师文化的发展与学校文化的发展结合起来。

第三，帮助教师构建良好的教师文化形象。教师形象直接构成了学校品牌和学校形象的支撑力和影响力，文化不仅要停留在教师教育活动上，也要反映在教师的外在形象上。首先，加强教师的职业认同感，教师要有职业自信，用阳光、自信的心态来面对学生、感染学生，给学生传递正能量。其次，打造名牌教师，打造教师“明星”或“名人”，向学生展示以“教师名人”为代表的教师群体精神和境界、价值追求与教育理想，树立学校精神的标杆。① 用教师形象提高教师文化形象。

学校文化和教师文化可以同步发展，以学校文化促进教师文化发展，以教师文化带动学校文化发展。

二、基于教师文化自觉的发展路径

教师文化的发展也要依靠教师文化自觉，教师文化自觉为教师文化的发展提供内驱力。教师文化自觉是指教师主体形成的对教师及教师职业的文化信念、理性认识和行为准则，并以此为指引主动对教育生活进行持续的体验和反思，也包括教师优化并创新教育实践的行动过程。②

教师作为教育教学的主体，在日常教育教学中，要对自身的教学实践行动和教学信念加以批判性的关注，在自我对教育教学实践有意识地反思的基础上，教师要不断反思自己的教学行为，促使自己采取行动对教育教学实践加以创造性改变，从而使自我的解放从意识走向行动。教师个体反思和群体反思都能对整个教师文化起到一定的影响。具有反思意识的教师，认识并反省自己的教学生活世界，用怀疑的态度面对自己的教育教学行为和教学实践，能够将习以为常的教学现象问题化，不断地发现问题，不断地寻找解决的办法。教师的自主反思能够自觉地促进教师文化整体的反思，从而建设更加和谐、自然的教师文化。

教师文化要求教师自觉加强学习，自觉地学习先进的教育理念和教育方法，在反思和建构的基础上不断优化教师知识结构，进而提高教师文化理解、批判的能力。教师自主学习意味着教师要有强烈的学习动机和学习意志，意味着教师要有主动探求、主动交流、主动探讨的欲望，意味着这是教师自身基础、兴趣与发展的需要。通过教师知识的扩充、教育教学能力的提升和教育理念的优化，革新教师文化的结构。

教师文化自觉是教师获得与教师有关的价值体系和行为规范的过程，在这个过程中教师与他人进行交流、对话、合作等互动活动，借助语言等获得有意义的符号系统，再逐渐形成自己的价值体系和行为规范。对话是教师互动交流的主要载体，教师们通过对话，围绕教学活动、教育实践、学生发展等方面的问题，共同交流、探讨，对问题达成共同的理解和认识，教师也能在这个对话中获得来自其他教师的观点和思想，实现自我的提升，从而实现教师文化的提升。

---

① 罗届中．基于学校文化培育教师文化的策略．现代中小学教育，2014，30（7）：15-17.

② 胡方．论教师文化自觉及其模型建构．中小学教师培训，2014（11）：11-14.

依靠教师文化自觉实现教师文化建设和发展，主要依靠教师个体或者教师群体自觉的能力。

第四节　小学教师专业文化发展的条件保障

一、完善小学教师专业文化的制度建设

（一）完善小学教师绩效评价制度

从教育部颁布的《关于做好义务教育学校教师绩效考核工作的指导意见》中可以看出，教师绩效一般从教师的专业发展和教师的教育教学效果两个方面来考核。但是现实中我们发现很多小学没有建立一个科学、合理的教师绩效评价制度，绝大部分学校都是由该校的校长和校领导根据学生的学习成绩来对教师进行评价，这使得教师绩效评价主体单一，而学校的其他部门也没有发挥很好的监管作用，同时还存在着其他的片面性，比如评价更多的是定量评价，定性评价较少。教师绩效评价的奖励机制是发放薪资或者奖金，但是并不高。一些老师并不是很在乎这些，有些老师则认为这样的评价制度影响了同事之间的关系，所以大部分老师认为这样的评价制度弊大于利，不仅影响了自己的教学工作，还束缚了自己。

改变这一现状首先要做的就是建立公平客观合理的教师绩效评价制度。它是教师合作和教师教育教学的重要保障。因此，学校应该在教育工作上明确自己的教学目标和要求，把教师之间的合作作为一项教师绩效考核的标准。这样可以从评价的角度来增强教师之间的合作意识，促进教师之间真正的合作，只有教师主观上想要合作，教师就会不自觉地想要与其他教师合作来完成教学任务，从而真正地促进教师自然合作文化的形成。

针对现阶段很多小学的教师绩效评价制度比较单一这一问题，可以从改变单一的以校领导为主体的教师绩效评价制度着手，让更多的人和更多的部门参与进来。尽量采取多元的评价方法，让校领导、老师、学生或者家长等不同身份的人参与到教师绩效评价中，只有这样才能真正做到教师评价的有效性。当然，在评价过程中，教学管理者要努力营造和谐、民主的氛围，从而确保考核结果的客观性、准确性和公平性。

拓展阅读　　科学确定绩效考核的主要内容

教师绩效考核的内容主要是：教师履行《义务教育法》《教师法》《教育法》等法律法规规定的教师法定职责，以及完成学校规定的岗位职责和工作任务的实绩，包括师德和教育教学、从事班主任工作等方面的实绩。

师德主要考核教师遵守《中小学教师职业道德规范》的情况，特别是为人师表、爱岗敬业、关爱学生的情况。在考核中，要明确规定，教师不得以任何理由、任何方式有碍完成教育教学任务，不得以非法方式表达诉求、干扰正常教育教学秩序、损害学生利益，并将此作为教师绩效考核合格的必备的基本要求。

教育教学主要考核教师从事德育、教学、教育教学研究、教师专业发展的情况。德育工作是每个教师应尽的责任，要结合所教学科特点，考核教师在课堂教学中实施德育的情况；教学工作重点考核教学工作量、教学准备、教学实施、教学效果，以及组织课外实践活动和参与教学管理的情况；对教学效果的考核，主要以完成国家规定的教学目标、学生达到基本教育质量要求为依据，不得把升学率作为考核指标，要引导教师关爱每个学生，特别是学习上有困难或品行上有偏差的学生。教育教学研究工作重点考核教师参与教学研究活动的情况。教师专业发展重点考核教师拓展专业知识、提高教育教学能力的情况。

班主任是义务教育学校教育教学工作中的重要岗位。班主任的工作任务应作为教师教学工作量的重要组成部分，要鼓励教师尤其是优秀骨干教师积极主动承担班主任工作，使他们有热情、有时间、有精力，高质量高水平做好班主任工作，当好学生的人生导师，促进学生德智体美全面发展。要强化对班主任工作的考核，重点考核其对学生的教育引导、班级管理、组织班集体和团队活动、关注每个学生全面发展的情况。

各地要从实际出发，围绕考核内容，建立健全科学完善的教师绩效考核指标体系。指标体系的建立要符合全面实施素质教育的要求，体现课程改革的方向，正确发挥对教师的激励导向作用，充分体现考核指标的激励性和约束性的有机统一。

资料来源：2018 年 12 月 31 日发布的《教育部关于做好义务教育学校教师绩效考核工作的指导意见》。

（二）完善小学教师职称评定制度

小学教师的职称是关系小学教师生存与发展的重要事情，因为它不仅关系到小学教师职业发展的物质利益，还是小学教师生命价值和意义的重要标志。自 1986 年我国开始实施以中小学教师职务聘任制为主要内容的中小学教师职称制度。中小学教师职称制度有效地提高了小学教师的待遇，调动了教师工作的积极性。2015 年为了进一步完善中小学教师职称聘任制度，针对中小学教师职称制度存在的问题，人社部和教育部联合印发了《关于深化中小学教师职称制度改革的指导意见》作为新一轮中小学教师职称制度改革的蓝本。

从现实中我们不难发现，很多教师都把评职称当作奋斗的终极目标，这很明显是不正确的。建立教师职称评定制度应该是对教师辛勤工作的付出表示的肯定和激励，教师的终极目标应该是追求成为一名优秀、卓越的教师。若能纠正这种错误观点不仅可以减少教师在职称评定过程中的痛苦，还能使小学教师更加明确自己的职责，提高教师的工作效率和热情。

教师的核心任务就是教学，其他一切活动都是为了教师能更有效地进行教学活动。但是教师职称评定把重心落在了教学以外的其他条件上，比如科研论文，这无疑给教师增加了大量的烦恼。其结果就是为了能顺利参评职称，不少中小学教师不惜花重金在期刊上发表自己的论文，还有的教师花钱请人代笔，甚至一些教师直接花钱购买其他人的文章。这种行为既耗费了教师们的血汗钱，也造就了腐败的机会，是不可取的。我们也不可否认，论文确实能反映出部分教师的能力和水平，但是论文写得好就一定代表教师的教育教学水平优秀吗？答案显然是否定的，只是从一定程度上说，论文数量和发表刊物等级更能直观、更能量化地来评价一个教师。

除了科研论文之外，教师的教学年限也是教师职称评定的又一重要条件。普遍认为，工作年限长的教师就会比工作年限短的教师更有资格评更高一级的职称。这不禁让我们反思，工作年限长的教师就一定比工作年限短的教师优秀或贡献大吗？答案是否定的，反而一些工作年限长的教师由于在学校时间久了，一辈子可能只教一个科目，再加上这些教师如果本身不追求前进、不追求卓越的话很容易会产生职业倦怠，所以工作年限长的教师不一定更有资格评更高一级的职称。当然对于工作年限短的教师也有破格评级的情况，但是这些教师评级的条件和评审的过程要更复杂，付出的代价更大。

所以我们需要反思，这样的职称评定制度能给教师文化朝着自然合作文化发展带来什么好处呢？能为教师自然合作文化创造什么好的条件吗？显然，并不能。如果一个学校的教师都是在这种相互竞争的氛围下，只为了评职称、涨工资这一目标奋斗的话，教师之间势必会形成恶性竞争，势必会导致教师文化的恶化，所以我们要完善教师职称评定制度，更加公平、科学、合理地评审教师的职称，引导教师更加注重提高自己的教学能力，这样教师之间也会形成和谐的氛围，也就有助于教师自然合作文化的生成。

拓展阅读　　中小学教师水平评价基本标准条件

一、拥护党的领导，胸怀祖国，热爱人民，遵守宪法和法律，贯彻党和国家的教育方针，忠诚于人民教育事业，具有良好的思想政治素质和职业道德，牢固树立爱与责任的意识，爱岗敬业，关爱学生，为人师表，教书育人。

二、具备相应的教师资格及专业知识和教育教学能力，在教育教学一线任教，切实履行教师岗位职责和义务。

三、身心健康。

四、中小学教师评聘各级别职称（职务），除必须达到上述标准条件，还应分别具备以下标准条件：

正高级教师

1. 具有崇高的职业理想和坚定的职业信念；长期工作在教育教学第一线，为促进青少年学生健康成长发挥了指导者和引路人的作用，出色地完成班主任、辅导员等工作任务，教书育人成果突出。

2. 深入系统地掌握所教学科课程体系和专业知识，教育教学业绩卓著，教学艺术精湛，形成独到的教学风格。

3. 具有主持和指导教育教学研究的能力，在教育思想、课程改革、教学方法等方面取得创造性成果，并广泛运用于教学实践，在实施素质教育中，发挥了示范和引领作用。

4. 在指导、培养一级、二级、三级教师方面做出突出贡献，在本教学领域享有较高的知名度，是同行公认的教育教学专家。

5. 一般应具有大学本科及以上学历，并在高级教师岗位任教5年以上。

高级教师

1. 根据所教学段学生的年龄特征和思想实际，能有效进行思想道德教育，积极引导学生健康成长，比较出色地完成班主任、辅导员等工作，教书育人成果比较突出。

2. 具有所教学科坚实的理论基础、专业知识和专业技能，教学经验丰富，教学业绩显著，形成一定的教学特色。

3. 具有指导与开展教育教学研究的能力，在课程改革、教学方法等方面取得显著的成果，在素质教育创新实践中取得比较突出的成绩。

4. 胜任教育教学带头人工作，在指导、培养二级、三级教师方面发挥了重要作用，取得了明显成效。

5. 具备博士学位，并在一级教师岗位任教2年以上；具备硕士学位、学士学位、大学本科毕业学历，并在一级教师岗位任教5年以上；具备大学专科毕业学历，并在小学、初中一级教师岗位任教5年以上。城镇中小学教师原则上要有1年以上在薄弱学校或农村学校任教经历。

一级教师

1. 具有正确教育学生的能力，能根据所教学段学生的年龄特征和思想实际，进行思想道德教育，有比较丰富的班主任、辅导员工作经验，并较好地完成任务。

2. 对所教学科具有比较扎实的基础理论和专业知识，独立掌握所教学科的课程标准、教材、教学原则和教学方法，教学经验比较丰富，有较好的专业知识技能，并结合教学开展课外活动，开发学生的智力和能力，教学效果好。

3. 具有一定的组织和开展教育教学研究的能力，并承担一定的教学研究任务，在素质教育创新实践中积累了一定经验。

4. 在培养、指导三级教师提高业务水平和教育教学能力方面做出一定成绩。

5. 具备博士学位；或者具备硕士学位，并在二级教师岗位任教2年以上；或者具备学士学位或者大学本科毕业学历，并在二级教师岗位任教4年以上；或者具备大学专科毕业学历，并在小学、初中二级教师岗位任教4年以上；或者具备中等师范学校毕业学历，并在小学二级教师岗位任教5年以上。

二级教师

1. 比较熟练地掌握教育学生的原则和方法，能够胜任班主任、辅导员工作，教育效果较好。

2. 掌握教育学、心理学和教学法的基础理论知识，具有所教学科必备的专业知识，能够独立掌握所教学科的教学大纲、教材、正确传授知识和技能，教学效果较好。

3. 掌握教育教学研究方法，积极开展教育教学研究和创新实践。

4. 具备硕士学位；或者具备学士学位或者大学本科毕业学历，见习1年期满并考核合格；或者具备大学专科毕业学历，并在小学、初中三级教师岗位任教2年以上；或者具备中等师范学校毕业学历，并在小学三级教师岗位任教 3 年以上。

三级教师

1. 基本掌握教育学生的原则和方法，能够正确教育和引导学生。

2. 具有教育学、心理学和教学法的基础知识，基本掌握所教学科的专业知识和教材教法，能够完成所教学科的教学工作。

3. 具备大学专科毕业学历，并在小学、初中教育教学岗位见习 1 年期满并考核合格；或者具备中等师范学校毕业学历，并在小学教育教学岗位见习 1 年期满并考核合格。

资料来源：2015 年 9 月 2 日发布的《人力资源社会保障部、教育部关于印发〈关于深化中小学教师职称制度改革的指导意见〉的通知》。

（三）完善小学教师管理制度

现阶段我国小学教师之间的合作还处于初级阶段，存在着很多问题。在教师合作中，假若缺少学校管理制度上的有效规范，特别是当教师合作遭遇到困难时，教师之间更倾向于采用将自己孤立封闭起来的方式，而不愿意尝试着相互合作，共同面对困难、克服困难。因此，为了真正有效地开展教师之间的合作，必须从学校管理制度抓起。

学校领导者可以采取人文管理的方法对教师进行管理。所谓人文管理是科学、人本和文化管理的融合，其管理机制渗透了文化管理的思想，是建构教师文化评价机制的优化理念。[①] 人文管理的评价是一个对话交流、共同协商、取向一致、达到最佳共同利益的建构过程。这一评价机制要求评价要突出教师的文化精神，要把外在评价变为内在评价，把甄别评价变为发展性评价，建立诚信的文化氛围，建立共生、创造、和谐发展的教师文化。

人文管理的核心目标是促进教师的发展，帮助教师实现自我提升，促进教师成长。这就要求学校管理者对教师给予充分的欣赏和关怀，欣赏教师在工作上的突出成绩和自身优点，对教师的未来发展予以关怀。人文管理方法是民主平等的管理制度，能够为教师创造一个和谐的人际关系，这有助于教师之间开展合作，促进教师团队的形成和发展，最大限度地发挥教师的自身能力。

人文管理方法还要求学校建立科学的用人制度。在选取人才时，注重那些有才华、教育教学能力突出且合作意识较强的教师。就教师的奖惩制度而言，同样也要注重团队而非个人，团队的荣誉就是大家的荣誉，是大家共同努力的结果。

二、改善小学教师专业文化的组织建设

目前，我国小学教师的组织活动形式丰富，如小学教师基本功大赛、教师征文、学校

① 赵复查. 现代教师文化的校本建构. 教育评论，2005（2）：20-23.

定期组织的教师团建等活动。这些活动在教师的成长过程中起着一定的积极作用，对于小学教师的专业文化也有一定的影响。

定期举行的小学教师基本功大赛，包括粉笔字、教育设计与课件制作、课堂教学片段、教育问答等环节。参加比赛的大多是青年教师，教龄一般在0～5年。小学教师基本功大赛以提高青年教师的教育教学能力为宗旨，参加比赛的老师来自不同的学校，每一位教师的身上都会反映出所在学校的教师文化。参赛的教师在比赛中相互学习、相互观摩，在比赛结束后会与自己所在学校的教师进行分享。在分享的过程中也会传递自己的观点和智慧，之后教师会根据自己学校教师队伍的实际情况吸收其他学校教师身上的优势和其他学校教师的文化。定期举办的学习型的组织活动是有利于小学教师专业文化发展的，并且能够为小学教师专业文化带来良好的效益。这不仅能够促进自己所在学校的教师文化的发展，还能够促进不同学校的教师文化的交流和合作。

学校还可以为促进教师专业文化发展组织一些学术性的教师活动，比如外校教师的讲座，校内可以利用教师午休举办一个正式或非正式的教师近期分享会等活动。在校内要想促进教师专业文化发展还要对学校的场所进行一些调整。学校要尽量为教师提供沟通交流的场所，不仅限于教师办公室或会议室，可以是茶水间、教师休闲活动室等环境相对轻松的场地，要确保每位教师都有足够的平台进行合作交流，使学校的每个角落都充满教师交流、合作的气息和氛围。尽力营造一个随处能合作、随时能合作的教师文化环境，让教师文化成为该校独具特色的校园文化。这是一种无形的教育场，教师带动学生，教师文化带动学生文化，要让学校的每一位学生和每一位教师都能够积极地参与合作、乐于倾听和分享，提高学生和教师合作的愉悦感。

三、加强小学教师专业文化的队伍建设

小学教师专业文化是一种群体性的文化，这里面的每一位教师的教育理念和教育行为都影响着整个教师群体的价值观念和行为规范。教师队伍中的每位教师教育教学能力参差不齐，现在大多数教师都是在传统的教育体制内成长起来的，缺乏合作的意识和能力，在以往的学习和教学中，习惯个体劳动，教师的合作能力未得到锻炼，职后的培训内容也更重视教育学、心理学等课程知识的传授以及教学基本功和教学技能的培养，没能突出教师合作能力的培养。

教师需要不断进行学习，学校领导对于学习型的教师和团队重视程度是影响教师成长和形成良好教师文化氛围的关键因素。学校校长作为学校的领导人要起到一个带头示范作用，校领导带头学习，汲取新的教育理念，尝试新的教育改革，在学校营造教师乐于学习、主动学习的氛围，形成一种良好的学术文化氛围，打造一支善于合作的学习型教师队伍，形成一种合作的教师文化。

善于合作的学习型教师队伍就是指教师能够通过自主学习或者与同事合作进行学习，激发自我内驱力，进行自我改造、自我革新，提高自身的合作能力，从而努

力提高教育教学能力。加强善于合作的学习型教师队伍建设可以从以下几个方面入手：

第一，培养教师团队的合作意识和能力。教师团队进行合作的前提是每位教师都有合作意识，所以我们要激活他们的合作意识，帮助教师认识团队合作的好处。要使教师知道：教师团队合作有利于保持教师间和谐的人际关系，有利于提高教育教学效益；教师团队合作可以通过分享材料、计划，共同努力，节约时间，减轻工作负担；教师团队合作可以获得心理上的支持，还可以获得更多的新想法，汲取更多的力量。因此，教师应当有意识地加强自己与其他教师的对话与合作，在合作中实现个人的成长和发展。

第二，努力改善教师队伍的心智模式。所谓心智模式，更多的是一种思维定式，不同的心智模式会导致不同的行为方式。① 积极的心智模式能够有效地指导教师的行动，消极的心智模式则会阻碍教师的行为。因此要改善教师队伍的心智模式，帮助教师拥有积极的心智模式，积极主动地参与合作，引导教师在实践中不断反思进取，在合作交流中实现共赢、实现互帮互助，促进教师自然合作文化的发展。

第三，积极推动教师队伍成员的学习。学习是教师提高自身工作能力的重要途径，教师团队学习不仅仅是个体学习的简单相加，团队成员间相互协调合作的学习与互动超越了个体学习甚至是个体学习的总和。哲学中也提到整体不等于部分之和，整体大于部分之和。因此，教师队伍的整体学习会更有效率，更能促进教师的成长。

教师还要贯彻终身教育、终身学习的理念，把终身学习思想纳入教师队伍建设中，形成“团队-自愿式”的学习模式。加强小学教师队伍的学习和建设，以群体教师的进步带动个体教师的进步，形成合作的教师文化氛围，促进小学教师专业文化的发展。

【探究运用】

● 小组交流

请回顾自己所经历的教师合作，与你的同伴谈谈：你经历过的教师合作是什么类型的？通过本章的学习，你对教师文化有了哪些新的认识？还有哪些疑惑？

● 推荐文献

1. 哈格，富兰. 专业资本：变革每所学校的教学. 高振宇，译. 上海：华东师范大学出版社，2015.

2. 哈格里夫斯. 知识社会中的教学. 熊建辉，译. 上海：华东师范大学出版社，2007.

---

① 朱纷. 教师团队建设：教师专业发展的有效路径. 江苏教育研究，2014 (19)：33-35.

● 自我评价

第七章　小学教师专业文化的发展			
通过本章学习，我有如下新的收获：			
1.	☺	Θ	☹
2.	☺	Θ	☹
3.	☺	Θ	☹
通过本章学习，我还需要复习如下内容：			
1.	☺	Θ	☹
2.	☺	Θ	☹
3.	☺	Θ	☹
通过本章学习，我还有一些新的反思：			

说明：
☺表示“我能够完全理解该内容，并在小组讨论中能表达清楚”。
Θ表示“我能够完全理解该内容，但较难向他人表达清楚”。
☹表示“我不能够完全理解该内容”。

第八章

小学教师专业组织的发展

本章导读

上一章我们学习了教师群体中专业文化的相关知识，本章我们将继续深入探讨教师集体作为专业组织的存在样态及其之于教师专业发展的意义。本章将会为大家呈现出教师群体演变为一个专业组织的历程。我们将从教师组织的定义、不同国家的教师组织类型、中国特色教研组织发展路径以及教师专业组织发展过程中的保障机制这四个方面入手，帮助大家对教师专业组织的内涵、类型、历史与未来发展建立相对完整的认识。

学习目标

- 通过梳理教师专业组织的发展历程，探索教师专业组织产生的缘由，理解教师专业组织被赋予的责任和意义。
- 了解不同国家教师专业组织的类型，为我国教师集体专业化发展提供借鉴。
- 基于教师专业发展的需求，了解中国特色基础教育教研组织的发展路径，梳理教师专业组织的特点。
- 构建教师专业组织发展的保障机制。思考怎样处理教师专业组织和教师个体之间的关系，如何平衡个人发展与组织发展的协调统一等问题。

第一节　教师专业组织概述

一、教师专业组织的概念

弗雷德森（E. Freidson）认为专业人员的特质在于其具备理性的形式知识，并将知识转化为实际的实践性活动。专业知识转化为实践性活动，需要制度化的组织才能实现。教师作为专业人员在专业发展过程中拥有自己的组织是大势所趋。

关于教师专业组织，澳大利亚教育词典将其解释为“代表会员利益（尤指在资方和雇佣方谈判时）的工会组织”。这样的解释显然不能服众。教师专业组织的发展和国家的政治、历史、制度等都息息相关，也和教师自身素质追求、社会权力和地位有所联系。西方国家的教师专业组织受工业革命的影响，前期发展不可避免地带有工会性质，而后作为专业化的组织，专业化的取向也慢慢呈现出来。专业取向和工会取向之间的“战争”造就了国外教师组织类型多样化。

中国的教师在专业化发展的过程中，在社会主义教育制度下形成了具有中国特色的专业组织——中国基础教育教研组织，简称“教研组”。它与西方国家的“专业学习社群”“专业共同体”等概念异曲同工。

（一）教学研究室（组）

关于教师教学研究的概念界定，有学者根据教师的研究领域，将教师教学研究分为狭义和广义，狭义指的是教师对教学工作的研究，广义则指的是教师对包括教学活动在内的所有教育实践的研究。[①] 教师教学研究活动的专业组织，就是我们常说的教研组，它的全称是“教学研究小组”，所以这里采取的是狭义的概念。

我国最早在《教育大辞典》中对“教学研究室（组）”进行了解释：教学研究室（组）也指“教学研究部”或者“教学研究中心”。教育行政机构的教研室是指我国各级教育行政机构中专门从事中小学教学理论研究、管理和指导教学工作的业务部门；其任务和作用是：与师训机构通力合作，通过各种活动提高教师的业务水平；使教育行政部门按教学规律领导和管理教学工作；研究中小学教学理论，指导教学实践，提高教学质量。[②] 但是只言片语不能完整呈现教研室的全貌。北京师范大学的丛立新教授在《沉默的权威：中国基础教育教研组织》这本书中对教研室做出如下定义：“教研室（组）是中国基础教育系统中富有特色的组织，是教研制度赖以运行的基础，通过各种制度化的教研活动，对中小学的教学质量和教学水平负责。”[③] “中国式”的教研组织最早只是个教学研究小组，经过组织外在化，逐渐形成了独立的三级系统。与国外的教师组织拥有不同的价值追求有所差别，中国的教师组织成立之初就是“以改进教学为目的”的。

关于“教研组”，有的学者翻译为“teaching research group”，有的学者翻译为“teaching and research group”，还有学者使用“teaching group”或者“Chinese professional learning communities”。我们发现国际上对于中国的教研组还是偏向于“teaching research group”这个译法。[④] 但另外一种译法“Chinese professional learning communi-

---

① 吴义昌．科研、教研与中小学教师．当代教育论坛，2004，(8)：35-36.

② 中国大百科全书：教育．北京：中国大百科全书出版社，1985：157.

③ 丛立新．沉默的权威：中国基础教育教研组织．北京：北京师范大学出版社，2011：8-9.

④ 陈丽翠．国际视野下的中国教研组研究述评．外国中小学教育，2018 (4)：1-10.

ties”（中国专业学习社群），从内涵上描述出了教研组的特质，更有利于我们从国际视野看待中国教师组织。

（二）中国专业学习社群

专业学习社群是当下西方国家的研究重点，这一概念由美国学者霍德（Hord）在1997年提出，他指出专业学习社群具有五大特质：（1）支持性及共享的领导；（2）集体创造力；（3）共同的价值观和愿景；（4）支持性的物质条件；（5）分享的个人实践。之后霍德建立了模型，并针对学校的发展提出了五个既相互独立又同等重要的影响因素：专业发展、合作、课程体系、教学和评估、校园文化。从专业学习社群特质的角度来解剖教研组的内涵，我们发现教研组中的同组别教师的合作性学习、实践探究活动以及合作架构下的共享、理念、愿景等特征，对这些专业活动的支持与促进学生的学业成长的目的等方面都和专业学习社群异曲同工。但是专业学习社群只是一种理想状态，在我国不断变革的教育背景下，教研组在专业学习社群方面还有很长的路要走。

由于教研组在横向上发展出负责行政工作的“年级组”，在纵向上发展出负责教学研究工作的“备课组”，教研组教育功能定位模糊；再加上课改下教师教育视野的扩展，教师的关注点不仅聚焦在教材教法的研究上，教师的地位、教师的情感身份等也被纳入教师的考量范围，这使得自上而下的科层化教研体系不再满足教师的需求，急需一种新型的教师组织。所以，研究者开始引进专业学习社群的概念，倡建“学习型教研组”。[①] 海外研究者将中国的教研组与其他国家专业学习社群的实践模式进行比较，总结出各地社群模式的几大共同点。例如组织结构特征、领导力、专业主义、学习能力及社群意识等，进一步发展了专业学习社群的国际概念框架。总体来看，以组织为主题的海外研究者将中国的教研组视为一种中国文化背景下产生的“社群”，试图将中国的教研组运作经验进一步提炼以贡献国际研究议题。[②]

总之，虽然教研组与教师专业社群产生于不同的社会环境，但通过相互比照不难发现教研组的运作机制基本契合专业学习社群的特征框架，可以说前者机体中存在后者的因子或者说前者有成为后者的潜质。因此从专业社群的角度重新审视教研组，可以打破将教研组视为教学研究组织或行政组织的二元悖论，有利于我们从国际视野来了解分析中国教师组织并推广中国的教师组织。

（三）教师专业发展共同体

著名的社会学家滕尼斯最初提出共同体这一概念，指的是“为了特定的目的而聚在一起生活的群体、组织和团队”。后来随着全球化进程的加快，人们衍生出经济共同体、学习共同体、实践共同体等。[③]

专业学习共同体理论是由美国学者杜富尔（Dufour）和埃克（Eaker）基于对学习组织理论的扩展而形成的，最初运用于商业行为，后来用于研究教师群体。教师专业学习可

---

① 操太圣，乔雪峰．理想与现实：教研组作为专业学习社群的批判反思．全国教育展望，2013（12）：51－59．

② 陈丽翠．国际视野下的中国教研组研究述评．外国中小学教育，2018（4）：1－10．

③ 杨季冬，王后雄．学科教学论教师专业发展新模式．教师教育论坛，2018（11）：4．

以分为个体学习和集体学习两种模式，80 年代后，在信息化教育改革背景下，教师改变原来“单枪匹马”的发展模式，纷纷建立各式各样的专业学习共同体。教师专业学习共同体有着共同的价值观，关注学生学习，团结合作，互相提高，共同学习实践等。布劳沃（Brouwer）从实践共同体的理论出发，认为教师实践共同体是教师组建的讨论、分享和构建知识体系的团体。他们有着集体的身份认同感，分享各种专业技能，为实现共有的目标而努力。①

教师实践共同体和教师专业学习共同体虽然名称不同，但都是以教师经验分享、教学研讨、共同学习等活动为主，都属于教师专业发展共同体这一大的概念框架，教师自身作为研究者，旨在提高教师的专业发展。

学校层面的教研组就是教师专业发展共同体。随着新课程改革的推进，校本研修成为基层教研组的主阵地，教师不再听命于教育专家，不再局限于被动的状态，他们自己可以作为研究者进行反思和总结，进而指导自身教学实践，获得专业化发展。

无论是根植于我国的教研组织，还是从西方发达国家引进的专业学习社群和教师专业发展共同体，都在相互汲取经验，推进教师专业化进程，提高教师专业地位。

拓展阅读　　教研组制度的追求和教师专业发展观念的比较

领域	教研组制度的追求	教师专业发展观念
目的	教者＋教育者	教者＋教育者＋研究者
内容	技术＋经验	技术＋经验＋实践问题
方式	上对下	伙伴共生

从目的上来看，根据教师专业发展理论，教师不仅要传道授业解惑，还需要成为一个研究者。

从内容上来看，教师不能局限于传统的教学技术和经验的传递，而是要结合复杂的教学情境，结合实践问题加以反思，把表面的感性知识转化为深层次的理性知识。

从方式上来看，我国一般都是“师徒制”这类带领和被带领的方式，教师之间更应该是平等合作的伙伴共生关系。

资料来源：胡慧闵．教师专业发展背景下的学校教研组．全球教育展望，2005（7）：23.

二、教师专业组织的价值

无论是国外的教师专业组织还是国内具有本土特色的教研制度，不置可否的是这些专业组织的诞生是教师专业化发展的结晶。从设立之初单纯限于教学技巧和手段的研讨，到为教师群体争取利益，再到成为合理解决多种诉求、帮助老师获得合法的社会地

① 朱勇进，余云峰．教师专业发展共同体研究．鄂州大学学报，2019（5）：76-79.

位和认同以及兼顾教学管理与行政工作，教师组织已经成为一个制度化、专业化的组织。在这个“专业化”的过程中，教师个体实现自身素质发展的内在要求，并且实现政治、经济地位的提高，教师组织作为学校良性发展的组织，也保证了学校教学工作井井有条地进行。

（一）提高教师的专业化程度

教师作为教师组织中的主体成员，毋庸置疑是该组织中最大的受益者。英格兰的教师总会的目标是落实教师专业的相关事宜，法国教师组织 UNSA-Education 的教育中心不定期为会员教师出版各类参考刊物，进行教学法的研究，以及组建各种专门化的组织。英格兰的“专业行为委员会”、美国教师联盟的“教学与学习中心”和“训练和组织发展中心”，还有我国制度化的三级教研组织，都通过完善教师培训体系，确保教师具备高品质的教学能力，改善课程与教学的效能，发展教师教育教学能力，提高教师的专业程度。

（二）维护教师集体的利益

从多国教师组织的发展历程中，我们可以看出教师组织也一直在谋求教师群体的利益。美国的教师组织如“全美教育协会”“美国教师联盟”，曾多次通过集体谈判、罢教活动和政治活动来参与教育政策制定来争取和维护教师的权益；法国教师工会提出的“免服勤”的相关规定，旨在提高教师的福利待遇；在列宁筹备下成立的“教师暨国际主义者联合工会”也提出教师在申请休假时，应该获得差旅费或者补助津贴。这些都显示出教师组织致力于解决教师群体的问题，维护教师群体的利益。

（三）便于学校的行政管理

教师组织的发展越发完善，并衍生出了很多专门化的管理组织和文件。例如英国的教师组织对实习生或初任教师的申诉处理以及对不负责教师的处理都有相关的法律规定。我国学校教研组也在横向和纵向上分别发展出了年级组和备课组，职责分明，对学校进行高效的行政管理。教师组织作为一个专门化的组织，辅助学校工作有条不紊地进行，而且对教师的有效管理在一定程度上有利于学校更好地将注意力放在学生身上。

第二节　小学教师专业组织的类型和特点

《辞海》把社会组织的特征表述为有特定的组织目标、一定数量的稳定成员及制度化的组织结构。但这只是一般性的特征，社会组织的与众不同之处在于成员自愿集合，属于非政府的社会组织或者团体。[①] 虽然教师专业组织不仅有社会组织，还有官方组织，但它们都在教师专业化发展的道路上发挥着重要的作用。

① 陈桂生．学校中的教师组织问题．教师教育学报，2017（1）：27-30.

一、三级教研组织

教师组织不是一下子就出现的，而是从个体演变到一个群体，经过了漫长时间的洗礼。教师专业发展需要专业组织的支持，没有一个教师能离开专业组织获得发展。我国的国情，决定了我国教师组织独具特色。

新中国成立初期，我国学习苏联的经验，结合本国实际，在高等学校建立了教学研究室，作为学校教学和科研的基层组织；在中学和部分小学，按学科分别设置教学研究组，简称教研组。教研组的主要职能是组织教师学习党的教育方针和政策，研究教学大纲、教材和教法，钻研教学理论和专业知识，以及总结交流教学经验，帮助新教师提高业务能力等；在省、地、县三级教育系统设有教学研究室，主要负责本地区一部分教学管理工作，以及学科教学研究与指导工作。[①] 1952 年 3 月 18 日，教育部颁发《中学暂行规程（草案)》和《小学暂行规程（草案)》两个文件。文件就中小学学科教研组的建立和学校教学研究会议制度做了明确规定。《中学暂行规程（草案)》提出：(1) 中学在校长之下设教导主任一人，在校长领导下负责计划、组织和检查全校教学和学生生活指导事项；(2) 在教导处之下，各学科成立教学研究组，以研究改进教学工作为目的，在班数较少的学校，教学研究组可以联合性质相近的学科一起组织；(3) 建立学科教学会议制。[②] 这形成了中国最早的“教师组织”。之后中国教师在长期的实践过程中形成了独具特色的专业组织，这就是学校文化环境中的教师专业学习社群。同时，教师专业学习社群还体现在组织化的、科层化的结构中，表现在省（市）、区（县）、学区和学校四级自上而下的组织化、科层化的结构中。当然，还有与高校、非政府组织、学区、学校等合作伙伴建立的合作组织。关于科层化的四级教研组织，丛立新教授认为地（市）级教研室在工作方式和实际地位上，和省（自治区、直辖市）级教研室类似，都不深入涉及学校，所以把它们合并为一级，提出了三级教研组织。[③]

（一）学校教研组织

我国学校层面的教师组织不同于自愿集合、非政府性质的社会组织，它是学校组织结构的一部分。学校教师必须加入教研组和年级组，没有自主选择的权力。学校教研组织虽然属于非正式的学校行政组织，但实际上属于学校进行行政管理、监督培训教师的辅助组织，是以教师为对象的学校基层组织。

学校里的教师处在各种职能岗位上，就像一盘棋，每个人站在固定的岗位上，各司其职。纵向层面的学科教研组和横向层面的年级组分别负责学生学业和生活上的诸多事宜。学校教研活动主要包括集体备课、听课评课、编制试卷和分析试卷等。

1. 集体备课

有学者在谈到缺乏关于集体备课的研究时曾质疑：“集体备课究竟要解决什么问题?

---

① 钟作慈．对充分发挥教学研究在基础教育课程改革中的重要作用的几点认识//北京教育科学研究院基础教育教学研究中心．新时期教学研究工作的继承与创新．北京：同心出版社，2003：34.

② 中国教育年鉴编写组．中国教育年鉴（1949—1980)．北京：中国大百科全书出版社，1984：728.

③ 丛立新．中国基础教育三级教研组织研究．教育科学研究，2011（9)：6.

是解决教师自己能够解决或在个别交流中能够解决的问题，还是着重解决个人难以解决的问题？而个人在备课中难以独立解决的问题又是什么？”① 对此丛立新教授提出了自己的观点，她认为集体备课成为必需，一是因为在个人充分准备的基础上，相互参照、彼此佐证，自然可以取长补短；二是因为一所学校同年级教学是要统筹规划、进度相当的，不可能每个班级各行其是，集体备课所形成的基本教案也为此提供了保证。② 集体备课形式多样：课组长每个学期制定备课工作计划，按教材专题（或单元、章节）分配到个人，教师担任某一专题的主要备课者（也称主备教师），阐明自己对本专题（单元、章节）里面教材解析、所需课时、课堂设计、教学方法的运用以及编制测验等各方面的规划，再由组内教师对主备教师的备课进行讨论评议，点明出彩之处和不足，不断讨论调整、充实内容、完善教学方法，制订出全组较为满意的教案。但是这并不意味着同一年级组里的老师可以“照本宣科”，而是要结合自身特点、班级情况再度完善。2005 年初，《中国教育报》曾就集体备课问题展开讨论，最后列出了以“集体备课”为首的教研活动的四大“罪状”：教师被动参加、不以个人钻研为基础、一言堂、耗费时间。③ 这些问题提醒我们要理性审视集体备课。

拓展阅读　　集体备课四步骤：以《我们奇妙的地球》为例

众所周知，集体备课是教师之间的一种教学合作，是在“个人精备”的基础上进行的“集体研讨”，教师从“单打独斗”走向“抱团作战”，是校本教研活动的形式之一，也是提高教师专业素养的有效途径。可如何开展集体备课才能有效克服在集体研讨过程中的随意性、盲目性呢？笔者在蹲点学校开展的两年集体备课活动中，总结出了一条行之有效的集体备课路径，那就是扎实做好“一备、二研、三补、四思”四步骤。下面就以统编教材三年级语文下册《我们奇妙的地球》为例，谈谈如何扎实抓好“一备、二研、三补、四思”四步骤，提升集体备课质量。

第一步：备。“备”指的是集体备课活动前，每个教师必须有自己的“初备”，主备教师要“精备”。“初备”要求每个教师在集体备课活动前必须对自备过程中碰到的问题进行思考及梳理，以便备课组集体研讨。“精备”要求主备教师既要备学情，又要备课标、教材、课堂每个流程，包括作业设计、板书设计等等。

笔者所蹲点的学校是一所农村小学。此次集体备课的班级是三年级。所备课程是“我们奇妙的地球”，这是一篇优美的文章，作者从极普通的事物中发现了大自然的奇妙，并分别从天空、大地两方面向读者展示了世界的奇妙，读此文，非常有利于激发学生对大自然的奇妙现象的想象。由于集体备课所要执教的班级是一所农村小学，学生阅读量少，基础比较弱，所以主备人何云霓老师备这节课时偏向于基础教学，如识字和朗读。

这一“备”促使每位教师必须认真研究学情、阅读文本，熟悉集体备课的内容，钻研

---

① 陈桂生．“集体备课”辨析．中国教育学刊，2006（9）：41.

② 丛立新．中国基础教育三级教研组织研究．教育科学研究，2011（9）：5-27.

③ 胡惠闵，刘群英．我国中小学教学研究组织的发展及其困境．教育发展研究，2012（2）：1-8.

教材、查找相关的资料，设计教学方案、做好集体研讨时的发言准备。只有每位教师做好集体备课研讨前的准备工作，以“个体”促“集体”，才能大大提高集体备课的质量和水平，才能突出这一“备”的重要作用。

第二步：研。“研”即通过集体研究、探讨，形成共同的智慧成果。这“研”可以从线上、线下来开展。

研讨第一课《我们奇妙的地球》。首先，主备人何云霓老师备好导学案，利用微信平台，把导学案发到群里供大家线上研讨，之后又在集体备课活动日进行线下面对面的研讨。

在线下研讨学习目标环节，何老师原来制定的学习目标是：“1. 会认‘呈’‘雕’等 8 个生字，会写‘呈’‘幻’等 13 个生字。指导写好‘乘’‘幻’‘诱’等左右结构的字，‘幻’字书写时注意‘幺’和‘纟’的区别。2. 正确、流利地朗读课文，初步了解课文内容。”

老师们各抒己见，最后一致认为，三年级学生底子弱，识字量还是达不到阅读的要求，所以生字教学还需要加强，朗读也是如此。语文课程标准对第二学段的识字与写字的目标与内容规定是：“对学习汉字有浓厚的兴趣，养成主动识字的习惯。”三年级语文上册《义务教育教科书教师教学用书》中对“识字和写字”教学也指出：“中年级依然要重视识字写字教学，在鼓励学生自主识字写字的同时，依据学生的实际情况进行分类指导，特别是难字、容易出错的字，要用恰当的方法加以点拨。”所以识字依然是中年级教学的重点之一。

但是，笔者发现教师们对本单元中的语文要素只字不提，主备人制定的学习目标也没有体现本单元的语文要素，这明显是不明白或是不理解单元导页的人文要素和语文要素的作用。

于是，笔者提出自己的不同看法。首先，这篇课文是第七单元的第一篇精读课文。精读课的作用是引领、示范，为学习本单元中的略读课文提供学习方法。其次，本单元的语文要素是“了解课文是从哪几个方面把事物写清楚的”。已经非常明确了本单元学习的重点和学习目标。最后，应该根据本单元的语文要素、课后习题来制定学习目标，才能更好地落实统编教材的教学理念。听了笔者的阐述，教师豁然开朗，再次通过认真研讨，最后学习目标定为保留第 1 个学习目标，把第 2 个学习目标中的“初步了解课文内容”改为“并思考课文是从哪几个方面写了天空和大地”。

所以最终本课的学习目标定为：“1. 会认‘呈’‘雕’等 8 个生字，会写‘呈’‘幻’等 13 个生字。指导写好‘乘’‘幻’‘诱’等左右结构的字，‘幻’字书写时注意‘幺’和‘纟’的区别。2. 正确、流利地朗读课文，并思考课文是从哪几个方面写了天空和大地。”

通过对学习目标的研讨，老师明白了钻研教材的重要性，以及学习语文课程标准《三年级语文教师教学用书》的必要性。

第三步：补。如落实识字与写字环节，集体研讨定稿是这样的：

1. 自由大声地读课文，读准字音，读通句子，碰到生字新词多读几遍。

2. 听录音，要求认真听准字音。

3. 自由读课文，把课文读准确，读流利。

4. 学习生字。

(1) 课件出示会认的字（要求学生自由读，师带读，指名读等）。

(2) 课件出示会写的字（要求自由读，指名读，“开火车”读，师生纠正读音）。

(3) 识记生字，书写生字（重点指导书写“幻”“乘”“诱”三个字）。

识字与写教学流程环节设计是很流畅的，然而何老师在执教时可能是担心学生对生字记不牢，所以引领学生读生字的时间过长了。虽然识字与写字这个教学重点得到了落实与巩固，但是对落实、突破第二个教学重点“课文从哪几个方面写天空和大地”的时间就不足，导致后边的教学时间非常紧张。

之后，何老师又再次“补”备课程：

1. 自由大声地读课文，读准字音，读通句子，碰到生字新词多读几遍。之后，出示生字卡，认读“呈、雕、幻、蜡、烛、辉、芒、型”。

2. 听录音，要求认真听准字音。再次认读“诱、润、乘、剑、普通、模型”。

3. 集中出示生字再认读一遍，抽个别读，师生接龙读。

4. 自由读课文，把课文读准确，读流利。

5. 写字（重点指导书写“幻”“乘”“诱”三个字）。

何老师这一“补”，教学思路更清晰，识字与写字的每个环节落实起来也更清楚，比原来定的识字与写字教学环节的条理性、目标性更强。

第四步：思。“思”即教后反思，叶澜教授说：一个教师写一辈子教案不一定成为名师，如果一个教师写三年反思有可能成为名师。反思在一系列思维过程中起到了提升自己专业水平的作用，而反思也为下次开展集体活动积累了研讨素材。

何老师执教之后写下这样的教后反思：

> 主备这节课，敲定了教学设计，总觉得自己的教学设计很不错。集体研讨时，特别是教研员说的关于统编教材的理念，才发现自己对统编教材的教学理念是知之甚少。设计本课的学习目标就拿教学用书来看看，把其中认为合适本班学生的学习目标抄下来，也没有深入去研究教学用书中对教材的编写说明，也不理解单元导页中语文要素具体有什么作用，导致在制定学习目标时没有体现和落实本单元的保底要求。如果不是教研员现场指导，我还是照着自己的教学经验设计这节课，真应了那句话——“穿新鞋走旧路”。
>
> 拿着集体智慧成果的教学设计在课堂上施教，总是担心学生的识字、写字不扎实，所以用的时间也多，这无形中就突出了识字写字教学是重点，这与集体研讨时制定的教学重点不相符。落实第二个学习目标时间少，导致无法完成。评议时老师们也提到了这一点。我想这是我的教学定式思维造成的，今后我一定要努力学习钻研统编教材的教学理念，让自己在教学上不会出现没有落实语文要素这个现象。

何老师的教后反思，让笔者看到一个优秀教师努力、不服输的教育教学情怀。同时我也相信这次的集体备课活动会给每位教师带来深刻的启迪。

总之，集体备课“一备、二研、三补、四思”的每一步都扎扎实实开展，能有效克服集体研讨过程中的随意性、盲目性，规范了集体备课的活动流程，大大提高了备课的质量和教师的专业素养。

资料来源：黄爱珍．集体备课四步骤：以“我们奇妙的地球”为例．新教育·上旬刊，2020（3）：11-12.

2．听课评课

听课评课是现行的教育体系中一种很常见的教研活动。教师在听课评课过程中观摩学习，取长补短，促进自身的专业发展。“听课 ”是教师借助眼、耳、手等感官以及笔、纸等辅助性工具，直接从课堂中获取相关信息资料，加以分析总结，形成理性教学知识的过程。“评课 ”是教师对课堂教学的成败原因及出彩之处加以分析，做出一针见血的评价，并能从教育专业理论角度对一些常见的课堂现象做出正确的活动解释。每个学年或是学期，学校都会例行举办“听课、评课”活动，有针对新手教师的听课评课，也有针对新教材的听课评课或是推行新教法的听课评课等。有的学者认为公开教学和听评课活动属于不同的教研活动，但是也有学者认为公开课属于听课里的一种。①

3．编制试卷和分析试卷

基础教育不可避免出现各式各样的考试名目。例如日练、周测、月考、期中考试、期末考试等。虽然我国已经取消“小升初”，但是还有更令人望而生畏的“中考”和“高考”。虽然这些选拔性考试风险大、成本高，但是它们与日常教学以及常规考试有着极高的相关性。换言之，学生平时成绩和这些应试考试结果呈正相关，虽然存在少数个例，受一些非常规因素的影响，偶尔出现负相关。

常规考试可以分为学校和地区两类。学校的常规考试一般是学校自己出题，也可能邀请其他学校老师或者名师出题，但承担这一任务的一般是教研组。出题方式可以是备课组通力合作，也可以由备课组长或教研组长单独命题，或指定某个人、某几个人完成。阅卷方式可以是任课教师自己批阅自己所教班级的卷子，也可以交叉阅卷。在每次期中、期末或校际、区域联考之后，学校都会要求教师或备课组长或教研组长进行教学质量分析，先由教研组自己组内交流，然后各教研组进行组内教学质量分析总结。这样可以提高“命题”质量，并进一步研讨学生的“学”和教师的“教”，以便能够得出切实可行的改进措施。有些优秀的学校教研底蕴深厚，师资力量雄厚，还能够自己出版自己的习题册和讲义。

（二）县级教研组织

县级教研组织和地级、省级教研组织不同，它直接涉及学校这一层面，所以我们需要拿出来单独介绍。在学校，我们经常发现有些老师一周内总有一天不在学校，或者某个上午或下午没有语文或者其他学科的课，其实是老师去县里参加教研活动了。有些学生没有发现这一现象是因为课程表“故意”在那天不安排某个老师的课程。例如周二是语文学科老师

① 于美方．对公开教学的探讨．人民教育，1981（7）：57-58.

的研讨活动，那么数学老师的研讨则安排在周三。这种县级教研活动通常按照学科或者年级两个维度来安排。老师们按照通知参加会议，讨论一些教育议题，例如期中期末的复习。县级的教研组织和学校里的教研组织很类似，但是相比学校的教研活动，县级教研组织的班底更加强大，优秀的教研员们对于课程的设计、新概念的引入运用往往会更胜一筹。除了每周一次集中的教研活动，举办教学比赛、组织公开课、进行教材过关、组织老师定期考试和外出考察学习等也是县级教研组织经常开展的活动。

县级教研组织在组织各式各样的活动、贯彻落实中央文件、促进教学改革、提升本地区的教研质量和教学水平等方面发挥着巨大的作用。

（三）省（自治区、直辖市）级教研组织

相比于学校、县级教研组织，省级教研组织的“群众基础”似乎不是那么扎实，毕竟每周去省里参加一次教研活动并非易事，除了考虑来回经费和路程，大规模的“研学”不一定会获得良好的效果。虽然也会组织一些集中性的教研活动，但是一般都是选举地区（县）里的代表出席，活动也更加有导向色彩，注重内容，不求影响的全覆盖。因此不同于县级教研组织直接“对话”一线教师，省级教研机构除了开展常规教学研究与指导之外，还偏向宏观管理和政府决策服务以及教育科研课题研究。

总体而言，省级教研机构偏向宏观管理和政府决策服务；县级教研机构则主要是面向一线教师开展常规性教研活动；学校教研组织则是学校生活的一部分，更有利于打造学校品牌特色。新手教师在经历了职前教育的熏陶之后，又能在三级教研组织中获得持续发展的动力，从课前备课到教学设计，从教材分析到考试评价结果的思考，教师在教研组织的帮助下不断反思领悟，提高专业素养，以便于他们从新手教师发展为合格教师，再由合格教师发展为卓越教师。

我国的教研组织在全世界是独一无二、极具特色的。我国的教研组织在中国教育领域几十年的风风雨雨里，经历着坎坷，也背负着光辉和使命，是“穷国办教育”的伟大事业中不可磨灭、浓墨重彩的一笔。

拓展阅读

三级教研机构工作职责统计表

工作内容	三级教研机构样本	开展该项工作的机构计数	开展该项工作的机构占比（%）
教育教学研究和业务指导	省级（n=29）	24	82.8
	地市级（n=38）	32	84.2
	区县级（n=70）	56	80.0
研究课程教材及资源、落实国家课程标准	省级（n=29）	19	65.5
	地市级（n=38）	14	36.8
	区县级（n=70）	9	12.9

续表

工作内容	三级教研机构样本	开展该项工作的机构计数	开展该项工作的机构占比（%）
教育评估与质量检测等	省级（n=29）	14	48.3
	地市级（n=38）	15	39.5
	区县级（n=70）	13	18.6
课题管理、科研成果的管理	省级（n=29）	13	44.8
	地市级（n=38）	20	52.6
	区县级（n=70）	27	38.6
教育政策和教育发展改革决策研究	省级（n=29）	13	44.8
	地市级（n=38）	12	31.6
	区县级（n=70）	0	0
教师培训	省级（n=29）	12	41.4
	地市级（n=38）	16	42.1
	区县级（n=70）	33	47.1
教育教学的理论研究	省级（n=29）	9	31.0
	地市级（n=38）	32	84.2
	区县级（n=70）	2	2.9
学业评价、考试评价及研究	省级（n=29）	6	20.7
	地市级（n=38）	11	28.9
	区县级（n=70）	1	1.4
教育技术和教育信息化建设	省级（n=29）	8	25.6
	地市级（n=38）	3	7.9
	区县级（n=70）	0	0
杂志的编辑、出版、发行及业务运营等	省级（n=29）	11	37.9
	地市级（n=38）	6	15.8
	区县级（n=70）	1	1.4

资料来源：王艳玲，胡惠闵．我国教研机构的类型与职能：基于全国抽样调查的分析．教育发展研究，2020，40（Z2）．

从“三级教研机构工作职责统计表”中收集的“工作内容”可以看出，“教育评估与质量检测等”“教育政策和教育发展改革决策研究”“教育技术和教育信息化建设”“杂志的编辑、出版、发行及业务运营等”工作，严格地说不属于教研工作的范畴，但目前它们仍是教研机构的职责。此外，调查还发现，所有的教研机构都承担着协助或配合教育行政部门开展专项工作的职责。这说明，为满足教育改革和发展的要求，教研机构承担起越来越多的工作，有些工作甚至已经超出了“教研”的范畴，换言之，教研机构的工作边界存在“泛化”的现象。

二、教师进修学校

《中国大百科全书·教育》中对“教师进修学校”的定义是：国家不断提高在职教师的业务水平而在各地设立的教师进修机构。与此相近的另一个概念是“教师进修学院”，其定义是能使在职教师通过业务进修达到相当于大专毕业水平的高等学校。① 这与教师进修学校产生的初衷有关。教师进修学校产生于20世纪80年代初，其主要职能就是对中小学教师进行学历补偿，这与当时我国教育体制不健全、中小学教师学历普遍不高的时代背景密切相关，不置可否的是教师进修学校的出现为我国基础教育的发展夯实了师资人才基础。近年来，我国职前培训的师范教育日臻完善，教育水平稳步上升，再加上大学扩招，拥有本科学历的中小学教师越来越多，特别是2002年《教育部关于加强县级教师培训机构建设的指导意见》颁布之后，县级教师进修学校的生存问题引发人们的关注。② 教师进修学校的教师培训工作迫切需要转型，不能局限于要求教师在入职前达到本科学历，更需要确保入职后教师素质仍能不断提升，这也体现出我国教育改革已经由原来的数量要求向以提高教师整体素质为目标的继续教育新阶段的转变。从中我们可以看出教师进修学校的对象是在职教师，且无论是学历进修还是素质提升，都旨在提高教师的教学水平，而且都属于独立办学单位。

目前教师进修学校的主要职能是什么？学者张传忠提出应该是“培养小学在职教师和教育行政干部”③，实则就是开展“中小学教师继续教育”④。目前很多教师进修学校朝着研训行一体化的目标努力。首先，教师进修学校利用自身丰富的教学实践经验和与当地小学联系密切的优势，积极开展中小学实践类课程继续教育。其次，教师进修学校积极对标国外的专业发展学校（professional development school），借鉴美国大学的有益尝试，旨在为一些大学的师范院校或教育学院的未来教师开展职前的临床性实践训练，同时还兼顾开展在职教师培训与促进学校改革发展。⑤ 然后，教师进修学校紧跟教师发展与教育研究一体化的大趋势，开展并推进中小学教育行动研究活动，但是需要指出的是教师进修学校与县级教研组织的部分功能发生重叠，这会导致机构之间产生矛盾冲突，也会浪费资源，因此实现有效整合促进教师专业发展势在必行。最后，在信息化的时代背景下，社会不断变革、不断更新，这就要求中小学教师必须终身学习。为了扩展教师教育体系为中小学教师终身学习服务的功能，教育部组织实施全国教师教育网络联盟计划⑥，力促“人网、天网、地网”的相互融通。各地教师进修学校也致力于构建教学资源的网络共享平台，为中小学教师终身学习提供信息化资源服务。

---

① 经合组织. Teacher matters：attracting，developing and retaining effective teachers. Paris：OECD，2005(1)：6-22.

② 教育部师范教育司. 更新培训观念变革培训模式：中小学教师继续教育学习提要. 长春：东北师范大学出版社，2001：58.

③ 张传忠. 简论教师进修学校的办学模式. 中国成人教育，1997（4）：18.

④ 教育部关于加强县级教师培训机构建设的指导意见. 教育部政报，2002（3）：186.

⑤ 田宝军，王德林. 美国专业发展学校的教师培训模式述评. 中小学教师培训，2001（10）：58-61.

⑥ 华东师范大学课题组. 关于建构教师教育网络联盟的建议. 高等师范教育研究，2003（5）.

三、名师工作坊

名师工作坊是在承认学科独立的同时注重学科融合的背景下建立的一个联系密切、具有研究共同取向、由专家教师领衔的组织团队。① 名师工作坊属于自发组织的教师专业发展共同体。

工作坊相比于工作室，更聚焦于地区的联动和多学科的整合。更加注重各名师工作室以及基地学校的交流融合。借助网络技术的辅助，名师工作坊的辐射作用也进一步得到强化。各名师工作坊之间形成大联动，能有效缩小城乡之间的差距甚至是发达地区与欠发达地区之间的差距。

名师工作坊促进集团学校的高质量发展。目前在集团化办学的背景下，很多地区的学校借助名师工作坊的大联动优势，将不同类别的基地学校进行整合，构建研修学校联盟，实现双方互赢。一方面，集团内不同类型的学校为名师工作坊的研修提供大量丰富的个性化案例和全方位检验成果的实验站；另一方面，名师工作坊也在不同类型的校情、学情中锻炼自己解决实际问题的能力，从而摆脱单一学科“工作室”的窠臼，形成适应不同校情、聚焦不同学段、不同层次的研修模式，促进集团内部教师队伍的高质量发展，实现集团学校的可持续发展。

名师工作坊为一线教师的专业发展提供切实可行的路径。首先，名师工作坊聘请教研室教师或师范院校的教授做导师，以专家讲座、专题调研等方式为入选教师提供扩展性、体验性的学习机会和高质量的沟通平台，通过与名师互动整体提高教师的专业发展。其次，名师工作坊不仅在工作坊内开展教学研讨活动，还和区教研室开展合作，在学区范围内开展新课题或某些前言问题的教学研讨，推动区域内教师均衡化发展。最后，工作坊通过任务驱动型的专题研究，扩大研究主题的影响力，提高成员的科研理论水平和实际解决问题的能力，鼓励成员之间合作交流，凝聚专业化团队，打造地区特色。

第三节　小学教师专业组织的发展路径

21 世纪以来，我国教师专业组织的形式越来越多，例如非政府组织设立的教师研究院、借助互联网的在线教师研修平台，不过，最常见的还是教研组。教研组作为中小学教师教学、科研、管理的基层组织，已经有几十年的发展历史，根基牢固，不仅为教师进行日常工作交流提供了便利，而且也促进了我国基础教育质量的快速提升。

关于中小学教研组建设发展历程，李叶峰将其划分为四个阶段：一是教研组的初创和确立时期（1949—1965 年），该时期正式形成了学科教研制度，教研组的属性是学科范围的专业组织。二是教研组的消亡时期（1966—1976 年），受“文化大革命”影响，学校事业停滞，教研组名存实亡。三是教研组的恢复和规范时期（1977—1998 年），这一时期行

① 陈磊. 名师工作坊与熊鞍本研修的融合实践. 基础教育课程，2019（6）：44-48.

政化的特色不断凸显。四是教研组的特色化时期（1999 年至今），这一时期最大的特点在于出现了学习型教研组。[①] 也有学者把教研制度的发展分为初创期、发展期、挫折期、恢复期、规范期、创新期六个阶段。[②]

中小学教研制度是国家教育教学的一个缩影。新中国中小学教研的相关制度，关乎着祖国未来花朵的成长和发展，关系着国家和民族的兴盛与衰落。下面我们从小学阶段的视角来分析我国教师专业组织的发展。

一、教研组的初创与确立时期（1949—1965 年）

1949 年新中国成立，国家经济建设处在初探阶段，教育文化建设也处于起始阶段。教育建设和新中国社会建设一样，在很长一段时间内学习苏联经验。苏联教育部 1938 年颁布并于 1947 修订了《中小学校教学法研究工作规程》《农村小学教师联合教学法小组规程》和《区教育研究室规程》，规定小学按年级设立“各年级联合教学法小组”[③]。这为我国小学教研组的成立奠定了最初的基础。

1951 年的《关于第一次全国初等教育会议报告》和 1952 年的《关于中、小学教育行政会议的报告》指出：从 1952 年开始，到 1957 年争取全国 80％的学龄儿童入学；到 1952 年起，争取十年之内全国儿童初等教育基本达到普及的指标。[④] 这种冒进的做法导致教育规模快速扩大，但当时新中国百废待兴，教育经验匮乏，盲目扩大规模难以保证教育质量。于是在 1952 年 3 月 18 日，教育部借鉴了苏联建设经验颁布了《中学暂行规程（草案）》和《小学暂行规程（草案）》两个文件。《小学暂行规程（草案）》规定：小学教导会议“由全体教师依照学科性质，根据本校具体情况，分别组织研究组。各组设组长一人，主持本组教导研究会议，研究改进教导内容和教导方法，并交流和总结经验”[⑤]。推行教导研究会议旨在提高教育质量，但是地方对于文件的“解读”程度不同，有的地方不明白教研组织的性质属性，这无形之中加重了小学教师的压力和负担，有的地方“甚至违反教师的自愿，硬性规定”，结果流于形式。[⑥]

1954 年教育部发布的《关于举办小学教师轮训班的指示》指出：全国现有 150 余万小学教师中，约有 60 万人文化程度不到初级师范毕业水平，其中更有一小部分不到高小毕业的程度。[⑦] 当时小学教师的来源复杂，但凡有点知识文化的人就可以作为小学教师补充来源。师资队伍建设仍然有很多不足。1955 年，《人民教育》发表短论《各省市教育厅局

---

① 李叶峰．建国以来中小学教研组建设的历史考察．教学与管理，2010（3）：20-22.

② 卢立涛，王泓瑶，沈茜．新中国七十年教研制度的变迁逻辑：基于历史制度主义的视角．教师教育研究，2020（1）：109-114.

③ 中华人民共和国教育部翻译室，北京师范大学教育学教研室翻译室．苏联普通教育法令选译．北京：人民教育出版社，1956：328-329.

④ 王铁．中国教育方针的研究：中册．北京：教育科学出版社，1999：127.

⑤ 中国教育年鉴编写组．中国教育年鉴（1949—1980）．北京：中国大百科全书出版社，1984：728-731.

⑥ 刘绳祖．改进中学教研组的工作．人民教育，1957（5）：46-47.

⑦ 何东昌．中华人民共和国重要教育文献：1949—1975．海口：海南出版社，1998：345.

必须加强教学研究工作》。[①] 1956 年，教育部递交《关于筹备成立教育科学研究所请予备案的报告》，并在同年 12 月 8 日得以批准，次年成立了教育部教育科学研究所。各地积极响应国家政策。上海市教育文件中指出：设立中心小学及辅导区制度是办好所有小学的一项措施。中心小学的主要任务是对辅导区起示范、辅导作用。通过中心小学的帮助，带动一般小学，从而办好所有小学。中心小学设置一位辅导学区的专职副校长及 1～2 位相当于教导主任级别的辅导教师，负责辅导区的工作。而在农村，中心小学辅导站主要是利用假期组织教师培训。[②] 可见，小学教研组当时已经有了雏形。很多小学教研组在发展过程中发表了有关教学研究的文章，例如署名“北京市小学语文教学研究组”的文章《高小一年级第二学期语文教学计划》发表在《语文教学》上，扩大了小学教研组的影响力。1957 年教育部又颁布了《中学教学研究组工作条例（草案）》及《关于中学教学研究组工作条例（草案）的说明》，确定了教研组非行政化的性质，这是新中国史上第一份以教研组为题的文件。1960 年，中共中央确立了调整、巩固、充实、提高的经济建设方针，教育制度也受到影响，教研组织此时已经不再单纯地照搬苏联模式，而是努力进行自身建设，逐步形成“中国式”的教研组。

小学教研组在国家教研政策的指导下粗具规模。在新中国教育基础薄弱的情况下，小学教研组给广大小学教师提供教学的方法，提高他们的专业水平，为新中国成立初期的基础教育贡献了一份自己的力量。

二、教研组的挫折时期（1966—1976 年）

“文化大革命”最先始于教育领域，在此期间，我国的中小学教育几乎处于停滞状态，小学教研组也遭遇了重创。各地大、中、小学的军训工作在 1967 年开展，撤销教研组（室），取消班级建制和班主任制度，将师生统一按班、排、连、营建制编队，设（置）连队委员会、政治指导员。[③] 小学的教师辅导站、各科的教学研究活动等都被废除。各类教育刊物纷纷停刊，小学教研组的文章不能被发表。一些保留下来的中小学教研组转变了性质，例如湖南省中小学教材编写组原来负责编写中、小学和幼儿园各科教材和部分参考书，但是在“文化大革命”期间负责编写《中国新民主主义革命史》，失去了教研机构应有的教研职能。

这一时期教研组名存实亡，在艰难中求生，小学教研组作为教育体系中的一部分，也面临着艰难的处境，停滞不前。

三、教研组的恢复和规范时期（1977—1998 年）

“文化大革命”结束后，党中央开始了全方位的“拨乱反正”，这一时期教育部最主

---

① 各省市教育厅局必须加强教学研究工作. 人民教育，1955（11）：17-18.

② 中国教育年鉴编辑部. 中国教育年鉴：地方教育：1949—1984. 长沙：湖南教育出版社，1986：407.

③ 中央教育科学研究所. 中华人民共和国教育大事记（1949—1982）. 北京：教育科学出版社，1984：412.

要的任务是恢复和整顿教育秩序，并于 1977 年决定恢复高等学校招生制度。原来编写的教材已经不符合时代的要求，各地根据实际情况对教研组织进行规范化建设，逐渐形成了集行政、管理、教研三大职能于一体的教研组织。1990 年，国家教育委员会将教研工作统一划拨到基教司分管，并颁布了《关于改进和加强教学研究室工作的若干意见》，明文规定了教研组织的目标、职能、价值、人员素质等内容，这标志着我国的教研制度进入了规范化的阶段。这一时期较之前而言，教研组的职能、范围都有了明显的改变，突出的特点在于教学管理得到强化，行政色彩日益突出，形成了竞争性教研组。

各个小学以学科为维度形成了教研组，组织多种多样的教研活动。例如集体备课、集体学习等。至此，我国初步形成了自上而下的四级教研管理制度。随着科研热潮的不断高涨，基层教育科研机构包括中小学教研机构得到了进一步发展。从“六五”到“八五”的教育科学规划立项的全国教育科学规划课题中，负责人的单位开始出现一些基层学校的名称，小学教研组也可以获得教学科研的资源。

但是在 20 世纪 80 年代行政痕迹很是严重。小学教研组和其他的教研组一样，职责范围广泛，要负责制定教学计划、分配教学任务、检查教学任务的落实；要负责组织命题及评卷，组织集体备课、听评课、公开课；还要负责教师的业务进修、考核、评比竞赛；负责教研室资料积累与整理，协助实验室管理；等等。此外，还要应付学校及上级的检查。

这一时期的小学教研组在改革开放的浪潮中，逐渐走出了“文化大革命”的困境，并不断规范化、制度化，还加入了市场要素，形成了竞争型的教研组，在教育科学课题中获得了“发言权”。

四、教研组的特色化时期（1999 年至今）

2001 年发布的《基础教育课程改革纲要（试行）》（简称《纲要》）标志着我国开始了第八次基础教育课程改革。《纲要》指出：各中小学教研机构要把基础教育改革作为中心工作，充分发挥教学研、指导和服务等作用。《纲要》还指出我国实行国家、地方、学校三级课程管理制度，这改变了以往国家课程一统天下的局面。在《义务教育课程设置实验方案》中，省级教育行政部门被赋权，拥有在实施国家课程时“适当调整”的权力和在课程体系中独立决策对“地方安排课程”的权力。这意味着教研组织拥有更大的发挥空间。2001 年教育部《关于改进和加强教学研究工作的指导意见（征求意见稿）》明确提出：“改进和完善教学研究制度和工作方式，逐步形成民主、开放、有效的教研机制。”“将教学研究的重心下移到学校，建立与新课程相适应的以校为本的教学研究制度，是当前学校发展和教师成长的现实要求与紧迫任务，也是深化教学改革的方向和重点。”这一政策的出台意味着以校为本的教研制度逐渐显出雏形。校本教研意味着教研主体偏向于小学教师在内的所有教育工作者，小学教师专业发展共同体也开始进入人们的视野。2019 年教育部《关于加强和改进新时代基础教育教研工作的意见》就教研工作存在的机构体系不完善、教研队伍不健全、教研方式不科学、条件保障不到位等问题提出了相应的解决措施。

小学教研组的体系越发完善。

2006 年，我国小学专任教师就已有 558.76 万人，具有专科以上学历占比为 62.06%。① 由此可见，小学教师的学历和专业素质与以前不可同日而语，他们对教研制度的需求也今非昔比。校本教研赋予教师更多权利来实现自我专业发展，也急需一种新型的组织形式为教师专业发展保驾护航。

近年来，随着国际化进程的加快，西方的学习型组织、专业学习社群、专业学习共同体理论进入我国教育研究者的视野，为我国小学教研组的发展提供了新的视角，有利于我国基层教研组焕发出新的活力。但是西方发达国家的理论运用要结合本国国情加以本土化，才能更有效地得以推广和运用。

教研组织经过时间的洗涤，已经成为一种教研制度。依据教研组发展的不同历程，学者将它们划分为不同的阶段。有学者分为四个阶段，还有学者分为六个阶段，更有学者追溯到民国时期将其分为七个阶段。无论哪一种划分手段，其最终目的都是便于我们了解教研制度的"前世"，把握发展的内在逻辑，推进教研制度更好地转变。关于教研组织的起源，有的学者认为早在民国就出现类似的教育研究制度，之后才是学习借鉴苏俄。我们查阅了相关文献，陈桂生就这个问题明确提出最早的应该是始于 1952 年颁布的《中学暂行规程（草案）》。②

无论缘起何时，小学教研制度都在我国相关教育政策下发展壮大，走向越来越专业化的舞台。

第四节　小学教师专业组织发展的条件保障

小学教师专业组织以小学阶段教研组为主要依托，为了适应新的发展要求，不断借鉴组织学理论来指导其发展。但是小学教师个体作为小学教师专业组织的一部分，能否在组织中获得个体发展？小学教师专业组织能否因个体发展而获得发展？小学教师专业组织发展的保障机制又该如何构建从而使其获得持续性发展呢？

一、小学教师专业组织发展的现实问题

（一）小学教师个体和群体的矛盾

教师群体是教师个体的母体，是教师实现自身专业化的航母。但是在这个过程中小学阶段的教师个体和教师集体之间还存在着很多冲突矛盾，形成了教师专业发展的障碍。

首先，传统"技术熟练型"的教师群体培养模式缺乏针对性的内容，忽略了教师层次

① 中华人民共和国教育部，中国联合国教科文组织全国委员会. 中国中小学教师发展报告：聚焦农村教师. (2018-04-06) [2019-04-23]. https://max.book118.com/html/2018/0406/160251418.shtm.

② 陈桂生，刘群英，胡慧闵. 关于教研组问题的对话. 上海教育科研，2014 (3)：56-59.

不同的现状，缺乏对教师个体成长发展内在机制的深入关注，导致教师职后专业生活出现明显的孤立倾向，在日常教学活动中不愿意和其他教师群体进行交流互动；其次，在信息爆炸的时代，教师的知能结构有着明显的历史局限性，以及小学教师大多数为女性，并且大多安于现状；最后，教师专业发展共同体起源于西方发达国家，且尚处在积累阶段，对教师个体和教师集体之间尚未过多涉及。这些都需要我们厘清教师群体和教师个体之间的关系，既要反对缺乏个性化的“集体主义”的培养与发展模式，又要反对教师个体各自为战的“个人主义”培育模式，寻求教师群体和教师个体之间相得益彰的合理关系。

1. 外在组织化的矛盾

首先，所有的教师专业组织都有一个等级链条，借助外在化的科层结构，形成复杂庞大的管理组织。随着办学规模的扩大，部分学校强化了年级组的行政性质，将学校层面的教研组置于年级组的管辖之下。为了方便学校管理，教研活动在行政的干预之下，承担起学校和校长的行政工作。这使得小学教师苦于应对组织的命令而没有时间进行自我发展。其次，随着学校引入精细化企业管理模式，细化管理对象，量化教学程式。教师集体备课、集体讨论等教研活动降格成操作程序和流程形式，真正促进教师合作学习的沟通、研讨、反思不断被边缘化，促进教师个体发展的合作行为机制被打破，小学教师群体凝聚力逐步丧失。

2. 内在人际上的矛盾

教师专业组织肩负着教育教师个体、凝聚教师群体、聚焦教师意见、扩展教师视野、补足教师专业认知缺陷等功能。但是随着教师专家的地位不断被拔高，在教育理论专家-教育实践专家-普通教师的特殊构造中，教师专业化的进程就是位于金字塔顶端的教育理论专家用自己的教育观念教化、训导普通教师的过程。此外，中国传统文化强调集体主义形态，群体中地位更高的人更容易受人尊重。人际关系的维护也比学习任务更加受到重视。维护人际关系的和谐和现存的权力结构，已经成为一种群体内默认的规则和文化。小学阶段教师在教研组中自然会受到这种群体思维的影响。

（二）小学教师专业组织的定位不清

关于教师专业组织，实际上就是教师群体谋求专业发展的一个团体、组织或机构。从社会学的角度来看，教师组织可以划分两个层次，一是科层主义取向的科层组织，就是我们上面论述的三级基础教育教研组织；二是专业取向的组织，就是旨在提高教师专业水准和开展相关教育教学研究的组织等。但是我们在发展过程中会太过强调科层组织中的行政、管理功能，忽视教师专业层面的重要性。小学教师在科层制度的重压下，日复一日机械重复分内的工作，完成上级下达的指标命令，完全没有精力兼顾专业层面的发展。此外，专业取向的组织侧重点也有所不同，把很多精力资源放在教学的研讨上，没有看到学生的认知规律，没有看到教师自身的身份认同、专业态度、情感等。因此，对小学教师专业组织的清晰定位有利于我们看到教师个体自身发展的需求，从而从根本上改善教学中存在的问题，形成良好互动的师生关系。

（三）小学教师专业组织体系的单一性

基层学校层面的教研组主要的载体就是教师，属于教师专业组织。教研组后期随着学校规模的扩大，衍生出年级组和备课组，教师根据这些维度都要相应参加一些行政类的常规活动。但是处在不同发展阶段和不同年龄段的教师面临的教学问题的解决方法不同，思考的维度也不同。没有专门的组织让教师找到归属感。此外同一年级不同学科教师组成的年级组行政工作偏多，学科联系在一周一两次的交流活动和组会里根本不能得以体现。教师一般只能从同一年级同一学科的教师那里获得帮助，而得不到同一学科教师专业组织的帮助。

二、小学教师专业组织的发展保障机制

基于教师专业组织的发展历程，我们将从体制、领导、专业、经费这四个维度提出保障措施，旨在立足于教师自身发展需求，解决组织建设中的种种问题。

（一）体制保障

小学教师专业组织的主要载体是基层小学教研组，如何构建其保障机制还是要以学校教研组建设为主体。

1. 年级组的诞生

1957 年教育部颁布了《中学教学研究组工作条例（草案）》和《关于中学教学研究组工作条例（草案）的说明》，明确规定教研组织是一种非行政的组织，但是在随后的发展过程中，教研组织日益规范化，教学管理、教学研究、教学行政三大职能齐步发展，本来是学科的教研体制现在随着学校规模的扩大，不由自主地要把更多的精力投入教学行政和教学管理中，这时年级组应运而生。年级组归教研组管理。年级组“麻雀虽小，五脏俱全”，一般是由年级组长、同年级的各科老师、班主任以及学生组成。它一般有两种不同的形式：一种是由同年级各班的班主任组成，其主要任务是研究班主任工作和学生教育工作；另一种是由班主任和任课教师组成，其工作任务除了研究班主任工作之外，还涉及促进学生德、智、体等各方面发展的各项教育工作以及教师管理工作。到了 20 世纪 80 年代，由于学校不断强化行政管理的思想，年级组作为学校一级行政组织，逐渐取代了教研组在学校中的地位，成为更具有管理实权的教师组织。

教研组和年级组是两个性质不同且并存的基层组织，年级组更便于有效地对教师实行分而治之的管理。年级组协助教研组物色该学科在本年级组的学科带头人，选择优秀的备课组长以及制定符合本学科的教学计划和相应的教研课题。虽然年级组减少了教研组的行政工作，但是不能替代教研组。处理好两者之间的关系，将更有利于建设高质量的基础教育体系。

2. 备课组的发展

备课组是由同一年级的同一学科的教师组成，年级组是由整个学校同一学科的教师组成，因而备课组处于学科教研组和学校年级组两条“ 管理线 ”的交汇处。作为年级管理与学科教研的枢纽，备课组的出现不仅仅是教研组规范化、完善化的体现，而且也

明晰了教师的职责和分工，有利于教师的专业化发展。在备课组里，教师们相互切磋教学艺术，相互交流教学经验和困惑，一起对教学改革、政策理念发出最真切的声音，思想火花碰撞在一起，汇聚成群体的智慧，实现教研的真正融合。备课组的主要任务就是集体备课。集体备课顾名思义就是教师们上课之前的教学准备，和日本在20世纪80年代风靡全球的“课例研究”异曲同工，但是我国的集体备课和教研组并没有引起高度关注。

拓展阅读　　何必“出口转内销”

有一位“80后”曾经十分困惑地问：“是不是改革开放后，中国人民就不自信啦?”仔细琢磨，有点意思。改革开放前，虽然整个社会包括教育的发展落后，但国民信心满满。国门打开，“外面的世界很精彩”，几乎所有人都是一派“急起直追”心态，当然合理，但其中难免少了些冷静的审视和理性的判断。如，就中国的基础教育而言，问题当然多多，但一无是处吗?没有值得坚持和发扬光大的经验吗?时下，越来越多的人开始这样思考，其中三级教研组织显然便是值得斟酌的题目。

随着义务教育的普及、高中教育的发展，基础教育的种种顽症也日益严重。考试压力、升学竞争、学生负担，成为社会的热点话题。作为以提高教学质量为根本追求的教研室，受到的诘问最多，教研室是追求升学率的罪魁祸首、教研室是考试竞争的根源等说法十分流行。即使在教育系统内部，任何其他部门都可以理直气壮地指责分数压力，痛陈考试罪行，只有教研系统，一方面也要参与这些批评，另一方面却须臾不能够放松对于分数和考试的关注。近年来的教研系统的确处境尴尬。

差不多就是在这个时候，日本的课例研究却名声大噪、风光起来。一些西方学者从日本学生在国际性教育评估中的优异成绩，追溯到日本中小学教师的课例研究。按照西方学者的概括，课例研究一般由教师组成学习小组，定期会面，共同合作设计、实施、评量和修正教学活动。在课例研究的过程中，教师要一起协作，开展以下活动：共同拟订教学活动设计，实施教学活动设计，讨论教学活动设计，修订教学活动设计，利用新修订的教学活动设计进行教学，分享对新修订的教学活动的反思。西方研究者们认为，课例研究以教师为导向，具有合作性，他们提出：“教师为了共同目标而努力，从相互的实践中吸取经验与教训”，其深层原则是“增加教师的学习机会，教师可以向他人学习，在实践中学习，从课程中学习”，等等。

尽管“课例研究”这个名称洋气十足，中国的中小学教师却并不陌生。虽然没有做专门调查，但笔者曾经向若干中小学教师求证，在听过介绍后，几乎所有教师的反应高度一致：“噢，就是我们平时的集体备课。”事实上，日本的课例研究主要是由一些大学教授引领、在若干学校中推行的，而在中国，教研活动则在基础教育各个阶段、所有学校普遍存在。其历史之长久、制度之完备、作用之强大、积累的经验教训之丰富，都远远超过日本。令人感慨的是，近年来国内学者关于日本课例研究的种种介绍络绎不绝，而三级教研组织的存在却少见有人问津。

并不是说日本的经验没有价值，相互学习必定是有意义的。但如果只是忙着“出口转内销”，忽略、轻视甚至忘记身边这个庞大的组织总是可惜的。几十年来，三级教研形成了无数宝贵的经验有待我们总结整理，当然，也积累了大量的教训等着我们总结。令人欣喜的是，一些动向正在出现：已经有若干篇以教研组织、教研活动为研究对象的硕士和博士论文出现，更加令人高兴的是，在国家最高级别的教育科学研究规划中，也已经有了以教研组织为对象的研究课题，我们有充分理由希望并且相信，终将有越来越多的研究者将自己的目光投射到这个领域。

资料来源：丛立新. 中国基础教育三级教研组织研究. 教师教育研究，2011（9）：12.

3. 专业化的尝试

由于基层教研体系的单一性，教师可以自发自愿地成立不同形式的教师专业组织，完善基层教研组体系，满足教师个体多样化专业发展需求。例如：以学科为划分依据，成立小学阶段1～6年级语文学科教师专业组织；以年龄为划分依据，成立青年教师学习小组；以专业发展水平划分，构建新手教师专业发展组织；以研究方法为划分依据，成立叙事案例专题小组；以职位为划分依据，形成名师工作室或者工作坊；等等。这些形式多样的教师专业组织，完全基于教师自身的需求，充分尊重了教师的主体性。

这种自愿的教师专业组织类似学生的兴趣班和俱乐部，教师可以选择自己感兴趣、喜欢的组织加入，在组织内部开办多种多样的活动，形成自由民主的气氛。组织也可以邀请专家进行针对性指导，产出高质量的作品和成果加以推广。

这种基于自愿形成的教师专业组织属于非行政组织，减轻教师行政工作上的负担，对教师进行针对性发展，实现资源最大程度的利用，营造平等民主的学习文化和氛围，有效解决教师个体和教师群体之间的不平等问题。

拓展阅读

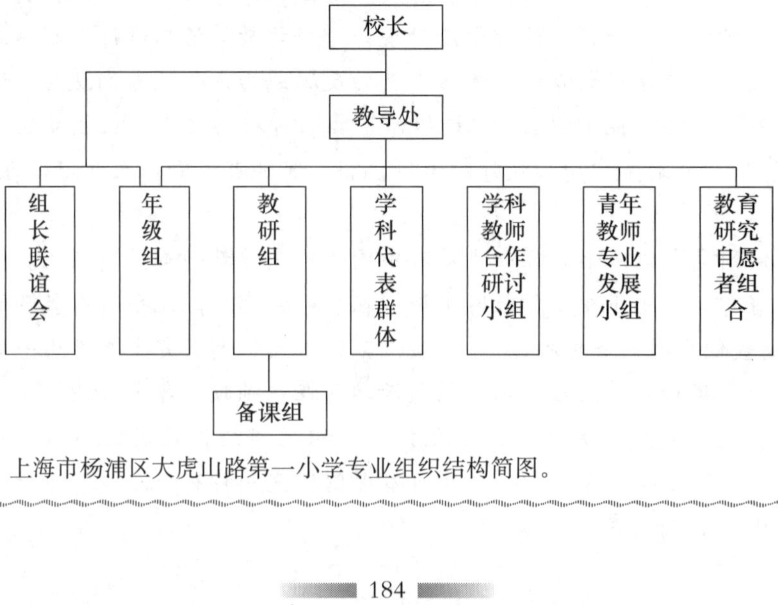

资料来源：上海市杨浦区大虎山路第一小学专业组织结构简图。

拓展阅读　　给自己“挂个牌”

“雪梅老师你又开始申报教育名家工作室啦，入选条件，极其严苛，你是咱威海的知名班主任，肯定会申报吧。其实我也很想报，但肯定比不过你，毕竟全市可没有几个人敢和你PK！”微信上，一位老师留下了这样一段话。

读后不禁哑然，毕业近20年的大好时光，我全部拿来和特殊教育谈了场不温不火的“恋爱”，自然也就和各类课赛评比、优秀选拔、荣誉嘉奖失去了缘分。老师们对我所谓的“畏”其实更多的是囿于虚名：几百篇文章的发表、近百场专题的开讲，这一切足以让一个普通的老师声名在外。但要论起上级行政部门赋予的“干货”，自己还真是没有什么拿得出手的。对于这类有条框、拼硬件的评选，我的态度向来是可观望、可参与，但不较真、不较劲。

“你说这次的评选肯定竞争很激烈吧？我真担心评不上。”晚上十点多，追问试探的信息还是不依不饶。“放平心态，重在参与呗。”我笑着回应，又补了一句：“实在不行，竖杆大旗自己来做工作室呀！”本是一句玩笑，没想到这位老师却认真了起来：“没有了行政上的财力、物力、权力支持还想做点事，你先做给我们看看。”我没想到，自己天真地会“自我挂牌”，做起了草根式的工作室——荣成雪梅读书写作团队，没有任何支持，完全白手起家。促使我做这件事的理由很简单，有些老师听说有那么一位特教教师，靠着专业阅读和写作的成就，一步步地成长，一步步地将自己的教育舞台向外延伸拓展，把平凡琐碎的教育生活过得有滋有味，便想试试这条路是否可以复制。就这样，十几颗渴望成长的心碰到我这么一个乐于“折腾”的灵魂，凑成了一个以读写为成长推手、以研讨为联系纽带的教师专业成长工作室。

“就那么想着出风头？自己贴着经费搞活动，自己还拉下脸去求人来给团队老师讲座，你脑子不正常吧？这样的工作室做不做有什么意义……”“什么，工作室老师还心甘情愿地自费外出学习，真是有什么样的将就会有什么样的兵！”在大家看来，我是想出名想疯了，才一时一刻也不肯安分。可我知道，有很多一线老师同曾经的我一样对成长充满了渴望又缺少引领，他们需要一份行动上的鼓励和陪伴；有许多个激情满满的灵魂即将被教育的繁杂琐碎磨光了棱角，他们渴求着心灵上的慰藉。我的行动不能赢来大多数人的认可，但一定是某一部分人的需求。

《中国教师报》很快便关注到了我这个非官方的、教师成长却呈爆发之势并快速地辐射带动了学生成长的工作室，记者于2019年初走进荣成做了专访并以《荣成雪梅读书写作团队：用成长陪伴成长》为题做了专题报道；《教书育人·教师新概念》《当代教育家》等多家杂志也曾对我所引领的这个草根工作室予以了关注和报道。走到现今，在众人艳羡的目光中我才发现，曾历经的那些误解、那些异样的眼光和言语，早已化为了沿途行旅中不起眼的风景，被成长的我们远远地甩到了身后。

自己成立工作室自己挂牌，很多人听起来依然像一个笑话，可我知道，这不经意间走出来的一条路，尽头结出来的果实叫作“专业成长”。

资料来源：杨雪梅．给自己“挂个牌”．黑龙江教育·小学，2020（7）．

（二）领导保障

1. 明确校长的职责

人本主义心理学家马斯洛提出了需求层次理论，里面提到自我实现的需求是最为重要的，但是由于种种原因，只有少数人才能在生活中达到自我实现。首先，校长应看到每个教师自我实现的需求，营造出宽松、民主的氛围，创造帮助教师自我实现的条件，给予教师更多的专业自主权和理论话语权，让教师不再感到孤独，具有强烈的归属感和使命感。其次，校长还需要借助教师之间思维和能力的差异帮助教师全面认识问题的复杂性和特殊性，寻找继续学习的再生资源。最后，还需要建立发展性评价机制，鼓励教师的自我超越。发展性评价机制可以挖掘每个教师身上的未知潜力，让教师意识到自身的劣势和优势，这有利于调动所有教师的积极性和参与意识，激发教师的学习热情，实现教师之间和谐合作，激励教师个体在共同体中实现自我超越。

2. 定位教研组组长的角色

随着时间的推移，教研组已经成为一个较为成熟的教师专业共同体，教研组长处在基层组织中，没有一级领导赋予的直接行政权力，却要肩负起整个教研小组的运营。因而找准自身定位，提升个人魅力和领导能力对于各个教研组组长都尤为重要。

首先，教研组长要起到管理作用，要学会根据学校的管理风格和文化恰当地调整管理方式来落实校级一线领导安排的任务。其次，教研组长需要有教学领导力，这是一种学科素养和凝聚效应支撑下的专业感召力，包括学科研究和判断引领能力、人际沟通能力和与之相匹配的某些特质（如敏锐、接纳、宽容、冒险等）。① 但是这种影响力不是组织权威所赋予的，是教研组组长在文化环境中，作为一个教研组发展的规划者、课堂教学的示范者、教师教育培训的促进者进行自我磨炼和构建的过程。

（三）专业保障

1. 教师成员的专业审视

不同利益群体对教师和教师工作提出了不同的要求，主要表现为教育研究者对教师的专业性发展提出应然要求和教育实权群体对教师提出行政工作上的指令性要求。它们不会单独出现，而是通过教师培训、教化等手段以合谋的形式出现，促使教师规范化。通过去行政化、给教师放权等方法虽然初见成效，但是都没有触及问题的根源。埃万斯指出，专业性应该体现在从业人员实际从事的工作上，而不是政府和其他机构要求他们做的工作上。② 唯有教师重新审视其专业地位时，教师自己才能从被要求的或是规定的教师专业性“怪圈”中走出来，并基于自己日常教学的工作实践，结合不同情境下实现教师转化，从教书技工转变为真正的专业者。

---

① 上海市徐汇区“中小学教研组专业发展的行动研究”项目组．中小学教研组长：角色、培养与管理．教育发展研究，2006（12）：52-56.

② EVANS L. The ‘shape’ of teacher professionalism in England：professional standards，performance management，professional development and the changes proposed in the 2000 white paper. British education research journal，2011，37（5）：851-870.

2. 集体的共同愿景

作为教师集体组织里的一员，每个人都希望自己的专业素质能获得持续发展，这便是共同的价值观、共同的目标愿景。彼得·圣吉（Peter M. Senge）教授在《第五项修炼：学习型组织的艺术和实务》一书中阐述了创建学习型组织的“五项修炼”模式，其中提到第三点就是建立共同愿景，要求成员开放交流，改善心智，提高认知。[①] 专业学习社群概念的提出者霍德对该社群的特征描述中也提到共同的愿景和价值观这一点。[②] 由此可见，共同的愿景在教师专业组织的建设中举足轻重。有了共同的愿景，教师队伍就如同汪洋大海里的一艘帆船，全体成员目标一致、休戚与共。

3. 教研员的专业化

《中国教育现代化 2035》要求将机制体制创新作为教育现代化的根本动力，教研制度的创新变革也成为应时之需。教研员作为我国教研组织中的重要组成部分，其专业化的进程为教研制度改革提供了一个跳板。

2019 年教育部在《关于加强和改进新时代基础教育教研工作的意见》中对教研员专业化发展提出相应要求：将教研员纳入教师“国培计划”，教育部每年组织开展骨干教研员国家级师范培训；省、市、县级教育行政部门要建立教研员全员培训制度，每位教研员每年接受不少于 72 课时的培训。

教研员的专业化可以通过以下几个路径来实现：首先，在师范高等院校和附属中小学以及地区中小学以各种形式建立教研合作组织，同时在教育部附属师范大学或地方特色师范高等院校建立国家教研员的研修基地，形成教研整体关联、动态涌现、相互融通的生态教学样态，为教研员搭建一个持续、专业的发展平台组织。其次，组织大规模的教研员发展状况调查，摸清中国教研员的发展需求和规律。最后，研发教研员的培训课程和教材、借助现代网络技术探索开发不同研修模式、分批次推进不同层次的培训研修都应早日提上日程。部分省市教研室自发成立了非正式、非官方色彩的联盟。例如黑龙江省、新疆维吾尔自治区、海南省三方教研机构联合举办了“三级教研论坛”。多方合作建立的全国性协会或联盟，将推动教研员在专业化的道路上越走越远。

小学基层教师专业组织的主体教研组的发展，离不开各级教研员的指导，教研员作为专门从事教育研究的专业人员，对教师专业组织的发展意义非凡。

（四）经费保障

教研组作为教师专业发展的组织，按学校相关制度规定，一般的教研活动还能正常展开，但是有些活动的开展面临着经费、场地等客观条件的限制。首先，经费不足是各个学校开展活动的最大瓶颈。教师没有固定场地和专门的活动经费，开展活动只能在学校的会

---

① 曹振国. 基于学习型组织理论的高职院校教师发展策略. 教育与职业，2019（1）：96-99.

② Lee J C，Zhang Z，Yin H. A multilevel analysis of the impact of a professional learning community，faculty trust in colleagues and collective efficacy on teacher commitment to students. Teaching and teacher education，2011，27（5）：820-830.

议室或者教师办公室，公共地方小、设备老化甚至出现不能用的状况；经费也只能从教学经费中拨付，而有的费用是不予报销的。例如教师自发组织的专业发展小组开展活动的差旅费、场地租赁费、活动材料经费等费用无法从教学经费中报销。这就导致自发组织的专业团体活动存在经费困难、报账困难的问题，进而使得专业发展活动的开展受到很大限制。

2019 年教育部颁发的《关于加强和改进新时代基础教育教研工作的意见》指出，加大经费投入，要求各级教育行政部门把教研工作经费纳入本级教育事业经费预算，保障教研工作经费随着教育事业的发展逐步增加，确保满足教研机构日常运转和组织开展重要教研课题研究的经费需要，并对学校开展教研工作给予经费支持。教师们在教研组的主干体系下衍生出许多形式各样的专业发展共同体，需要教研经费的支持，只有这样才能达到百花齐放的状态。为此要给教师自发组织的专业发展共同体活动划拨专项经费。一方面保证开展的专业发展活动所需的物资采购顺利到位，避免因专业活动无充足的经费支撑而流于形式。另一方面，对参与活动的教师进行奖励和费用报销也能够鼓励教师的积极参与。同时，在教师专业发展活动开展过程中所需的硬件设施和空间场地上也要加以完善，保证各级各层开展的教师专业活动有固定的场所和完善的设备。

【探究运用】

- **小组交流**

请回顾自己的实习经历，与你的同伴谈谈：实习学校中有哪些教师专业发展组织，又是如何促进学生发展的？通过本章的学习，你对教师专业组织有哪些新的认识？还有哪些疑惑？

- **推荐文献**

1. 丛立新. 沉默的权威：中国基础教育教研组织. 北京：北京师范大学出版社，2011.

2. 杨深坑. 各国教师组织与专业权发展. 台北：高等教育文化事业有限公司，2003.

- **自我评价**

第八章　小学教师专业组织的发展			
通过本章学习，我有如下新的收获：			
1.	☺	Θ	☹
2.	☺	Θ	☹
3.	☺	Θ	☹
通过本章学习，我还需要复习如下内容：			
1.	☺	Θ	☹
2.	☺	Θ	☹

续表

第八章　小学教师专业组织的发展			
3.	☺	Θ	☹
通过本章学习，我还有一些新的反思：			

说明：
☺表示“我能够完全理解该内容，并在小组讨论中能表达清楚”。
Θ 表示“我能够完全理解该内容，但较难向他人表达清楚”。
☹表示“我不能够完全理解该内容”。

第九章

新时代的小学教师专业发展

本章导读

亲爱的同学，你已进入“小学教师专业发展”课程学习的最后一章。想必同学们通过前面内容的学习，已经基本掌握了小学教师专业发展的具体内容。2017 年 10 月 18 日，习近平总书记在党的十九大报告中指出，中国特色社会主义进入了新时代。这些年来，随着国内外现实环境与改革政策的变化，对小学教师的专业工作也提出了新的挑战。本章作为全书的收尾章节，将带领同学们了解在人工智能时代、后疫情时代、全球化时代背景下小学教师专业发展面临的时代挑战。然后，从国际组织和各个国家小学教师教育政策举措中了解小学教师教育的全球变革状况。最后，从未来小学教师专业发展的角色定位、专业素养与成长路径等角度理解小学教师专业发展的未来走向。

学习目标

- 通过梳理人工智能时代、后疫情时代、全球化时代的特征，理解小学教师专业发展面临的挑战。
- 通过分析近年来国际组织以及美国、芬兰、日本、中国的教师教育改革举措，了解各个国家为了应对时代挑战而进行的小学教师教育变革。
- 通过了解小学教师面临的时代挑战及应对措施，理解未来小学教师的角色定位、专业素养及成长路径。

第一节　小学教师专业发展的时代挑战

教师专业发展指的是教师以自身专业知识、技能和情意等方面的提高与完善为基础的专业成长、专业成熟过程。面向新时代，小学教师首先要坚定对中国特色社会主义教育的道路自信、理论自信、制度自信和文化自信。同时，也要意识到终身学习和专业发展的必要性与紧迫性，这为未来小学教师的专业成长带来了发展的契机，同时也带来了新的挑战。

一、人工智能时代小学教师专业发展面临的挑战

当前人类社会进入人工智能被广泛应用的时代，相应地，教育也进入“人工智能＋教育”时代。“人工智能＋教育”将会带来教师智力劳动的解放，教师将有更多的时间和精力投入关心学生隐性的、心灵深处的、精神的、人工智能所不能洞察的领域。也就是说，社会对教师素养的要求会越来越高，教师所做的工作应是机器不可替代的，这必然会给小学教师专业发展带来一系列挑战。

（一）小学教师职能及角色面临挑战

2018 年 4 月，教育部发布的《教育信息化 2.0 行动计划》指出：“以人工智能、大数据、物联网等新兴技术为基础，依托各类智能设备及网络，积极开展智慧教育创新研究和示范，推动新技术支持下教育的模式变革和生态重构。”① 教育进入“人工智能＋教育”时代，传统教师职能及角色将面临挑战。

从图 9－1 可知，传统教育教学活动中教师传授知识、提供资源、批改作业、记录学生学习情况、解答常见问题等常规性的工作将由人工智能负责。然而，机器带给学生的只是知识本身，教师则应把重心聚焦于更复杂、更富于情感、更富有创造性和艺术性、更具有互动性的“人”的教育上。② 所以，小学教师所做的工作是在课堂上观察小学生学习，基于小学生的学习状况研讨教学，基于证据改进教学，对小学生进行价值引导、情感交流，从而提高小学生的创新能力和核心素养。这就使得小学教师的职能更加有力地投入人与人的关系中，更注重儿童内心的变化，而不是疲于完成知识的传授。人机协同背景下，“教师由主要的知识传授者转变为数据分析者、综合能力培养者以及情感态度、责任担当引导者”③，这种职能及角色的转变，使得课堂教学中的师生关系转变成了人类教师、人工智能教师、小学生三者之间的关系。这就促使小学教师要不断反思自身在教育教学中的价值与意义，不断调整自我的角色定位。

---

① 教育部关于印发《教育信息化 2.0 行动计划》的通知.（2018－04－25）［2021－11－29］. http://www.moe.gov.cn/srcsite/A16/s3342/201804/t20180425_334188.html.

② 谷亚. 人工智能时代教师的职责坚守与角色转换. 教学与管理，2019（15）：1－3.

③ 王忠华，翟璟. 人工智能＋教育时代教师专业发展面临的挑战与对策. 中国教育技术装备，2020（12）：13.

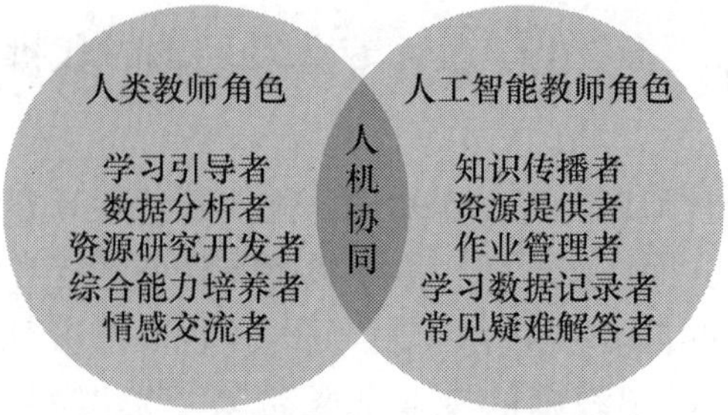

图 9-1 人工智能时代人机协同教师角色

拓展阅读 语数英三科人机协同课例的教学过程设计

"迷人的张家界"教学过程设计

教学环节	教学描述
教师自我介绍	真人教师自我介绍，AI全科教师自我介绍。
情景导入	欣赏张家界美丽的自然景色。
学习"拔地而起""高耸入云"等成语的含义	真人教师引导学生向AI全科教师提问；学生在自习和思考的基础上提出自己的疑惑；AI教师详细回答学生问题。
学习修辞手法（拟人、比喻、排比）	AI全科教师用PPT展示张家界图片，向学生提问。真人教师组织学生回答问题，AI教师基于学生回答进一步讲解。
总结	AI全科教师带领学生进行课堂总结与扩展（诗歌欣赏）。
结束语	真人教师带领学生向AI全科教师表示感谢，AI全科教师向同学们告别。

"三角形的内角和"教学过程设计

教学环节	教学描述
导言	AI全科教师自我介绍，揭示微课主题，吸引学生注意力。
复习旧知："三角形的类"	AI全科教师带领学生复习"三角形分类"知识。
创设问题情境："三角形家族争吵"	AI全科教师引入问题情境，PPT播放动态情景，引发学生思考，真人教师协助鼓励互动。
理解基础知识："三角形内角、内角和的含义"	AI全科教师提问促发学生思考与互动，真人教师从旁组织与管理课堂。
探索三角形内角和的多种方法	AI全科教师指导学生合作探索"量一量""撕一撕""折一折"等方法，PPT同步显示，真人教师观察并管理课堂。
融会贯通，感知方法之间的联系	AI全科教师讲解"撕一撕与折一折有异曲同工之妙"，引发学生深入思考并联系建构，PPT凸显问题。
解决情境问题，课堂总结归纳	AI全科教师引导学生运用新知解决情境问题。最后，结合PPT显示的思维导图，AI全科教师带领学生建构知识框架，真人教师从旁鼓励与引导学生。
结束	AI全科教师和真人教师先后宣布课堂结束。

"Abilities"教学过程设计

教学环节	教学描述
Greeting!	通过问候引出AI教师。

续表

教学环节	教学描述
Let's learn!	学习单词“move”“shake”“count”以及句式“I can…”。AI 教师先演示、展示单词，学生跟读、拼写单词，真人教师鼓励和组织学生参与互动。
Let's talk!	AI 全科教师请学生围绕“what can you do?”与同桌展开对话。 真人教师协助解释教学内容。
Let's check!	AI 全科教师布置学生完成单词拼写（move、count、shake）与句式（I can）检测任务，真人教师组织课堂秩序。
Let's sum up!	AI 全科教师带领学生总结课堂

资料来源：黄甫全，伍晓琪，丘诗盈，等. AI 全科教师主讲课程学习成效试验研究. 开放教育研究，2021，27(1)：35-36.

（二）小学教师教学形式及方法面临挑战

人工智能时代背景下，传统的以教师讲授为主导的教学形式已经不能满足教育发展要求，教师应从大量重复的机械劳动中脱身，探索新型的教学形式和教学方法，将认知领域的程序性知识教学与评价工作转移给机器完成，这在提高工作效率的同时，又减轻了工作负担。2018 年 11 月，第五届“大数据时代的未来教育”论坛发布了《人工智能＋教育》蓝皮书，指出：“人工智能将会带来教师智力劳动的解放，教师能够有更多的时间和精力关心学生心灵、精神和幸福。”小学教师应该将更多的时间用来研究更加复杂的教育工作。如：小学教师如何与小学生进行情感交流沟通？如何引导小学生具有新时代主人的责任担当？如何回归教育的本性，探究人性的教育，把小学生培养成有血有肉的人？如何在教育教学中与“人工智能教师”协同育人？这将是未来小学教师在教学形式和方法上面临的挑战。

（三）小学教师专业素养及能力面临挑战

长期以来，传统小学教育教学工作中只要小学教师掌握娴熟的学科专业知识和一般的教育教学技能，就能履行教育教学的职责。但是，人工智能的应用、教学情境的改变，必然会给小学教师素养及教学能力带来挑战。

首先，小学教师信息化素养及数字化胜任能力受到人工智能的挑战。由于人机协同的教学情境，小学教师要能够灵活运用数字化教学设备，能够将大数据转换为具体的教育教学方式和方法，要熟悉掌握小学生使用的数字资源、数字工具、数字平台，并且能将小学生的特点、学习内容以及技术有效结合，对小学生的自主学习提供帮助与指导。其次，小学教师学科融合研究能力受到人工智能的挑战。小学教育是以综合课程为主，小学生以全面发展为宗旨。小学生核心素养的养成不是仅靠某门学科就可以完成的，小学教师必须要具备扩大知识广度与深度的能力，具有充分利用人工智能的优势将各学科内容进行整合的能力，并且有意识设计出跨学科的教育教学方案，弱化各学科间的界限，从而使小学生具备全面而坚实的持续发展能力。

总之，人工智能时代已经悄然来到，未来的教育环境将更加智能。作为小学教育工作者，应该清醒地认识到社会发展趋势，及时改变自己原有的教学方式，善于有效运用新兴的技术，不断提升自己的综合素质及能力，与时俱进地提升专业化发展水平。

二、后疫情时代小学教师专业发展面临的挑战

新冠肺炎疫情在世界各地无情肆虐，引发了教育领域的新问题与新挑战。我国政府实施了各级各类学校“停课不停学”的战略举措，这一“在线教育实践”的创举彰显了我国教育系统应对重大社会公共危机的治理能力，也以“措手不及”的紧迫形势倒逼着教育走向“未来形态”。[①] 疫情终将过去，而疫情期间这段特殊的教学经历作为一笔宝贵的财富，将对未来教师专业发展内涵的重新理解与重新构建产生重大影响。“后疫情时代，世界的不确定性加剧，教师需要时刻准备拥抱变化、积极学习、自我更新，以应对高度智能化的、不确定的未来”[②]。所谓后疫情时代是指疫情（不仅限于新冠肺炎疫情）不会完全消失，而是随时都可能小规模或季节性暴发，对社会生活的各方面都产生深远影响的时代。这就意味着小学教师专业发展未来将面临诸多新的变化与挑战。

（一）小学教师的个人情感面临挑战

疫情前，小学教师的工作场所主要是真实的学校课堂，但疫情期间，小学教师必须通过网络开展教育教学活动。由现实转向虚拟，由现场变成云端，小学教师教育教学所熟悉的话语体系、思维方式和行为范式都与以往不同，如此，小学教师专业发展的内涵与外延都扩大了。传统的小学教师专业发展包括专业理念与师德、专业知识、专业能力等；疫情环境下，我们对小学教师专业能力的要求更高，包含教师情绪劳动、心理调节、家校沟通等技能的综合性运用能力。这些结构性的教师素养的调整必然带给小学教师个人情感方面的极大挑战。首先，小学教师需要具备更强大的社会情感力，主要表现为在接受小学生心理咨询时对小学生情感的关注、在与家长沟通交流中表现出的亲和力等。其次，小学教师自身情感面临挑战。小学教师不是在线教学的工具，而是一个个具有不同专业背景与发展需求的独特个体。所以，疫情期间，小学教师在远程教学、视频录制、网络互动中的各种情感体验均面临挑战，比如，如何分享线上教学成功的喜悦，如何调节由于胜任力不足带来的自我怀疑和自我否定的不良情绪情感等。总之，后疫情时代小学教师专业发展要关注教师的社会情感及专业发展的多样化需求，以及小学教师的心理健康。

（二）小学教师的教学情境面临挑战

后疫情背景下，教育教学时间安排变得富有弹性，学习地点灵活多变，学习内容多元复杂，这就必然会使教学情境变动不居。可以说，“以多样教学时空和多元教学方法为主要特征的弹性教学（flexible teaching）将成为后疫情时代教师在线教学的新实践样态”[③]。弹性教学既给小学教师更大的自主发挥空间，同时也带来了极大的挑战，主要表现为对变化多端的教学情境的适应与创新。在此实践新样态下，小学教师的角色不仅仅是小学生学习过程的引导者、学习结果的评估者、学习情境的创设者和学习动力的激发者，而且还是

---

① 王健．疫情危机下的教师角色、行为与素养．教师教育研究，2020（2）：27-31.

② 朱旭东．后疫情时代的教师专业发展．中小学数字化教学，2020（9）：1.

③ 祝刚．后疫情时代如何提升教师的在线教学能力：来自国外的启示．上海教育，2021（11）：69.

小学生主体性发展的交流者、学习资源的开发者和个性成长的培植者。总之，小学教师的课程开发能力、教学环境设计能力、学科整合能力和信息技术运用能力都将在后疫情时代得到实质性的更新与重组。

（三）小学教师线上教学生态系统面临挑战

线上教学生态系统是小学教师在线上教学中面临的人与人、人与物、人与制度、人与社会等网络教学的情境。在疫情期间，线上教学存在着诸多问题，比如对“互联网＋教育”的认识错位、缺乏理论知识的有效指导、线上教学条件无法保障、应急政策还有待完善等。这些客观存在的困难使线上教学生态系统处于一种较为混乱的局面，而直面这一局面的是小学教师。针对线上教学生态系统，国外学者认为有效的线上教学需要平衡三个领域的“存在感”，即教学存在感、认知存在感与社会存在感（见表 9－1）。[①]

表 9－1　线上教学需要平衡的三个领域的存在感

类别	内涵
教学存在感	指设计和实施有效网上教学环节，比如准确的教学方法、相关和真实情境的作业、适当的工具和技术。教学呈现内容主要包括教学方式、学习设计和教学指导。
认知存在感	指教育者通过干预促进学生建构意义，通过联系理论框架，引导学生提出问题来进行批判性反思和模拟反思性思考。认知呈现包括具体经验、情境化、概念化和行动发展。
社会存在感	指教师和学习者互动、合作和建立关系，以提升学生学习满意度的能力。社会呈现主要包括归属感、凝聚力、社交存在的最佳水平、互动性和参与性。

上表中的三个“存在感”是相互联系的整体，只有正确处理它们之间的关系，才能建构高效、科学、个性化及情景化的网络教学环境，才能建立有序的“远程学习生态系统”（remote learning ecological system）。

三、全球化时代小学教师专业发展面临的挑战

随着全球化进程的推进，2018 年世界经济合作与发展组织正式在国际学生评估项目（PISA）中发布对学生“全球素养”的测评。自此，“全球素养”引起人们的关注并且进入教师专业发展的研究视野。教师全球素养“主要指教师自身在全球社会生存与发展及对学生进行全球教育所需的观念、知识、能力、方法、态度和价值观”[②]，它是“全球化时代教师专业素养的综合表现”[③]。在“教师全球素养”这一概念与理念下，小学教师的胜任力、领导力和知识结构等都面临着一系列的变化和挑战。

（一）小学教师胜任力面临挑战

1. 教师应该具备的胜任力

2016 年 12 月，OECD 发布了一个阶段性工作文件《为了一个包容世界的全球胜任力》。在该文件中，全球胜任力被定义为，“从多个角度批判地分析全球议题及跨文化议题

① 祝刚．后疫情时代如何提升教师的在线教学能力：来自国外的启示．上海教育，2021（11）：69.

② 张蓉．培养教师的全球素养：美国的举措及启示．南京师大学报（社会科学版），2018（6）：49.

③ 左璜，魏国武．教师全球素养的内涵、结构及发展路径：国际视角．现代远程教育研究，2020，32（4）：66.

的能力；理解差异如何影响观念、判断以及对自我和他人的认知能力；在尊重人类尊严的基础上，与不同背景的人进行开放、适宜、有效互动的能力”。就这个定义而言，胜任力有着多重维度，而对教师应该具备什么样的胜任力的研究也是多维的，具体可见表 9-2。

表 9-2　教师全球素养的胜任力结构

<table>
<tr><th>研究者</th><th colspan="2">主要观点</th></tr>
<tr><td>Cogan & Grossman，2009</td><td colspan="2">胜任全球化社会的教师应该具备七大胜任力：一是能够与他人合作共事，并具有对自己的社会角色与职责勇于担当的精神；二是理解、接受和包容文化差异的能力；三是愿意以非暴力方式解决冲突的意识；四是批判性和系统性思维的能力；五是掌握可应用于日常生活的解决问题的知识；六是拥有愿意改变生活方式和消费习惯以保护环境的责任感；七是以全球社会的一员的视角看待和处理问题的能力。</td></tr>
<tr><td>Partnership for 21st Century Learning，2014</td><td colspan="2">2014 年，美国 21 世纪学习合作组织发布的《全球教师竞争力框架：标准和指标》（Global Ready Teacher Competency Framework：Standards and Indicators）指出，为使学生在日益紧密联系的世界中获得合格的公民身份和竞争力，教师应具有全球素养并为此做好准备。其胜任特征表现在四个环节。第一步，了解学习理论的应用，创新性地使用支持学习的数字工具，懂得将全球情境和视角融入课堂教学的重要性；第二步，研究、设计和综合不同来源的创新课程、技术工具和最佳实践，将全球内容整合于课堂教学中；第三步，能与学校和外部学习社区的各类同事进行有效且有礼貌的合作和交流；第四步，统整教学专业核心领域的最佳实践：能将全球的态度、技能和知识整合到课程、教学和评估中，并在学校和校外学习社区的教学专业核心领域（如教育学、全球内容和技术方面）争做领导者。这四个环节呈螺旋上升趋势。</td></tr>
<tr><td rowspan="16">Orazbayeva，2016</td><td>教师专业活动类型</td><td>教师全球素养要素。</td></tr>
<tr><td rowspan="4">专业</td><td>熟练掌握一门外语，达到能开展科学与学术交流的要求。</td></tr>
<tr><td>能够组织有效的教学交流，解决多元文化环境中冲突的能力。</td></tr>
<tr><td>遵守教学规范和职业道德规范，避免跨文化冲突。</td></tr>
<tr><td>参与国际和国家教育项目，让学生参与其中。</td></tr>
<tr><td rowspan="4">社交</td><td>跨文化意识——对教学过程的参与者、社会环境和专业团体所属国家的历史、文化和传统的了解。</td></tr>
<tr><td>跨文化交流——直接和间接地与不同种族、宗教和社会群体成员就文化原创性进行交流的能力。</td></tr>
<tr><td>掌握一门外语，具有一定的口语水平。</td></tr>
<tr><td>文化包容，基于对自身价值和独特性的欣赏并认同不同的文化，接受文化差异。</td></tr>
<tr><td>社会责任</td><td>了解自己属于全球社会并对自己的行动承担相应的责任。</td></tr>
<tr><td>个人品质</td><td>宽容、负责、主动，准备好跨文化交流。</td></tr>
<tr><td rowspan="3">个体能力</td><td>精通现代信息和通信技术，在全球网络中发展交流能力，与信息源合作的能力。</td></tr>
<tr><td>发展批判性和全球思维。</td></tr>
<tr><td>创造力。</td></tr>
</table>

资料来源：左璜，魏国武. 教师全球素养的内涵、结构及发展路径：国际视角. 现代远程教育研究，2020，32(4)：66-67.

从上述的教师全球素养的胜任力结构来看，作为全球化背景之下负有培育学生“全球素养”责任的教师来说，他们不仅要有开阔的国际文化视野，了解人口、健康、和平、环境、国际组织、人权等全球知识，而且要提高对异域文化的敏感性，培养批判分析、解决冲突、与人合作的能力，以及开展全球教育的教学技能，更要有民主、公正、宽容等品质。总之，教师全球素养对教师专业发展提出了新的要求，只有教师自身具备了全球素养，才能肩负起培养学生全球素养的重任。

2. 小学教师面临的挑战

小学教师肩负着培养6～12岁小学儿童全球素养的重担，在教师全球素养提出的大背景下，小学教师胜任力面临着新的挑战。

首先，小学教师充分培养学生全球胜任力的教学能力面临着极大的挑战。依据OECD对全球胜任力的定义，其要旨在于培养学生能够适应国际环境的综合素质和能力，涵盖了知识与理解力、技能、态度这三个维度。其中，“知识与理解力”维度要求学生具备对全球性议题和知识的理解与分析能力；“技能”维度要求学生具备对经济全球化跨文化问题的分析和批判能力以及与不同国家的人的交往沟通能力；“态度”维度要求学生具有对不同文化的包容开放的态度。在现实的小学教育中，小学教师以教材为主要教学资源，以讲授为主要教学方式，以小学生接受知识为主要目标而展开教育教学活动。而要培养具备全球胜任力的小学生或者说培养具有全球胜任力潜质的小学生，小学教师必须面对一系列的“改变”。例如必须转变人才观，放下分数和考试。为全球胜任力而教，新时期的小学儿童要为参与世界竞争做准备。因此，教师要能组织小学生开展调查研究，或者通过其他经验性学习方式，完成解决问题的任务或项目。

其次，小学教师在如何评估小学生的全球胜任力上面临着极大的挑战。与以往的评估不同，我们需要评估小学生在复杂情境下的学习能力、思维方式。教师需要观察小学生对真实问题的反应，据此对其所学到的掌握的知识和能力进行评估。这样的评价方式我们称为基于表现的评价。其中，小学生表现出来的对任务的理解以及给出的可能性解决方案，是教师判断小学生学习程度的重要依据。在这个过程中，教师也能根据学生的表现，对小学生给予个性化的反馈，比如：小学生的理解到底有多深入或者有多浅表，小学生对相关技能的掌握到底达到了怎样的程度，等等。

（二）小学教师领导力面临挑战

1. 教师应该具备的领导力

随着全球化时代的到来，“全球”理念也融入了“领导力”的研究领域，随之，“全球领导力”（global leadership）的概念也应运而生。那么，教师有领导力吗？如何理解教师领导力呢？其实，“教师领导力本质上是指教师通过自己的言行对于他人发生的引领与影响作用，教师领导力即教师的引领作用或影响力”[①]。从这个理解出发，我们认为，教师领导力是教师引领学生、影响学生行为的能力。2019年，由ASCD组织和远见基金会联合发布的《全球素养教育领导力：多元互联世界中的学校管理指南》（Globally Competent

① 褚宏启．教师领导力：让每位普通教师都有影响力．中小学管理，2020（9）：27.

Educational Leadership：A Framework for Leading Schools in a Diverse，Interconnected World）提出了全球素养型学校教育者的领导力模型（见表 9－3）。

表 9－3　全球素养型学校教育者的领导力模型

领域	维度	描述
愿景设置	愿景和使命	促进、倡导和实施高质量教育的共同使命和愿景，包括让学生为在全球社会中生活、工作和成为好公民做准备。
教育与实践	课程、教学和评价	实施并支持课程、教学和评价，以纳入和促进每个学生的全球素养发展。
	协作的专业团队	建立一个专业团队，学校人员共同努力，为每个学生和教师提供发展全球素养的机会。
情景行动	全球联系和合作	在全球范围内联系和合作，以促进和支持每个学生的学业成功。
	宣传和社区参与	通过倡导全球素养，鼓励家庭、社区成员和决策者提供支持以促进学生的成功。
系统与结构	公平和包容性	努力为每个学生提供平等且高质量的全球学习机会，建立一个充满包容、关怀和支持的学校社区，重视每个学生的文化和语言多样性。
	运营和管理	管理学校的运作和资源，以支持学生的全球素养发展。

资料来源：左璜，魏国武．教师全球素养的内涵、结构及发展路径：国际视角．现代远程教育研究，2020，32（4）：68.

从表 9－3 可知，该领导力模型主要聚焦于教师的日常教育活动，将教师全球素养专业发展与学校的全球型变革紧密联系起来。所以，其对形成教师全球领导力更具现实意义，对教师开展全球教育活动更具指导性。从范围上来看，教师领导力不仅仅局限于学校领域，还将其扩展至家庭、社区等更广阔的领域；从关系层次来看，主要关注在日益紧密联系的全球化社会中，教师与他人及其文化和谐相处的品质，是人本理念在全球素养中的体现，为教师在日常生活、开展工作和培育学生时处理与他人的关系提供了理论框架。

2．小学教师面临的挑战

小学教师的教学领导力面临挑战。在全球领导力视域下，小学教师的教学能力绝不仅仅是在自己所教授的教学科目中管理好学生，使教学活动顺利得以开展，还需要小学教师根据小学儿童的身心发展规律，在教学中表现出极强的综合运作能力。这些综合能力表现为对教学内容的前瞻力、对课堂组织的感召力、对学生发展的影响力、对偶发事件的决断力、对课堂秩序的控制力等，还包括在教学过程中流露出来的教育信仰、职业情感、良好互动的师生关系等。可以说，小学教师教学领导力是其必须具备的最基本的领导力，是保证教育教学活动有效开展进而取得预期效果的强大力量。

小学教师的课程领导力面临挑战。在传统的观念中，国家课程、地方课程、校本课程都是国家层面及学校层面规定好的，教师仅仅是课程的执行者。在全球领导力视域下，小学教师领导力表现为对课程实施指导力、课程设计规划力、课程评价力、课程评价反思力以及课程开发整合力等。

小学教师的社会关系领导力面临挑战。在小学低年级儿童教学活动中，尤其考验小学教师的社会关系领导力。这种领导力首先表现为是否让儿童对教师产生亲师行为、是否让家长对教师产生信任行为等。总之，小学教师的社会关系领导力要求小学教师有整合来自专业、家庭以及教育与社会方面等各方面知识的能力。

（三）小学教师知识结构面临挑战

1. 教师应该具备的知识结构

教师知识始终是教师专业发展的基础，基于教师知识的视角，各位研究者提出了全球背景下教师应该具备的知识结构（见表 9－4）。

表 9－4　教师全球素养的知识结构

研究者	教师知识构成
Goodwin，2010	教育领域的 5 种知识结构：一是个体知识，如自传和教学哲学；二是情境知识，如对儿童、学校和社会的了解；三是教学知识，如内容、理论、教学方法和课程开发等；四是社会学知识，如多样性、文化相关性和社会正义；五是社会知识，如合作组织、民主团体进程和冲突解决。
Scheunpflug，2010	教师开展全球教学所需的专业知识主要包括三种：一是内容知识，主要指教学内容知识和全球内容知识。二是在课堂上运用全球视角的知识，主要指处理全球问题的复杂性以及应对来自政治层面的压力所需要的知识。三是认识论知识，主要指教师对国际问题的理解和认识方面的知识。
Urban et al.，2018	基于整合技术的学科教学知识模型（TPACK），提出了整合全球素养的学科教学知识模型（GPACK），充分整合了“全球知识”、“学科内容知识”和“一般教学法知识”，将教师全球性知识进一步细化为 7 个模块，包括全球知识（GK）、学科内容知识（CK）、一般教学法知识（PK）、学科教学法知识（PCK）、整合全球的学科内容知识（GCK）、整合全球的教学法知识（GPK）、整合全球的学科教学知识（GPACK）。

资料来源：左璜，魏国武．教师全球素养的内涵、结构及发展路径：国际视角．现代远程教育研究，2020，32（4）：68.

如表 9－4 所示，教师全球素养的知识结构模型，主要观照了教师职业的专业性，从专业角度提出了全球化背景下教师应具有的知识基础，为发展与评价教师全球素养提供了重要基础。教师要顺利开展全球教学，不仅要掌握教育的整体性知识，还应具备专业的全球教学知识。在全球教育势在必行的背景下，丰富教师的教育知识对于提高教学质量和推动教育变革至关重要。

2. 小学教师面临的挑战

在知识结构方面，需要小学教师拥有个体性知识、情境知识、教学知识、社会学知识、社会知识等；在知识视野方面，需要小学教师拥有广阔的全球内容知识，能够运用复杂性视域对国际和全球问题进行解析和理解；在知识整合方面，拥有整合全球素养的学科教学知识能力，将全球知识、学科内容知识、一般教学法知识、学科教学法知识进行整合的能力。

第二节　小学教师教育的全球变革

国际21世纪教育委员会在向联合国教科文组织提交的报告中曾指出，“我们无论怎样强调教师质量的重要性都不过分，提高教师的质量是所有国家的一项任务”。[①] 近年来，面对不断变化的国际与社会环境，国际组织及世界各国意识到教师是教育改革成败的关键，并在教师教育政策及实践层面进行了一系列的调整和变革，以便于应对新时代对教师专业发展带来的挑战。

一、国际组织的教师教育政策变革举措

在一定程度上，教师教育质量的高低取决于是否有良好的教师教育政策，21世纪以来，国际组织的教师教育政策对世界各国的教师专业发展产生了较大的影响。

（一）联合国教科文组织的教师教育政策

新世纪，联合国教科文组织发布了一系列教师教育政策文本，无论是对发达国家还是发展中国家的教师专业发展都起到了积极的推动作用（见表9-5）。

表9-5　联合国教科文组织的教师教育政策

时间	重要政策	主要内容
2000年	颁布《达喀尔行动纲领》	呼吁教师专业发展应成为政策研制、教育研究和创新实践的重点。
2004年	第四届全民教育高层会议召开	研讨焦点为教师教育与全民教育质量。
2008年	颁布《教师信息和通信技术能力标准》	提升教师在教学过程中运用现代信息和通信的能力。
2009年	颁布《教师教育政策》	各国的教师政策需要确保招募到最好的教师，以及学校需要的教师。
2011年	颁布《教师信息和通信技术能力框架》	对教师运用信息和通信技术进行有效教学所应具备的能力进行了详细描述。
2012年	颁布《2012—2015年教师战略》	解决国家和地区（尤其是撒哈拉以南非洲地区）的教师短缺问题。
2013年	督促各个国家（地区）改善教师的社会地位和经济地位，吸引更多优秀人才从事教师职业	提高教师的工资标准；提高教师的福利待遇；制订增薪办法，鼓励教师进行培训；提高教师的社会地位；等等。

资料来源：孔令帅．当前国际组织教师教育政策的个性与共性：基于政策文本的分析．外国教育研究，2016，43（2）：59-60．

① 联合国教科文组织．教育：财富蕴藏其中．联合国教科文组织总部中文科，译．北京：教育科学出版社，1996：140．

表 9-5 显示，近年来联合国教科文组织对发展中国家的教师短缺和教师技能问题较为关注，极力倡导吸引优秀人才从事教师职业。随着信息化社会、人工智能时代的到来，还颁发了《教师信息和通信技术能力标准》以保障教师在教学过程中运用现代信息和通信技术的能力。

（二）经合组织的教师教育政策

经合组织关注教师教育改革，聚焦提高教育质量，并将此作为制定教师教育政策的首要因素来考虑。近年来，经合组织及其成员和合作伙伴所实施的教师教育政策对世界各国教师专业发展产生了较大影响（见表 9-6）。

表 9-6　经合组织的教师教育政策举措

时间	重要举措	主要内容
2005 年	颁布《教师事业：吸引、发展和留住有效教师》	从“让教学成为有吸引力的职业选择，发展教师的知识与技能，教师的招收、选择和聘用，留住有效教师，制定和实施教师政策”这几方面提出了政策建议。
2011 年	颁布《建设一个高质量的教师专业：来自世界的经验》	从“教师职前准备和招聘、教师专业发展、教师评估与报酬、教师参与教育改革”四个方面分析了世界各国教师教育的有益经验。
2012 年	颁布《为 21 世纪培育教师及学校领导：来自世界的经验》	强调未来教师应具有一定的专业标准。
2018 年	在葡萄牙里斯本举办“第八届教师专业国际峰会”	探讨各具特色的教师教育改革策略，强调未来的教学重在教师创新，力求推进社会经济、教育等各个方面的发展
2019 年	发布教学和学习国际调整项目（TALIS）第三次调查首份研究报告	探寻国际视野中教师工作与发展状况，以及在各国相互比较中审视各自的教师队伍建设水平。

资料来源：孔令帅．当前国际组织教师教育政策的个性与共性：基于政策文本的分析．外国教育研究，2016，43（2）：61-63.

表 9-6 显示，近年来，经合组织在教师教育方面所关注的政策重点主要包括发展教师的知识与技能，倡导未来教师应具有一定的专业标准，关注教师的招收、选择和聘用，制定和实施教师发展政策，提倡教师专业发展的持续性、同事协作学习、教师评价以及区域教师均衡发展。

（三）欧盟的教师教育政策

欧盟于 1993 年 11 月 1 日正式诞生，现拥有法国、德国、意大利等 27 个成员国。早期，欧盟对教师教育的关注较少，但随着经济全球化的发展与信息社会的到来，欧盟各成员国日益认识到高素质人才对社会、经济发展的重要性，而高素质人才的培养与优秀教师密切相关，因而欧盟一直在不断地加大教师教育改革的力度，力图通过实施一系列教师教育改革政策来保障欧盟整体教育质量，推动欧盟一体化进程（见表 9-7）。

表 9－7　欧盟的教师教育政策举措

时间	重要举措	主要内容
2008—2009 年	出版《欧盟教师教育课程》	明确提出了教师应该具备的专业技能与能力。
2013 年 7 月	发布《促进教师专业发展：为了更好地学习成果》	聚焦于教师专业能力的现状、专业能力框架体系以及如何帮助教师获得与发展专业能力。
2017 年 4 月	欧盟委员会发布《培养教师为多元化做准备：职前教师教育的角色》	倡导调整教育体系以确保职前教师教育（IET）和教师持续专业发展（CPD）能有效提升教师的跨文化能力及多语言教学能力。
2018 年 1 月	欧盟委员会颁布《数字教育行动计划 2018》	以数字能力培养为目标导向，通过开发数字课程体系、搭建网络教育平台和普及人工智能教育等，支持教师更好地利用数字技术教学，增强在快速技术变革和全球化时代的适应力。
2020 年 9 月	发布《数字教育行动计划 2021—2027》	强调数字能力应是所有教育工作者和培训人员的核心技能，应嵌入到教师专业发展的方方面面，特别是职前教师教育领域。

资料来源：孔令帅．当前国际组织教师教育政策的个性与共性：基于政策文本的分析．外国教育研究，2016，43（2）：64－66；姜丽娟，刘义兵．“欧洲教育区”背景下欧盟教师教育政策的新动向及其启示．全球教育展望，2021，50（5）：81－91．

表 9－7 显示，近年来，欧盟对教师教育领域事务的关注和干预力度不断加大，相继出台了一系列教师教育政策，主要聚焦于追求卓越教师培养目标、创新教师教育课程理念、优化教师教育评价体系、倡导教师教育国际理解和提高教师职业社会声望等方面。尽管欧洲各国有着自身历史发展与文化传统的独特性，但是在面对一些全球性议题和应对新挑战方面，欧盟推进教师教育改革的相关政策对各国教师专业发展都有一定的借鉴意义。

二、世界各国小学教师教育改革举措

教师教育领域著名学者达林-哈蒙德教授和利伯曼教授在《教师教育和世界：变化中的政策和实践》一书中指出，教师队伍质量是 21 世纪教育质量的核心要素，提供高质量专业化的教师教育正在成为世界各国提高教育质量的重要政策工具。① 在新时代背景下，世界各国小学教师教育都在进行一系列的变革。

（一）美国小学教师教育改革举措

美国作为发达国家，在培养全科型小学教师方面已有上百年的历史，目前美国的小学教师教育专业范围非常广泛，在 3 000 多所综合性大学、文理学院中，有 1 200 多所教育学院和教育系都设置了小学教育专业。

1．小学教育专业招生制度的改革

美国政府、学生及家长都希望让最优秀的人才进入小学校园当教师。近年来，美国成

① DARLING-HAMMOND L，LIEBERMAN A. Teacher education around the world：changing policies and practices. London：Routledge. 2012：151－169.

功地通过改革大学招生制度和管理制度让那些愿意当小学教师的人选择了小学教育专业[①]，这有力地促进了小学教师的专业认同，在此基础上小学教师专业发展得到了整体提升。

首先，美国高中毕业生可以充分了解大学专业设置情况。了解途径有很多种，可以是实地参观、浏览大学专业设置网页，也可以是电话和邮件咨询等方式。其次，美国高中毕业生有选择学校和专业的自由权。学生可以报考多所大学的不同专业，在这个范围内进行再次选择。最后，美国高中毕业生可以在学习了英语语言、数学、人文学科、社会学科、艺术学科以及自然科学等各领域学习一定学分的课程后再选择专业，这样，就能保证选择小学教育专业的学生具有较高的专业认同感。例如，美国密歇根大学安娜堡分校在招生对象及条件上就确保了生源质量。一方面扩大招收范围，吸纳潜在人才；另一方面规定招收条件，在广纳潜在人才的基础上“优中取优”，确保录取的生源质量。申请者需要符合以下条件：(1) 对于小学教师工作具有极大的热情，拥有坚定的理想信念；(2) 准备两封推荐信，一封是个人学业表现推荐信（介绍申请者的知识储备情况、学习耐力等），另一封是个人教学潜能推荐信（介绍申请者的性格特点、工作能力、与人合作能力等）；(3) 准备两篇论文，一篇论文描述申请者最向往的教书环境、最喜欢的学生类型以及对教学感兴趣的原因等，另一篇论文主要描述申请者与其他人在工作上进行合作交往的经历；(4) 必须在大学前两年选修通识类课程，并至少修满 54 学分，提供如个人成绩单等证明材料。申请通过者从大三起接受为期两年的专业培养。[②]

2. 小学教师教育课程结构体系的改革

美国小学一般是五年制，在小学阶段，教师通常要承担一个班（20 人左右）的数学、科学、英语、社会四门课程的教学，而音乐、美术、体育则由专门的教师来教。小学教育专业课程结构体系与小学教育的特点密切相关。小学教育专业培养方案分通识教育和专业教育两个阶段的课程，前两年在大学各个学院学习通识教育课程，后两年到教育学院学习教育专业课程。例如，密歇根州立大学的小学教育专业的通识教育课程包括人文学科、自然科学、社会科学、历史、心理学、数学、艺术等。通过通识课程的学习，学生的基础知识会非常扎实，为小学教师所需的全面的综合知识结构提供保障。专业教育课程具有如下六个特点：一是基本上属于必修课。二是教育心理理论与学科内容相结合，例如，佐治亚州立大学的语言和阅读教学，肯尼索州立大学的数学教学法和科学教学法，没有纯粹的教育学、心理学、课程与教学理论、教育研究方法等课程。三是直接研究小学的学科内容，如小学数学、小学阅读等课程。四是重视美国的教育实践问题，如课堂管理、多元文化教育、第二语言学习。五是重视特殊学生的教育。六是依据小学教师的教学实际，突出各门课程的重点，如数学突出

① 刘德华，陈辉．美国小学教师教育体系的基本特点与思考．大学教育科学，2009 (1)：33-34.

② 严奉英．美国全科型小学教师的培养特点与启示：以密歇根大学安娜堡分校教育学院为例．太原城市职业技术学院学报，2021 (4)：126.

思维方法、科学突出探究、语言突出阅读和写作、社会学突出联系社会实际生活等。①

3. 小学教师教育教学技术的改革

2016 年，美国教育部颁布《在教师培养项目中推进教育技术的发展》(Advancing Educational Technology in Teacher Preparation)，这是针对职前教师培养计划的政策。该报告指出，网络课程学习计划应该被列入教师培养项目，网络课程学习能够为职前教师提供教育技术的专业学习经验，使教师有能力将技术融入教学实践和评估中，以便于提高学生的学习成绩。另外，建议地方政策制定者、教师培养项目、学校及教育研究人员共同创建教师教育网络服务的平台，为职前教师提供更多在线学习的机会，充分利用网络资源来提升职前教师的专业能力。② 随着教学技术的提升，无论是线上教学还是人机协同教学，教师都能够轻松应对。

（二）芬兰小学教师教育改革举措

近年来，芬兰连续在国际学生评估项目的测试中名列前茅，由此，芬兰的基础教育享誉世界，尤其是芬兰“研究本位”的教师教育体系因此成为国际教育领域关注的焦点之一。有学者从组织基础、资格标准、培养模式、实践支持四个角度对芬兰“研究本位”的职前小学教师教育体系进行梳理。下面我们也将从这四个角度出发，分析芬兰小学教师教育的一系列改革措施（见表 9－8）。

表 9－8 芬兰小学教师教育改革举措

角度	具体内容	
组织基础	确保所有教师毕业于最好大学《教师教育法》	义务教育阶段所有教师均由芬兰国内 8 所高等院校的教育学院负责培养：赫尔辛基大学、于韦斯屈莱大学、阿尔托大学、图尔库大学、奥卢大学、东芬兰大学、坦佩雷大学和拉普兰大学。
	初等教育阶段（1～6 年级）	分为班级教师和学科教师。班级教师全权负责一个班级，并承担该班级绝大部分课程教授任务；学科教师教授对学科知识与教学技能有特殊要求的科目，如语言、音乐、体育等。
资格标准	严格招生录取和入学资格审查	为确保师范生生源质量，芬兰各高校的教育学院遵循严格的招生录取和入学资格审查制度，坚持综合考量、客观评价、择优录取。
	双阶段选拔考试	第一阶段：国家教育选择合作项目考试考查考生的记忆能力、理解能力和灵活运用知识的能力；第二阶段：高校能力测试考查考生从事教师职业的动机和职业责任感进行评估，综合考量申请人与教师职业的适配程度。

① 刘德华，陈辉．美国小学教师教育体系的基本特点与思考．大学教育科学，2009 (1)：35.

② 曲铁华，杨洋．奥巴马政府时期的美国联邦教师教育政策探析．外国教育研究，2019 (10)：38.

续表

<table>
<tr><th>角度</th><th colspan="2">具体内容</th></tr>
<tr><td rowspan="3">培养模式</td><td>主修模块</td><td>共计 150 学分，包括 90 学分理论课程和 60 学分教师教学法学习。教学法学习包括 20 学分的教学实习和 40 学分的硕士毕业设计。</td></tr>
<tr><td>副修模块</td><td>60 学分跨学科课程和 50～60 学分副修选修课程。</td></tr>
<tr><td>选修模块</td><td>师范生根据自己的实际需要酌情选择感兴趣的课程进行修读。目的在于引导师范生形成自己的教学特色。</td></tr>
<tr><td rowspan="6">实践支持</td><td rowspan="2">实践方式</td><td>教学实践：师范生将课程中所学到的学科教学知识和教学方法应用于课堂教学，实现理论与实践的深度融合，促进实践性知识的构建和教学思维的培养。</td></tr>
<tr><td>研究实践：利用教育研究成果指导自己的教育教学实践，并以教育研究生产者的身份针对实践过程中所遇到的现实问题开展研究，并完成硕士学位论文的撰写。</td></tr>
<tr><td rowspan="3">三个实践阶段</td><td>基础：在教师培训学校进行短期见习与实习，从教育学和教育心理学视角对教师工作进行观察与分析，对学校、课堂、学生等教育基本要素产生初步了解。</td></tr>
<tr><td>中阶：在大二和大三年级进行，师范生要在教师培训学校内与同伴合作完成某一具体学科的教学，在实践中根据实际教学情况灵活运用多种教学方法和教学内容，提升自己的独立教学能力。</td></tr>
<tr><td>高阶：在师范生的研究生阶段，师范生每两人一组组成教学小组，以小组为单位全权负责同一班级为时五个星期的教学任务，并且就实习过程中遇到的实际教学问题开展研究，撰写硕士论文。</td></tr>
<tr><td>高校与小学密切合作</td><td>双导师指导制：导师会在师范生授课过程中全程跟班进行课堂观察，并在课后及时对师范生的教学表现予以反馈，指出优势与不足，同时为师范生自主反思教学提供分析框架。两位导师也会为师范生的研究课题提供指导，师范生在导师的指导下发现实践过程中存在的教育教学问题，综合运用多种研究方法分析问题、解决问题、撰写研究报告。</td></tr>
</table>

资料来源：吴宇航．芬兰：高质量教师教育体系探秘．中国教师报，2021-03-24（3）.

表 9－8 显示，芬兰“研究本位”的小学教师教育体系以高水平大学中的教育学院为组织基础，这显示了芬兰追求教育公平的国家主张。为了确保高质量的生源，实行严格的招生录取和入学资格审查制度，在入口就保障了小学教师教育的质量。分阶段、分类型的人才培养课程体系，将师范生培养成为教育基础扎实、学科知识丰富、跨学科能力强的高质量、高水准教师。全程实践模式和协同培养方式提升了师范生的实践教学能力和学术素养。芬兰“研究本位”的小学教师教育改革成果得到国际社会的广泛认可与赞誉，为其他国家小学教师教育变革提供了有力的参考。

（三）日本小学教师教育改革举措

21 世纪以来，日本为了应对激烈变化的社会对教育提出的挑战，不断推进教师教育改革。日本中央教育审议会、日本教师养成审议会多次强调教师教育问题，把小学教师教育目标、小学教师资格更新制、小学教师教育课程新体系视为小学教师教育改革的关键课题进行研究（见表 9-9）。

表 9-9　日本小学教师教育改革的主要内容

关键课题	具体内容	
小学教师教育目标	2006 年，日本中央教育审议会颁布《创造新时代的义务教育》指出，要培养能胜任小学开设的全学科教学指导工作的专业能力；要培养能够指导综合实践活动、班级管理，以及对学生校内外的学习指导、升学指导、心理指导等方面的能力。	
小学教师资格更新制	2009 年 4 月 1 日日本全面推行教师资格更新制，对教师资格证书者的持有条件提出更新、更高的要求。日本教师资格更新制的基本要点包括五项：一是提出教师资格更新制的目的。促进教师适应时代发展，形成必要的资质和能力，掌握最新的知识和技能，使教师自豪、自信地站在讲坛上，成为备受社会尊敬和信赖的人。二是确定教师资格证书的有效期为 10 年。三是确定教师资格证书更新学习的主要对象。四是规定更新学习的免除对象。五是设定教师资格证书更新的条件。	
小学教师教育课程新体系	必修课程	教师职业的意义、教育基础理论、学生指导（升学指导、心理咨询）、教育课程及指导法、教育实习、教育实践演习。
	选修科目	小学全科的教学学习指导论、教学研究等科目是提供给学生选修的课程。
指导教师配置	一是担任教育学相关专业教学的教师；二是担任全学科相关内容教学的教师；三是专门负责教育实践指导的教师。	
指导体制	学习讨论会的指导体制、专职实践指导的教师体系。	

资料来源：王丽燕，庞昊．日本全科型小学教师培养的经验及其思考：基于广岛大学小学教师培养的实践．中小学教师培训，2017（12）：74-78；陈君，李克军．日本教师教育改革的新进展及启示．国家教育行政学院学报，2012（3）：91-95；刘学智，陈淑清．日本中小学教师教育改革述评．教育科学，2011（4）：91-94.

表 9-9 显示，日本为了适应社会变革，不断调整教师教育目标，以适应其教育改革的新要求。弹性教师资格证书管理政策的出台，极大地调动了日本教师在职研修的主动性和积极性，为其教师专业化发展提供了政策支持。小学教师的培养不仅开设了小学全科课程，而且通过全科教学法、课程标准以及小学教材的研究，使学到的学科内容知识与学科教学知识融会贯通。日本在全科小学教师培养中，注重按照学生人数比例，对教育学基础理论、各学科教学法、学科内容教师以及教学实践指导教师进行合理配置。

三、我国小学教师教育改革举措

（一）国家政府部门的改革举措

1．国家对人工智能的应对措施

我国先后出台了有关“人工智能＋教育”的政策，为人工智能在教育领域的应用提供了制度保障。如《新一代人工智能发展规划》《促进新一代人工智能产业发展三年行动计划（2018—2020 年）》《教育信息化 2.0 行动计划》《高等学校人工智能创新行动计划》等文件都非常关注人工智能等新一代信息技术在教育中的应用。2017 年 7 月 8 日，国务院印发的《新一代人工智能发展规划》中强调了人工智能在经济发展、民生改善、国际竞争等方面的重要性，应当利用智能技术加快推动人才培养模式、教学方法改革，构建包含智能学习、交互式学习的新型教育体系。要想更好地推进“人工智能＋教育”的变革，主要有以下几点建议：

（1）加强数据汇聚，消除数据壁垒，建立合理使用数据的制度与政策体系，促进数据的流通与流转，在保护学生和家长隐私的前提下，合理、平衡利用数据来发展教育智能。

（2）关注多元应用场景，避免人工智能强化应试教育，改变以“讲、测、考、练”为核心的人工智能教育应用现状，人工智能要在降低教师的负担、降低学生学习知识的负担、促进学生德智体美劳全面发展等方面，起到更加积极的作用。

（3）开展跨学科研究，单一技术创新无法推进人工智能＋教育的变革，要积极推进教育学、信息科学、心理学、体育学、管理科学等多学科的协同攻关，国家相应设置重大攻关项目进行引导，促进多领域、多学科的交流与创新。

（4）提供开放平台和服务，大型企业和研究机构要多开发开源的人工智能组件库和算法库，提供人工智能开放云服务，对中小型企业开放其计算能力，实现人工智能服务人人可用，打造智能教育服务生态。

（5）推广智能教育试验示范，开展人工智能教育示范区建设，推动规模化应用，探索人工智能破解教育难题的思路，寻求能够有效提升教育质量途径，探索“人工智能＋教育”的制度体系设计。

以上从国家层面出发应对人工智能的举措，为小学教师专业发展提供了明确的指导方向。

2. 国家对后疫情时代的应对措施

2020 年 3 月 6 日，教育部办公厅印发《关于深入做好中小学“停课不停学”工作的通知》（简称《通知》），就有序、有效、深入开展“停课不停学”工作再次提出指导意见。

（1）统筹利用电视和网络资源，实现了优势互补、资源共享、全面覆盖，特别是满足了偏远农村等无网络或网络信号弱的地区学生的学习需要。

（2）统筹课程学习和战“疫”专题教育，强化爱国主义教育引领，注重将战“疫”先进事迹教育和防疫知识、生命教育、公共安全教育、心理健康教育等作为重要学习内容，引导学生正确认识人与社会、自然的关系，尊重客观世界、科学理性行事，培养学生爱党爱国爱人民爱社会主义的思想情感。

（3）统筹线上学习特点和学生实际需要，防止照搬套用正常课堂教学方式、时长和教学安排，对不同年级不同学科加强学习指导。

（4）统筹用好本地资源和国家平台，指导地方和学校用好国家中小学网络云平台和中国教育电视台 4 频道空中课堂学习资源。

（5）统筹发挥骨干教师和全体教师作用，组织优秀骨干教师进行课程录制、资源提供和线上教学指导，同时组织全体教师以多种方式广泛参与学生线上学习指导、答疑和家校沟通等工作。

(6) 统筹积极推进和规范实施相结合，注重及时调整规范线上教学行为，严格禁止普遍要求教师直播上课或录课，不得强行要求学生每天上网“打卡”、上传学习视频，避免因需打印作业或学习资料而使家庭临时购买设备，增加学生家庭经济负担。①

以上从国家层面出发制定的“停课不停学”举措，为小学教师专业发展提供了明确的方法指引。

3. 国家对全球教师素养的应对措施

全球化背景下，各国之间的经贸、政治、文化联系更加密切，同时全球化问题所造成的影响也越来越广泛。为了应对未来的挑战，培养具有全球视野、能够采取负责任行动的青少年显得尤为重要。

2020 年 6 月，教育部等八部门印发的《关于加快和扩大新时代教育对外开放的意见》提出，要“培养更具全球竞争力的人才……加强中小学国际理解教育，帮助学生树立人类命运共同体意识，培养德智体美劳全面发展且具有国际视野的新时代青少年”②。可见，在基础教育阶段推广国际理解教育、全球素养教育势在必行。其实在 2018 年教育部发布的《关于实施卓越教师培养计划 2.0 的意见》中，就培养具有国际意识与国际素养师资提出了“深化教师教育国际交流与合作”的具体改革措施。文件提出，加强与境外高水平院校的交流与合作，共享优质教师教育资源，积极推进双方联合培养、学生互换、课程互选、学分互认。提高师范生赴境外观摩学习比例，采取赴境外高校交流、赴境外中小学见习实习等多种形式，拓展师范生国际视野。积极参与国际教师教育创新研究，加大教师教育师资国外访学支持力度，学习借鉴国际先进教育理念经验，扩大中国教育的国际影响。

（二）小学教师培养机构的改革举措

1. 深化信息技术助推师范教育教学改革

《关于实施卓越教师培养计划 2.0 的意见》明确提出了深化信息技术助推师范教育教学改革的举措：推动人工智能、智慧学习环境等新技术与教师教育课程全方位融合，充分利用虚拟现实、增强现实和混合现实等，建设开发一批交互性、情境化的教师教育课程资源。及时吸收基础教育、职业教育改革发展最新成果，开设模块化的教师教育课程，精选中小学教育教学和教师培训优秀案例，建立短小实用的微视频和结构化、能够进行深度分析的课例库。建设 200 门国家教师教育精品在线开放课程，推广翻转课堂、混合式教学等新型教学模式，形成线上教学与线下教学的有机结合，深度融通的自主、合作、探究学习模式。创新在线学习学分管理、学籍管理、学业成绩评价等制度，大力支持名师名课等优质资源共享。利用大数据、云计算等技术，对课程教学实施情况进行监测，有效诊断评价

① 教育部部署深入做好中小学“停课不停学”工作.（2020-03-06）[2021-11-29]. http://www.moe.gov.cn/jyb_xwfb/gzdt_gzdt/s5987/202003/t20200306_428342.html.

② 教育部等八部门印发意见加快和扩大新时代教育对外开放.（2020-06-23）[2021-11-29]. http://www.moe.gov.cn/jyb_xwfb/s5147/202006/t20200623_467784.html.

师范生学习状况和教学质量，为教师、教学管理人员等进行教学决策、改善教学计划、提高教学质量、保证教学效果提供参考依据。

2. 制定“一践行三学会”的毕业要求

《小学教育专业认证标准（第三级）》是国家对小学教育专业教学质量的卓越要求，主要依据国家教育法规和小学教师专业标准、教师教育课程标准及教育部关于实施卓越教师培养计划的意见制定。该标准制定了明确、公开的毕业要求——“一践行三学会”（见图 9－2）。

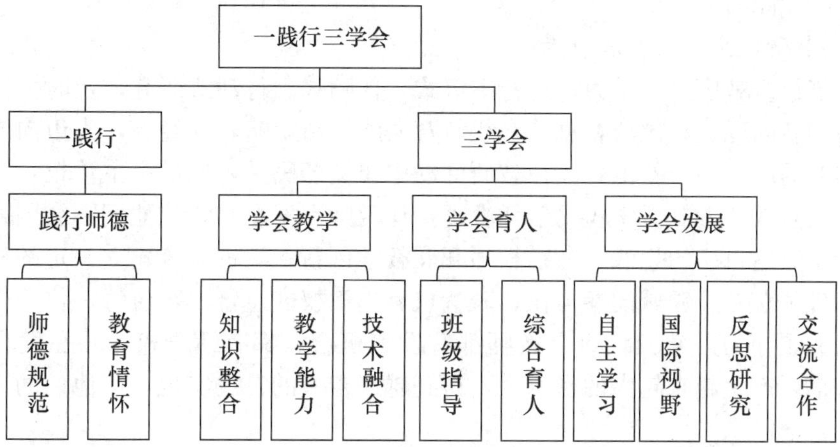

图 9－2　《小学教育专业认证标准（第三级）》“一践行三学会”毕业要求

从图 9－2 可看出，《小学教育专业认证标准（第三级）》已经明确给培养小学教师的师范院校提供了人才培养的标准。“一践行”旨在践行师范生师德规范，涵养师范生教育情怀；“三学会”既聚焦于小学儿童发展，又聚焦于未来的小学教师自身的发展，在具体的细则规定上，均反映了国家对全球教师素养的期待。每所设置小学教育专业的师范院校，都应该依据本校所在区域的师资需求，根据小学教师专业标准，制定明确、公开的适合于本校发展的毕业要求。毕业要求能够支撑培养目标，并在师范生培养全过程中分解落实，并通过评价证明毕业要求能达成。

3. 构建追求卓越的质量保障体系

落实《普通高等学校师范类专业认证实施办法（暂行）》，构建中国特色、世界水平的教师教育质量监测认证体系，分级分类开展师范类专业认证，全面保障、持续提升师范类专业人才培养质量。推动高校充分利用信息技术等多种手段，建立并完善基于证据的教师培养质量全程监控与持续改进机制和师范毕业生持续跟踪反馈机制以及中小学、教育行政部门等利益相关方参与的多元社会评价机制，定期对校内外的评价结果进行综合分析并应用于教学实践，推动师范生培养质量的持续改进和提高，形成追求卓越的质量文化。

（三）小学学校的改革举措

1. 建立专业发展共同体

为了应对未来的挑战，培养具有全球视野并能够采取负责任行动的小学生尤为重要，全球素养教育势在必行。但对于许多教师来说，全球素养是什么、如何培养学生全球素养，无疑是一大难题。对于一些教师来说，教授全球素养课程是一个不小的挑战，尤其是与全球和跨文化有关的议题往往是跨学科、复杂多变的，并没有标准答案。为此，学校应建立专业发展共同体，致力于为教师开展全球素养教学提供培训和发展机会。专业发展活动应帮助教师了解如何将全球和跨文化议题融入现有课程中，为教师开展全球素养教学提供丰富的教学资源，鼓励教师进行教学反思，支持教师开展国际交流活动，提升教师的全球视野和国际化能力。

2. 发扬教研民主，反对教研专制

学校应当组织教师投入精力，进行下沉式、伴随式、行动式研究，及时关注在线教育实践中出现的新问题、新挑战，总结在线教育实践的新策略、新经验，为迈向未来教育探索个别化学习的新路径、新范式。在教研活动中要发扬民主，推进民主治校，尤其是发扬教研民主，反对教研专制。学校要信任教师，让教师有安全感，让他们不会因言获咎，要鼓励教师勇于表达自己的想法，激励教师开展教学创新。学校应该建立一定的机制，充分尊重和保障教师在专业领域的参与权、表达权、决策权、监督权，让每一位普通教师都能展现出自己的领导力。学校让每个教师都有发言机会、都有话语权，并在发言中学会发言，获得自信，产生越来越大的影响力，得到越来越多的自我实现，使他们的人生更有价值与意义。

3. 构建新型的“学校、家庭、社会”协同育人机制

家长、教师和社会机构等多个主体形成多向性的网络化伙伴关系，形成教育合力，才能更好地促进小学生的健康成长和全面发展。在全球化背景下，学生家长本身可能具备多元文化背景，具备相当的全球素养，并且乐意与学校合作支持学校的全球素养活动。学校可以通过问卷调查的方式收集家长文化背景、使用语言、专业知识等方面信息，据此形成家庭背景数据库，并根据家长的不同背景扩展全球素养课程的内容和方式。此外，企业、高校、博物馆、文化团体等也是重要的外部资源，均能对学校的全球素养活动起到不同程度的支持作用。与企业合作，学校可能获得支持全球素养活动的资金来源和各种实习机会等，与高校、博物馆、文化团体等的合作也有助于学校开展丰富多样的全球素养活动。

（四）小学教师个人的应对

1. 练就迭代变革的“适应力”

现在社会已经进入“风险社会”[①]，对于未来社会，唯一可以确定的就是充满“不确定性”。教师职业虽然重视经验的累积，但在充满变革的未来时代，如同这次突如其来的疫情一样，教师的教学生涯中不可避免地会遭遇各种突发危机事件。所以不管是自然灾害还是技术变革挑战职业胜任力的危机，教师都必须学会在危机中主动迭代，以“成长性思维”来不断更新自己的素养结构，提高对未来飞速发展的教育变革的“适应性”。人工智能在教育中的应用推动了人机协同时代的到来，“人工智能教师＋人类教师”的双师模式

① 贝克. 风险社会. 何博闻，译. 南京：译林出版社，2004：24.

成为未来教育的新模式。① 所以，在未来社会，教师只有及时调整自己，提升专业素养，顺应时代发展潮流，具备迭代变革的“适应性”，只有这样才能更好地发挥人类教师的作用，不被时代所淘汰。

拓展阅读　　疫情期间我的教育故事：路庄子小学陈静娜

一场突如其来的疫情，改变了我们所有人的工作和生活状态，为落实“停课不停教、停课不停学”的精神，本学期我开始和孩子们进行空中交流与对话。

每天我都会按时打开手机和孩子们一起网上听课，根据每节课的知识要点，并结合孩子们的学习情况布置作业。每次英语课后我都会针对单词发音、句子声调等问题给同学们做具体指导。

中午开始批改孩子们上传的作业，两个班八十多个孩子的作业一个不落，逐一检查，并对每个孩子做出评价。对于孩子们存在的问题，通过微信指导让孩子及时纠正。有些孩子家长已经复工，晚上下班后才能提交作业，所以晚饭后，又是一批作业在等待批改。为了及时解决孩子们的各种问题，我做到机不离手，全天候随时“待命”，老公都戏称：“我们的陈老师，现在是日理万机。”一天下来，眼睛常常干涩酸胀，但想到孩子都学有所获，又会有满满的幸福感。

每天批改完作业，我都会把优秀孩子的作业分享到群里，供全班孩子及其家长参照借鉴，为孩子树立榜样，发挥示范引导作用。

有些孩子向我反映，不太适应网课老师的教学，为了提高教学效果，我不断摸索，充分利用钉钉这个办公软件，考虑到大部分孩子家长已经复工，我选用了钉钉软件直播授课，方便孩子看回放。每次上网课我都会结合我的教学经验和我班孩子的实际情况讲授课程；作业批改完后，也会综合孩子们的做题情况，把典型问题和易错知识点再强调一遍，争取让每个孩子都能扎实掌握当天知识点，为以后开学复课打下良好基础。

针对一些潜能生，我会给家长提供一些有针对性的、可行性的辅导建议，增强家长信心，并对孩子的点滴进步及时给予鼓励。

由于一些家长复工，对孩子学习管理难免会懈怠，针对这一情况，我会不定时推送一些家校合作对孩子教育形成合力之类的小短篇，给家长们加油鼓劲儿。

加强养成教育。21 天养成一个好习惯，自从利用钉钉平台，我在班级群里发布了大声读英语打卡任务，该活动不仅有利于培养孩子们早读英语的好习惯，而且对培养语感、掌握知识也大有裨益。每天对坚持打卡的孩子发放小红花奖励，一轮打卡结束后，对全部坚持完成打卡的孩子提出表扬，对其他孩子及时鼓励希望他们能迎头赶上。

在做好教学工作之外，还加强疫情防护知识宣传。不定期在班级群里推送一些防护知识小视频或链接，让孩子们在家做好疫情防护工作。

---

① 王忠华，翟璟．人工智能 ＋ 教育时代教师专业发展面临的挑战与对策．中国教育技术装备，2020（12）：15.

加强体育锻炼。动员孩子每天阳光运动一小时，强身健体，提高自身免疫力。

加强对孩子的德育教育。面对疫情，虽然我们无法到前线支援，但是作为新时代的少年、祖国未来的建设者和接班人，必须应对挑战做力所能及的事情。我动员孩子们通过录制“为武汉加油，为中国加油”的小视频，表达对时代英雄的敬畏、对美好生活的热爱、对中国必胜的信念，也鼓励家长们踊跃参加，和孩子一起感受满满的家国情怀。

加强劳动教育。教育学生在居家学习生活期间自己事情自己做，家里事情帮着做，弘扬优良家风，主动做到孝亲、敬老、爱幼。引导孩子主动承担力所能及的家务劳动，提升劳动技能，培养自强自立的劳动品格，养成吃苦耐劳的良好品质和热爱劳动的良好品德。

在近两个月的“禁足”生活中，我丝毫没有感觉到无聊，因为我每天过得都很充实，虽然开始有一点点惶恐，但我始终坚信：只要大家齐心协力，一定能打赢这场没有硝烟的战争；同时在自己的努力下，一定会让孩子们度过一个特别的、充实的假期。

资料来源：疫情期间我的教育故事：路庄子小学陈静娜.（2020-03-20）[2021-11-29]. https://www.meipian.cn/2tamayq4. 此文经编辑有改动。

2. 学会及时转换教师角色

首先，教师应从大量重复的机械劳动中脱身，将认知领域的教学与评价工作转交给机器完成，这样既能提高工作效率，又能减轻工作负担；其次，教师需要将更多的时间用来研究更加复杂的教育工作，和学生进行情感交流沟通、责任担当的引导，回归教育的本性，探究人性的教育，把学生培养成情感丰富、价值观正向、态度积极向上的人。总之，教师要重视对学生的情感教育，培养学生正确的人生观、价值观和世界观，充分发挥自身不可替代的作用。教师必须树立“以学生发展为中心、以学生的学习为中心、以学习效果为中心”的价值理念，完成从“传授范式”向“学习范式”的转变。

3. 唤醒专业自主发展意识

我国教师专业自主发展受传统教师教育观的影响，长期处于被动发展状态。目前我国教师已逐渐认识到自身在专业自主发展中的重要作用，但如何唤醒自身专业自主发展意识、促使自身专业自主发展呢？首先，教师应该准确认识自身专业发展的现状，制定属于自己的、个性化的专业发展的规划，明确不同阶段自身应达到的专业发展目标。其次，进行系统的自主反思，成为“反思型实践者”。教师的自我反思是教师专业自主发展的核心因素之一，也是培养教师专业自主发展意识的重要途径。教师自身的反思、评价与自我改造是教师自主成长和发展的前提，最终唤起教师生命力、教师专业自主发展意识的是教师自身。最后，主动加强与同行的交流与合作，形成共同发展的协作氛围。例如组织各种教师研讨会、建立教学团队、开展课题合作、成立专业共同体等措施都是唤醒教师专业自主发展意识、促进教师专业自主发展的有效途径。

第三节　小学教师专业发展的未来展望

未来教育是未来社会的重要组成部分，在人工智能飞速发展新环境、全球教师素养新要求等多重因素的影响下，其形态和功能将发生重大改变。作为这一系统中的小学教师，参与教学活动的形式和内容同样会受到较大影响。在小学教师专业发展的未来走向上，小学教师的角色定位、专业素养、成长路径等都将重构，在新时代教育需求下，未来小学教师专业发展的内涵将被赋予新的内容。

一、未来小学教师的角色定位

随着人工智能、大数据、全球化等新时代特征对教育的影响不断加深的背景下，由学生、教师、课程构成的传统三维结构教育方式发生了根本性变革。在新时代背景下，小学教育中的数字化学习环境、整合性学习资源、人工智能服务体系等教育新形态将成为学校教育的新特征，同时，小学教师的角色定位也随之发生变化。

（一）学习的启蒙者和促进者

在未来教育中，小学生应该成为知识的主动建构者，学生学习的自主性应该体现在整个学习过程中，“教师就像一个轮子的轴，要辐射到每个孩子，帮助他们每一个人获得作为一个人和一个公民的心理‘身份’”①。这是因为，首先，在教育形态随着互联网的发展悄然发生变化的新时代，教师必须激发学生的自主学习动力，使他们适应未来社会的精细化需求；其次，在人工智能、“互联网＋”等技术的支持下，各种知识信息资源的平台已经初步形成，只有学生个性化选择能力的养成才能实现新时代背景下的“因材施教”。所以，教师的主要职责不在于完成自己的教学任务，而在于根据学生特点和学生的发展潜力，思考怎样唤醒和激发学生自主学习的能力。教师成为学生自主学习的启蒙者和促进者，意味着教师提供知识信息的方式和教育学生的内容发生了根本性的变化。教师要根据不同小学儿童发展的特点和要求，科学设计教学指导方案，并根据自主学习、自我发展的原则引导儿童独立地、创造性地学习。教师还要善于培养和激发儿童的学习动机、探究兴趣，帮助儿童加深对知识的真正理解。在学习化、信息化、网络化社会，教师要有能力从传统的既定知识提供者、传递者，转化为知识的开发者、启蒙者。

（二）课程的开发者和管理者

信息技术已经在悄然改变着教师的角色。未来的教师一方面是学习资源的开发者，在“知识爆炸”和“信息膨胀”的背景下，教师要形成强烈的课程意识和参与意识，改变以往学科本位和消极执行的做法，要提高课程建设的能力，善于对各种课程资源进行整合，使课程在实施中不断增值、丰富和完善；另一方面，教师也将作为学习资源系统的管理者，通过强大的信息搜索手段，将各种课程资源整合起来，形成一个资源系统，并不断优

① 张润杰，王智秋．从角色定位看小学全科教师：基于全人教育视角．教育科学研究，2020（3）：81．

化资源结构，从而全方位地支持学习者自主化、个性化、定制化的学习。

（三）学习过程的领航者和参与者

在“互联网+”的新时代，真实和虚拟的空间都将是学生学习的场景。而未来教师则像虚拟学习代理人一样，把远程交互和面对面交互按照多种方式结合起来，承担起学习过程的领航者角色。“在某种意义上，教师将成为一位指路人，在互联网知识海洋中，指引着学生按照适合的路径去学习和探索。”[①] 小学儿童对教师有强烈的认同感和向师性，他们对教师的信任和服从远甚超过父母，所以，通常会有意无意模仿教师，这些都是教师成为学生学习过程领航者的前提和基础。随着认知科学和人工智能的高度融合，混合式学习环境将成为教学的主流，教师将深度参与到由学生、家长、社会相关人员共同组成的学习共同体中，此时，教师将担负起个人教育顾问、社区型教师、信息技术员、教育规划师等多重角色，作为学习活动的支持者和服务者无时无刻不参与到学生的学习过程中。

（四）积极情感的熏陶者和呵护者

教师不仅应该指导学生进行有效学习，更要重视对他们进行情感教育和思想情操的陶冶。这也是人工智能时代有血有肉的人类教师无法被机器所取代的有力体现。小学阶段是儿童情感发展和变化的关键时期，情感的丰富性、稳定性等也逐渐显现，道德、理智、美感等高级情感也进一步有所发展，儿童积极情感的产生和发展都离不开教师的熏陶和影响。爱是教育的基础，没有爱就没有教育，对小学生来讲，师爱犹如春雨，它会滋润儿童的心田，从而产生巨大且持久的效应，让儿童看到自身的价值，产生积极向上的力量。作为小学生心理和情感发展的呵护者，未来教师要在充满爱的未来教育中，为实现良好教学和学生健康成长做出更大贡献，用真诚和热爱赢得更多的社会尊重，从而更好地体现人类教师在智能化、数字化时代的不可替代性。充满爱的教育不仅能滋润学生，而且还能幸福教师自己。

二、未来小学教师的专业素养

随着全球化进程的推进，教师全球素养成为教师教育研究视域中的热点议题。未来小学教师以何种专业素养面对自己的职业，是未来教育关注的核心问题。因此，未来教育固然需要小学教师承担多样化与专业化的角色，以满足基本的教学要求，但更需要教师未来教育变革中具备更高水平的专业素养。

（一）研究素养

如果说，“教师成为研究者”是二十年前社会对教师专业发展的展望，那么，在今天，它将变成现实。人类教师和人工智能教师这种“人机协同”的共生课堂将成为未来教育教学的主要方式，一些既成性的知识传授及检测工作将由机器负责，而人类非认知性的复杂工作由教师来承担，这就需要教师不断提升新时代背景下的研究能力，以便于更好地应对未来学习、教学与教育变革的挑战。成为研究者，是教师促进自我成长的重要途径——通

---

① 宋灵青．MOOC时代教师面临的挑战与专业发展研究．中国电化教育，2014（9）：142.

过掌握新的教学方法和手段，深刻把握新的教学质量和标准，更好地成为未来知识学习、教学与教育变革的践行者与推动者。此外，教师要更深入地研究学生，洞悉学生的认知与成长规律，基于学生个体差异进行客观的学习评价，进行更具实际意义的因材施教。

（二）创新素养

《教师教育振兴行动计划（2018—2022年）》明确提出，要“建设一支高素质专业化创新型教师队伍”①。未来小学教师的创新素养主要表现在两个方面：一个是面向自身的，一个是面向小学生的。面向自身的创新素养主要是指小学教师在人机协同背景下，要有改变自己原有教学思路的意识与行动，要敢于挑战自己“轻车熟路”的教育教学模式以及已经“习以为常”“信手拈来”的“惯习”。此外，还要培养小学生的创新精神、创新能力，教师要采用有助于学生参与、主动思考、自由表达的创新教学方式，例如结构化辩论、有组织讨论、时事学习、游戏式学习、项目式学习、服务式学习等，培养小学生的创新思维。以上两个方面是相辅相成的，只有改变教师的教学方式，才能影响学生的学习方式；只有通过学生学习状态及成效的反馈，教师才能更有信心地改变。未来教师要以不断变化的未来社会需求为目标，把教育教学看作研究的对象和创新的抓手，在教学中持续不断地自我创新，带领学生一起走向学习创新之路。

（三）跨学科素养

“小学作为学校教育的起点，是儿童对学校和学习形成终生态度的阶段，是进行全人教育的关键时期。”② 小学生接受越多的教育影响，他们以后成才的机会就会越多，“未来教师不仅要掌握专业知识，还要通过‘全情境式’的学习，关注学科核心概念及学科间的大概念，发展统一性、协作性和高阶思维的能力，形成知识的整体观”。③ 所以有学者曾呼吁，在所有教师队伍中，小学教师需要的是综合能力最强的。这就要求未来小学教师要不断吸取最前沿的教育教学知识与理念，综合学习各个学科的知识，力争做到“全面发展”，只有这样才能真正担负起培育具有核心素养的、全面发展的小学生。

（四）信息素养

《关于实施全国中小学教师信息技术应用能力提升工程2.0的意见》明确提出：“教师要主动适应信息化、人工智能等新技术变革，积极有效开展教育教学。”④ 这就需要未来小学教师能够具备良好的信息素养来解决实际的教育教学问题。“小学教师不仅要能够以良好的信息伦理和信息技术知识主动从生活实践中查找、探究新信息，还要具备合理分辨、理解质疑、评估批判、归纳存储信息的能力。信息能力是教师适应未来教育的重要生存能力和学习能力。”⑤ 在人工智能和信息化时代，小学教师的信息素养主要体现为：第

---

① 教育部等五部门关于印发《教师教育振兴行动计划（2018—2022年）》的通知.（2018-03-23）[2021-11-29]. http://www.moe.gov.cn/srcsite/A10/s7034/201803/t20180323_331063.html.

② 张润杰，王智秋．从角色定位看小学全科教师：基于全人教育视角．教育科学研究，2020（3）：81.

③ 王振存，王北生，张清宇．未来教师发展的角色定位、专业素养与成长路径．河南教育，2021（1）：43.

④ 教育部发布《关于实施全国中小学教师信息技术应用能力提升工程2.0的意见》.（2019-04-03）[2021-11-29]. http:///www.moe.gov.cn/jyb_xwfb/s51471/201904/t20190403_376571.html.

⑤ 同③.

一，伦理素养。教师掌握的学生性格取向、个性偏好、智力水平及情感、社会交往等个人信息一定要保密，不能以任何理由泄露以造成对小学生的伤害，从而不利于小学生的健康成长。第二，顺应智能时代。教师只有及时调整自己，不断整合、创新信息，对信息进行重组、交流、共享等，提升专业素养，顺应时代发展趋势，才能更好地发挥人类教师的作用，不被时代所淘汰。

三、未来小学教师的专业成长路径

教师的专业成长是从不成熟走向成熟状态的一个过程，同时，教师专业成长还是一个系统工程，需要各方面的通力配合和支持。未来小学教师需要从以下路径来实现小学教师的专业成长，从而更好地把握未来社会的各种机遇，应对各种挑战。

（一）以儿童教育为本，理解“卓越小学教师”之本意

《教育部关于实施卓越教师培养计划 2.0 的意见》提出要“培养素养全面、专长发展的卓越小学教师”[①]。那么，什么是卓越呢？可以从两方面来理解。一方面，针对教师自身专业发展，所谓卓越，即能够不断超越自身发展水平来适应未来教育发展的要求；另一方面，站在儿童的视角，卓越指的就是能为儿童提供适合儿童的教育，这也是卓越小学教师之“卓越”的核心所在，只有这样的小学教师，才能适应当前小学教育改革以及未来小学教育发展的需要。

所谓能够提供适合儿童教育的小学教师，是以儿童生命为基点，从儿童的立场出发，围绕儿童生命成长规律、阶段特性、儿童生命需要、生命样态等角度来思考、设计、实施小学教育教学，能为每个个体儿童生命的健康成长提供个性化的、适合帮助的小学教师。[②] 那么，如何才能正确理解“卓越小学教师”之本意呢？

首先，小学教师要从重视学科教学转向重视儿童生命健康成长，表现为对儿童的身体状况、生命情感、内心感受、需要与表达等各方面的关注。而这些关注点是人工智能背景下机器所不可替代的，这也正是未来社会人类教师存在的价值性体现。其次，注重儿童教育本位思想的培养。例如知晓儿童生命发展理论、儿童生理、儿童心理、儿童学习、儿童美术、儿童音乐、儿童游戏、儿童哲学等领域的知识。只有以儿童教育为本，真正理解卓越小学教师之内涵，小学教师才能朝着卓越的方向发展。这样既能成就儿童的卓越，也能成就小学教师自身的卓越。

（二）以核心素养为基础，提升小学教师综合化能力

小学教育从三维目标到核心素养的教育目标定位都表明，把小学儿童培养成为全面发展的人是其最内核的要求，这就要求小学教师要具备综合化能力。适应未来社会的卓越小学教师一定要有理想信念、道德情操、扎实学识、仁爱之心，这一四有好老师的标准，可

① 教育部关于实施卓越教师培养计划 2.0 的意见.（2018-10-10）[2021-11-29]. http://www.moe.gov.cn/srcsite/A10/S7011/201810/t20181010_350998.html.

② 刘慧.“儿童教育”为本位的卓越小学教师培养. 课程·教材·教法，2017（2）：115.

以理解为是未来小学教师的核心素养。《小学教育专业认证标准（第三级）》要求的“一践行三学会”是新时代小学教师的关键能力。

体现了小学教师综合化发展的四有好老师标准及关键能力的培养，需要通过以下几点来实现：首先，加快推进小学教育专业认证，争取部分院校完成三级卓越认证，切实提升人才培养质量，从源头上提供小学教育优质师资；其次，未来小学教师需要以校为本，以专业引领创新、同行交流互助、个人实践反思为路径，以多角度、系统化、全方位的思路进行课程融合、整合、综合；最后，充分利用人工智能化资源，将其作为一个中介为提高自身专业发展服务。总之，提升小学教师综合化能力不是低层次的拼盘与训练，而是知其所以然的深层次的高阶培养。

（三）以人工智能为平台，构建小学教师学习共同体

人工智能的广泛应用正在进入人类社会，教育也随之进入“人工智能＋教育”时代，人工智能与教育结合为个性化学习和个别化学习的实现提供了技术保障，成为教育发展的重要推动力。① 在此背景下，构建教师学习共同体就显得非常有必要。教师学习共同体是一个基于教师群体共有的专业背景、专业情感及专业意识构建的学习团体。以人工智能为平台的教师学习方式，充分利用了网络的开放性和共享性，推进教师教育信息化教学能力的提升。学校应充分利用大数据、人工智能等新技术，结合未来教师成长的新特点，促进教师加速成长。

首先，学校要增加研究性课程和课程的研究性，使学术细胞渗透到日常的课程教学之中，让小学教师在耳濡目染中养成学术素养。其次，要建立教育专家指导下的教师学术组织、启动教师研究项目，组织网络信息技术专家，要建立跨校、跨领域的教学团队，为教师学习提供学术性支持、技术性支持和组织性支持。最后，以互联网为媒介，挖掘和激发小学教师学习的主观能动性，增强专业素质发展的内驱力，激发追求新知的欲望。

（四）以信息技术为方法，改善小学教师信息素养

“信息素养”这一概念最早是由美国信息产业协会主席保罗·泽考斯基（Paul Zurkowski）于 1974 年提出来的，他把信息素养定义为“人们在解决问题时利用信息的技术和技能”②。信息化时代，想要提高未来公民的信息化素养，小学教师比小学生更加需要提高信息素养。“一旦数字移民的教师具备了足够的信息素养，完全可以在深度分析及加工数据、审视及理解他人想法、获取多维观点等方面超越学生，成为数字时代的教育智者。”③

为了养成未来小学教师的信息素养，首先，小学教师应该具备一定的信息意识和获取信息的敏感性，灵活运用数字化设备，将海量数据转换为教学方法和教学环节。其次，能将信息资源与教学实践进行深度融合。教师要熟练掌握小学生使用的数字资源、数字工具以及数字平台，并有能力将小学生的身心发展特点、学习内容以及技术进行有效结合，开

① 刘德建，杜静，姜男，等. 人工智能融入学校教育的发展趋势. 开放教育研究，2018，24（4）：33-42.

② 宋灵青. MOOC 时代教师面临的挑战与专业发展研究. 中国电化教育，2014（9）：140.

③ 阮滢. 当“数字移民”遇到“原住民”. 小学信息技术教育，2010（10）：3.

发出支持学生自主学习的资源、软件与平台，并对学生的自主学习提供指导。最后，小学教师要能够对各种信息进行价值评估。

总之，在中华民族迈向“两个一百年”奋斗目标的征程中，小学教师的专业发展应以为党育人、为国育才的责任心，以习近平总书记提出的四有好老师为标准，以良好的政治素质、卓越的业务能力、精湛的育人技艺，做好小学生成长道路上的引领者、指导者和示范者，培养出担当民族复兴大任的时代新人。

【探究运用】

- **小组交流**

请回忆在新冠肺炎疫情期间的一些个人学习经历，谈谈后疫情时代小学教师专业发展面临的挑战有哪些？我们如何应对这种挑战？通过本章的学习，你对面向未来的小学教师专业发展有了怎样的认识？还有哪些疑惑？

- **推荐文献**

1. 朱旭东. 教师专业发展理论研究. 北京：北京师范大学出版社，2011.
2. 饶从满. 小学教师专业发展. 上海：华东师范大学出版社，2020.

- **自我评价**

第九章　新时代的小学教师专业发展			
通过本章学习，我有如下新的收获：			
1.	☺	㊀	☹
2.	☺	㊀	☹
3.	☺	㊀	☹
通过本章学习，我还需要复习如下内容：			
1.	☺	㊀	☹
2.	☺	㊀	☹
3.	☺	㊀	☹
通过本章学习，我还有一些新的反思：			

说明：
☺表示“我能够完全理解该内容，并在小组讨论中能表达清楚”。
㊀表示“我能够完全理解该内容，但较难向他人表达清楚”。
☹表示“我不能够完全理解该内容”。

后 记

在我国开设小学教育专业的高等院校中，“小学教师专业发展”都是小学教师专业学生的一门必修核心课程，它是师范生从理论层面理解教师专业的入门课，能为师范生展望未来职业发展提供有力帮助。而小学教育专业培养方案中的全部课程都有一个共同的目标——师范生的专业发展。因此，“小学教师专业发展”这门课程既是专业建设的基础课，也是贯穿师范生在校专业学习的一条主线。

正是因为这门课程的重要性，我们在编写这本教材的过程中慎之又慎。如何在教材编写中体现国家对教师教育的政策主张？如何贴近学生的学习风格，便于学生理解？如何协助授课教师提纲挈领地组织教学内容？如何在已出版的同类书目中推陈出新？这些是我们从 2020 年接到编写任务至今一直在思考的问题。两年时间里，编写组召开了多次线上、线下讨论会，并与出版社编辑团队进行了反复沟通，最终确定了当前的编写体例，力求做到基础性与前沿性并举、理论观点与实践案例共存、学段特点与发展共性兼具。

为了整合国内高等师范院校的优势，发挥教材编写的团队力量，我们邀请了首都师范大学、天津师范大学、湖南师范大学、山东师范大学等兄弟院校的同人参与编写，大家共同的智慧让这本教材有了更多的对话空间与更大的推广价值。具体章节的编写分工如下：首都师范大学魏戈副教授撰写了前言、第一章、第七章、第八章、后记，首都师范大学李敏教授撰写了第二章，天津师范大学张立平副教授撰写了第三章，湖南师范大学方明军副教授撰写了第四章，首都师范大学钟晓琳副教授、张海瑜撰写了第五章，山东师范大学高盼望副教授、王彩华撰写了第六章，首都师范大学刘慧教授、陇南师范高等专科学校宋彩琴副教授撰写了第九章。首都师范大学研究生毛莹莹、秦歌同学协助起草了第七章、第八章的初稿，刘蕊同学协助查阅了大量的相关文献，在此表示感谢。

感谢中国人民大学出版社王雪颖女士为本书出版所做的努力。

魏戈

于北京

2022 年处暑

图书在版编目（CIP）数据

小学教师专业发展/魏戈，刘慧主编. --北京：
中国人民大学出版社，2022.8
21世纪小学教师教育系列教材
ISBN 978-7-300-30826-5

Ⅰ. ①小… Ⅱ. ①魏…②刘… Ⅲ. ①小学教师-师
资培养-教材 Ⅳ. ①G625.1

中国版本图书馆CIP数据核字（2022）第133371号

21世纪小学教师教育系列教材
小学教师专业发展
魏戈 刘慧 主编
Xiaoxue Jiaoshi Zhuanye Fazhan

出版发行	中国人民大学出版社		
社　　址	北京中关村大街31号	**邮政编码**	100080
电　　话	010－62511242（总编室）		010－62511770（质管部）
	010－82501766（邮购部）		010－62514148（门市部）
	010－62515195（发行公司）		010－62515275（盗版举报）
网　　址	http://www.crup.com.cn		
经　　销	新华书店		
印　　刷	北京昌联印刷有限公司		
开　　本	787 mm×1092 mm 1/16	**版　　次**	2022年8月第1版
印　　张	14.25	**印　　次**	2025年8月第7次印刷
字　　数	305 000	**定　　价**	45.00元

教学支持说明

（教学课件）

中国人民大学出版社教育学科秉承“出教材学术精品，育人文社科英才”的出版宗旨，多年来，出版了大批高质量的教育学、小学教育、学前教育专业教材和学术著作。

我们为本教材制作了相应的PPT教学课件，任何一位采用本书作为授课教材的教师均可免费获得该课件。为了确保该课件仅为授课教师获得，烦请您填写如下材料，并将相关信息通过E-mail发送给我们，我们将在收到相关信息后通过E-mail给您发送该课件。欢迎您加入我们的QQ群（教育新视野交流群，群号为159813080），或登录我社官方网站（www.crup.com.cn），注册并认证成为教师会员，以获得更好的服务。

我们的联系方式：

地址：（100872）北京市中关村大街甲59号文化大厦1202室

中国人民大学出版社

电话：（010）82502724　62514775（传真）

E-mail：ggglcbfs@vip.163.com

QQ群：159813080

兹证明__________大学/学院__________院/系__________专业__________学年第__________学期开设的__________课程，采用中国人民大学出版社出版的____________________（书名、作者）作为本课程教材。授课教师为__________，授课班级共______个、学生______人。授课教师需要与本书配套的教学课件。

联 系 人：____________________

通信地址：____________________

邮　　编：____________________

电　　话：____________________

E-mail：____________________

系/院主任：__________（签字）

（系/院办公室章）

______年_____月_____日